教育發展的新方向：
為教改開處方

策　　劃：國立台灣師範大學教育政策研究小組
　　　　　國立台灣師範大學教育研究中心

主　　編：國立台灣師範大學

✏ 作者簡歷

緒論

潘慧玲 / 國立台灣師範大學教育學系教授兼教育研究中心主任

楊深坑 / 教育部國家講座暨國立中正大學教育學院院長

周祝瑛 / 國立政治大學教育學系教授

洪仁進 / 國立台灣師範大學教育學系副教授

學制

楊思偉 / 國立台灣師範大學教育學系教授兼進修推廣部主任

吳清山 / 台北市立師範學院國民教育研究所教授

吳明振 / 國立台灣師範大學工業教育學系教授

蔡清華 / 國立中山大學教育研究所教授兼所長

入學制度

張秋男 / 國立台灣師範大學物理學系教授兼理學院院長

林世華 / 國立台灣師範大學教育與心理輔導學系副教授

簡茂發 / 國立台灣師範大學校長

蕭次融 / 大學入學考試中心顧問

何英奇 / 國立台灣師範大學教育與心理輔導學系教授兼主任

行政與組織

王如哲 / 國立台灣師範大學教育學系教授

秦夢群 / 國立政治大學教育學系教授兼教育學院院長

劉秀嫚 / 國立台灣師範大學公民教育與活動領導學系副教授

鄭新輝 / 國立台南師範學院初等教育學系助理教授

九年一貫課程

吳武典 / 國立台灣師範大學特殊教育學系教授兼教育學院院長

吳文星 / 國立台灣師範大學歷史學系教授兼文學院院長

張清郎 / 國立台灣師範大學民族音樂研究所教授兼藝術學院院長

簡曜輝 / 國立台灣師範大學體育學系教授

單文經 / 國立台灣師範大學教育學系教授

高新建／國立台灣師範大學教育學系教授

張武昌／國立台灣師範大學英語學系教授兼主任

陳麗桂／國立台灣師範大學國文學教授兼主任

晏涵文／國立台灣師範大學衛生教育學系教授

方崇雄／國立台灣師範大學工業科技教育學系教授兼主任

幼兒教育

簡淑真／國立台灣師範大學人類發展與家庭學系副教授

簡楚瑛／國立政治大學幼兒教育研究所教授

廖鳳瑞／國立台灣師範大學人類發展與家庭學系副教授

林育瑋／國立台灣師範大學人類發展與家庭學系副教授

技職教育

田振榮／國立台灣師範大學工業教育學系教授兼主任

許勝雄／國立台北商業技術學院校長

黃燕飛／國立台北科技大學機械工程學系教授兼副校長

周談輝／國立台灣師範大學工業教育學系教授兼技職中心主任

師資培育

周愚文／國立台灣師範大學教育學系教授兼主任

黃政傑／國立台南師範學院校長

林鎮坤／國立體育學院教育學程中心主任

方永泉／國立台灣師範大學教育學系副教授

高等教育

高強華／國立台灣師範大學教育學系教授兼實習輔導處處長

王麗雲／國立台灣師範大學教育學系助理教授

楊　瑩／國立暨南大學比較教育學系教授兼系主任

鄭志富／國立台灣師範大學體育學系教授兼教務長

結論

潘慧玲／國立台灣師範大學教育學系教授兼教育研究中心主任

楊深坑／教育部國家講座暨國立中正大學教育學院院長

周祝瑛／國立政治大學教育學系教授

洪仁進／國立台灣師範大學教育學系副教授

✎ 參與成員名單

總 召 集 人：簡茂發（國立台灣師範大學校長）

副總召集人：蔡宗陽（國立台灣師範大學副校長）

執 行 長：潘慧玲（國立台灣師範大學教育研究中心主任）

籌備委員（按姓氏筆畫排列）：

方進隆／國立台灣師範大學運動與休閒學院院長

李虎雄／國立台灣師範大學學務長

李隆盛／國立台灣師範大學科技學院院長

吳武典／國立台灣師範大學教育學院院長

吳文星／國立台灣師範大學文學院院長

林東泰／國立台灣師範大學大眾傳播研究所教授

周愚文／國立台灣師範大學教育學系主任

胡幼偉／國立台灣師範大學大眾傳播研究所所長

高強華／國立台灣師範大學實習輔導處處長

梁恆正／國立台灣師範大學圖書館館長

黃美金／國立台灣師範大學學術發展處處長

黃　生／國立台灣師範大學生物系主任

張秋男／國立台灣師範大學理學院院長

張清郎／國立台灣師範大學藝術學院院長

楊思偉／國立台灣師範大學進修推廣部主任

鄭志富／國立台灣師範大學教務長

戴維揚／國立台灣師範大學國語教學中心主任

簡曜輝／國立台灣師範大學體育學系教授

饒達欽／國立台灣師範大學總務長

諮詢委員（按姓氏筆畫排列）：

王家通／佛光大學教育資訊系教授

伍振鷟／國立台灣師範大學教育學系名譽教授

江麗莉／國立新竹師範學院幼兒教育學系教授

吳清山／台北市立師範學院國民教育研究所教授

吳慧琳／台北市立麗山國小校長

李芝安／台北市立重慶國中總務主任

李新鄉／國立嘉義大學國民教育研究所教授兼所長

李　櫻／國立台灣師範大學英語系教授

沈青嵩／國立台灣師範大學物理系主任

卓俊辰／國立台灣師範大學體育系主任

周玉秀／國立台北師範學院初等教育學系主任

林佩蓉／台北市立師範學院幼兒教育學系副教授

林明地／國立中正大學教育學研究所教授兼所長

林國楨／國立彰化師範大學教育研究所教授

林新發／國立台北師範學院初等教育系教授兼教務長

武曉霞／台北縣教育局學管課課長

姚清發／國立台灣師範大學化學系教授

翁麗芳／國立台北師範學院幼兒教育系教授

張建成／國立台灣師範大學教育學系教授

張鈿富／國立暨南國際大學人文學院院長

張德銳／台北市立師範學院國民教育研究所教授

陳木金／國立政治大學教育學程中心主任

陳伯璋／淡江大學教育學院院長

陳淑芳／國立台東大學幼兒教育學系助理教授

游家政／東海大學教育學程中心主任

黃光國／教育部國家講座暨台灣大學心理系教授

黃迺毓／國立台灣師範大學人類發展與家庭學系教授

楊深坑／國立中正大學教育學院院長

楊朝祥／中原大學教育學程中心暨教育研究所榮譽講座教授
楊龍立／台北市立師範學院初等教育學系教授
廖隆盛／國立台灣師範大學歷史系主任
劉玉燕／國立台北師範學院幼兒教育學系兼任講師
劉德生／實踐大學教育學程中心主任
歐陽教／國立台灣師範大學教育學系教授
蔡春美／國立台北師範學院幼兒教育系兼任教授
賴清標／國立台中師範學院校長
錢善華／國立台灣師範大學音樂系主任
謝友文／輔仁大學兒童與家庭學系兼任講師

行政小組成員：

張樹倫／國立台灣師範大學教育研究中心行政組組長
楊錦心／國立台灣師範大學教育研究中心研究組組長
黃馨慧／國立台灣師範大學人類發展與家庭學系副教授
王巧燕／國立台灣師範大學教育研究中心助理研究員
何瑞薇／國立台灣師範大學教育研究中心助理研究員
林婉華／國立台灣師範大學教育研究中心助理研究員
陳琦媛／國立台灣師範大學教育研究中心助理研究員
陳淑敏／國立台灣師範大學教育研究中心助理研究員
張志偉／國立台灣師範大學教育研究中心助理研究員
張晶惠／國立台灣師範大學教育研究中心助理研究員
蔡崇元／國立台灣師範大學教育研究中心助理研究員

各組研究助理（按姓氏筆畫排列）：

孔令泰／國立台灣師範大學教務處秘書
吳婷怡／國立台灣師範大學進修推廣部約聘人員
林惟亭／國立台灣師範大學教育學系碩士生
高志芳／國立台北師範學院課程與教學研究所碩士生

張榕真／國立台灣師範大學人類發展與家庭學系學生

張慧玲／國立台灣師範大學教育學系碩士生

陳俞志／國立台灣師範大學教育學系學生

陳若蕾／國立台灣師範大學工業教育學系碩士生

謝爾恩／國立台灣師範大學理學院院長室秘書

📝 簡序

最近十多年來，教育改革如火如荼的推展，教育當局、民間團體、學術研究等各界人士，皆提出諸多理念與方案，以期藉由教育改革運動，彰顯社會之生命力，提升國家之競爭力，挹注文化之本土特色。整體而言，教育改革過程中，諸般訴求與策略並陳，讓這條路走得精彩，卻也面對眾多挑戰。

盱衡近來教育執政當局所推動的教改方案及各種教改措施，雖帶動了教育的整體發展，然而在教改歷程中政策的制訂、宣導及推動，往往引起支持者與反對者產生強烈的拉距戰。有鑑於此一態勢，吾人期待教育行政當局更加重視教育專業者的意見，並藉由嚴謹的學理依據而詳加規劃教育政策，俾使教育事業的推展能更加紮實與穩健。

換言之，教育政策之制訂及變革之推行，都必須透過審慎之思辯。國立台灣師範大學認為教育學術界應膺負此一重責，因而本校「教育政策研究小組」發起「教育發展的新方向：為教改開處方」計畫，針對近年來廣受社會大眾所關切之教育議題共同研議，逐步釐清問題並策劃未來的教育發展方向，據以研擬中肯與切實之方案與政策。

職是之故，以本校專家學者為主體，並邀請其他大學院校教育學者及重要學術專業團體，包括中國教育學會、中華民國師範教育學會、中華民國比較教育學會、中華民國教育行政學會、中華民國課程與教學學會、中國工業職業教育學會、重建教育連線等成員共同發聲。針對廣受社會大眾矚目之教育議題，分別有：總論、幼兒教育、學制、入學制度、行政與組織、九年一貫課程、技職教育、師資培育與甄選、高等教育發展等，逐一探究，期望教育改革能從華麗的政策包裝回歸穩健的教育專業。

吾人主張「教育改革不是教育口號的競賽，而應是教育績效的提升」、「教育改革不是盲目的許願，而是承諾的實現」、「教育改革不只

是減輕學生負擔的壓力，更要增進學生承擔的能力」、「教育不只是解決當前問題，更要指向教育的永續發展」，亟需因應新世紀的趨向，發展秉持專業、平等、責任及關懷等理念的新教育，培養能掌握自己未來、立足全球化社會的新公民。

　　本計畫的順利推動，承蒙教育政策研究小組召集人蔡宗陽副校長周延的領導，本校教育研究中心主任潘慧玲全力的執行，以及將近百位教育專家學者的殫思竭慮，彙集智慧，終於有成。在此一併表達深摯之敬意及謝忱。本校教育研究中心係擔任計畫執行單位，旋即輯錄各篇文稿，編纂問世，對學術界與實務界之裨益著實深厚，特為之序。

國立台灣師範大學校長

簡茂發

2003 年 11 月 24 日

✍ 蔡序

在教育改革風潮下，國立台灣師範大學秉持長久以來關懷及致力於教育事業之責，當為教育發展持續貢獻心力，並針砭教育時要；有鑑於此，本校於民國九十年十月成立「教育政策研究小組」，希望透過各種可行的管道與方式，對教育改革及政策表達專業的立場與主張。

考量本校教育研究中心長期進行教育理論與實務之研究，故教育政策研究小組設立時，即將工作小組設於教育研究中心，藉以關注教育政策的發展；不僅能即時向社會大眾以及有關當局反應本校對教育政策的看法，也可適時提供對有關教育政策的建言，為學術研究與政策執行之間創造良好的對話空間，持續為我國教育政策之形成與落實而努力。

邇來，輿論界對各項教育改革議題多所論辯，其中有理念的疑義，也有實踐上的爭議，亟待完善的問題分析並提出因應對策，讓對教育政策深具素養的專業研究者發聲，提出對過去十多年教改之評析，以及對未來教改發展方向之觀點。再者，重大之教育改革議題的發展，乃需兼顧理論與實務層面之探討，進而提出具體改善建議與措施，俾從教育專業的視野，審慎思辯，是以，國立台灣師範大學「教育政策研究小組」費時多日構思「教育發展的新方向：為教改開處方」計畫，冀由「問題分析」與「因應對策」的途徑，對當前熾熱的教育議題提出具體、專業、可行的改革報告書。

國立台灣師範大學「教育政策研究小組」於九十二年九月七日舉辦「教育發展的新方向：為教改開處方」研討會，席間邀請教育部黃榮村部長、郭為藩前部長及吳京前部長、多位大專校院校長、教育部代表及教育界專家學者共同參與，齊心戮力拯救教育沈痾，共同為教改開處方。本次會議達到了教育專業發聲的目的，同時，亦提升本校積極參與公共論述之聲譽，重建了教育專業者的尊榮。

　　國立台灣師範大學「教育政策研究小組」當繼續提供國內關心教育改革人士共同研討重要議題之機會，以提升國內教育改革政策推動的過程與品質，促進我國教育事業之整體發展。藉由本書之付梓，至盼讀者能明瞭教育政策之終極關懷，無忝教育百年樹人之本務！

國立台灣師範大學副校長

蔡宗陽

2003. 11. 25

🖊 潘序

　　國立台灣師範大學「教育政策研究小組」自民國九十年設立以來，即對教育議題多所關注，並以發揮教育專業功能、提供教育政策建言為己任。而回顧過去十年教育改革的發展，諸多問題仍待教育專業研究者提供分析對策。再者，近日以來，各界對於教改議題的討論，仍多停留在提出問題層面，較少提出如何由「破」到「立」，及從「解構」現今教改問題至「建立」新的教育發展方向的因應策略。

　　有鑒於此，國立台灣師範大學「教育政策研究小組」於九十二年年初即開始構思「教育發展的新方向：為教改開處方」計畫，針對國內近十年教育改革中較具爭議性之課題，提出研議，故而，這不是一份「全方位」的報告書，而是一份「議題式」的報告書。我們期望自己能以長期研究所得，針砭問題，並提出未來教育發展的方向與策略。是以，除了本校專家學者外，我們亦廣邀國內各校教育相關研究者參與，除研究小組成員四十五名外，各小組於研究期間亦曾邀請四十八位專家學者進行諮詢，務使本報告書能充分反映專業意見，發揮專業發聲的功能。

　　整個計畫分工共分九組，除由總論組負責緒論與結論外，其餘八組：學制、入學制度、行政與組織、九年一貫課程、幼兒教育、技職教育、師資培育與甄選、高等教育，則針對該領域中較有爭議之問題加以探究。

　　在運作方式上，首先透過各組召集人聯席會議的召開，以掌握各組工作進度與研討內容，並交換與彙整各組意見，謀求共識；另透過召開分組研討會議，以確認研究子題，並諮詢專家學者意見，撰寫研究報告。其後，於本（九十二）年九月六日舉辦記者會，將本計畫的宗旨與成果，公諸於社會；九月七日召開報告書發表研討會，邀請教育專家學者、教育行政人員、教育工作者與立法委員共同參與。此次活動透過理性與專業的對話，除了擴大社會視聽效果外，亦獲得許多對本報告書甚有助益之參考意

見。會後，本校根據研討會與會人士與各界惠予之意見，一方面彙整為具體建議送交教育部卓參，一方面則修訂成果報告書內容，加以付梓，以供各界參考與運用。

　　最後，本次計畫能圓滿完成及本報告書能順利出版，除了要感謝各組召集人、研究成員的戮力付出與本校同仁的大力支持外，各校教育專家學者不吝提供其研究心得與意見尤須致謝。此外，對於教育研究中心同仁全心投入本次計畫的推動，以及許多參與研討會及提供寶貴意見的教育界先進，要表達由衷的謝誠，而心理出版社許麗玉總經理慨允出版此書，讓各界人士得以分享我們的研討心得，亦在此一併致謝。期盼此次計畫透過專業意見的交流與彙整，讓教育改革回歸教育專業，釐清問題，邁向未來，為教育發展注入全新的動力。

國立台灣師範大學教育研究中心主任

潘慧玲

2003 年 12 月 1 日

📝 目錄

🖉 圖目錄

第一章

緒論：
教育改革的脈絡、理念與課題

召集人：潘慧玲
共同召集人：楊深坑
研究成員：周祝瑛、洪仁進

壹、前言

「冰凍三尺，非一日之寒。」十年來的台灣教育改革之路，固然為台灣既有的教育體制注入了嶄新的活力，啟動了革新的動力，樹立了新穎的願景，這些都是我們必須肯定的貢獻；可是在這一路走來的教育改革過程中，我們也覺察到一些令人憂心的問題，亟待作一完善的因應或處理。換句話說，值此十年來台灣教育改革的林林總總，我們可以採取兩種方式來面對。其一，從理性的批判介入，則不難列舉眾多甚具爭議的課題，就理論理，提出嚴厲的詰疑，然此似乎只能做到「由外而內」的剴切諍言，難以獲致正面且積極的回應，而無助於實質的改善。其二，以同感的理解切入，設身處地來感受推動教育改革者的價值信念，欣賞他們堅持教改的善良意志，做到「自內至外」的善意批評，如此或能得到一些積極的回應。不過唯有兩種方式相互為用，我們方能一方面避免招致「為反對而反對」的譏評，另一方面也不致淪為「為贊成而贊成」的嘲諷，這種兼顧「理性批判」與「同感理解」的作法，正是我們參與教育改革論述的立場，也是我們針砭教育改革狀況的共識。

回顧我國十年來的教育改革之推動，仍舊存在許多理念上的疑義與實踐上的問題。面對多年來陸續展開的教育改革措施，我們應跳脫「對立」的立場或思維，將「現時」（present）視為一個理清疑義、紓解問題、重建共識、規劃未來的最佳時刻。台灣師範大學基於同為教育學界的一份責任，以及擁有長期鑽研教育之識見，願意共同面對十年來台灣教改累積而成的各項疑義與問題，邀請校外教育專業學者與校內同仁共組研究小組，梳理出除總論外，八項最具代表性與重要性的課題，在進行客觀的分析與因應策略的思考後，提出今後推動教育改革的具體建議與願景。

循此體察，本章內容計分三部分：一、台灣教育改革的發展梗況，旨在整理十年來台灣教育改革的智識脈絡，作為其後深入分析的基礎；二、台灣教育改革的問題與探討，旨在呈現十年來台灣教育改革的重要問題，並就問題背後的核心理念作一評析；三、未來台灣教育改革的理念、原則與課題，旨在說明我們訴求的教改理念、我們堅持的教改原則及我們設定

的教改主題，冀望台灣教育狀況的持續進步，以及教育改革的永續發展。

貳、台灣教育改革的發展梗況

觀察台灣教育的發展方向，一九八七年的解除戒嚴，當為一項不容忽視的重要指標。因為在解嚴之前的教育狀況，舉凡經費編列、入學方式、學校體制、課程規劃、教科書編製等事項，悉由中央政府統籌管制，地方一體施行，少有調整可期。至於教育行政體系，自教育部，經教育廳，至教育局的層級分明，分就權責，視導學校教育的行政運作，督導各科教師的教學表現，皆採一條鞭的管理措施，亦少有彈性可言。

然而，自解嚴之後，在政治制度民主化的推動、經濟環境自由化的推行、及社會價值多元化的推展之中，民間社會的各類聲音與各路力量逐漸匯集，並透過各種不同的發聲及展示，形成了許多不同訴求及立場的運動或團體。值此「眾聲喧嘩」的時刻，不管是教育的政策法令，或者是學校的行政運作，甚或是教師的教學表現，率都成為民間社會的關注焦點，致使教育改革也就成為難以迴避的核心課題。

惟就教育改革的發展軌跡來看，主要是以一九八九年一些關心國內大學教育的學者自發組成「大學教育改革促進會」為其開端。這些學者在立法院審議大學法修正案過程中，積極遊說立法委員，要求落實大學自主、教授治校及學生自治，這三項訴求都順利成為後來公布的大學法之具體內容（黃榮村，2003：48）。觀諸此一舉動，可說是知識分子積極主導教育政策制定方向的成功之舉。

一九九四年四月十日，台大數學系黃武雄教授領銜發起「四一○教改大遊行」，結合民間關心教育的大眾，公布一份名為《希望的火花來自民間》的聲明書，提出「落實小班小校」、「廣設高中大學」、「推動教育現代化」及「制定教育基本法」等四大訴求，不僅充分展現了民間社會參與教育改革論述的動員力量，同時也帶給了政府部門必須推動教育改革的強大壓力。

關於此一教改大遊行的重要性，正如黃武雄教授所言：「台灣的教育發展累積數十年的問題，在這次民間發動的教改運動中，總算首度得到社

會大眾的注意」（周祝瑛，2003：23）。尤有甚者，在「四一○教育改造推動聯盟」持續的「加溫」下，教育部召開第七次全國教育會議，以「紓解升學壓力」與「教育自由化」為其主軸，藉以回應民間對教育改革的殷切期盼。該會議的重要決議之一，便是同年七月於行政院正式成立「教育改革審議委員會」，針對台灣教育現況進行全面的檢討，並提出教育改革的應行方向與具體方案，作為教育部推動教育政策的重要參考。

正是這樣一個結合「民間」力量與「官方」體制的高度共識，不但賦予了「教育改革審議委員會」極為強大的「合法性」，也加諸李遠哲主導台灣教育改革的「正當性」。一九九六年，「教育改革審議委員會」經過為期兩年的研議過程後，提出《教育改革總諮議報告書》，揭櫫教育改革的五大方向：教育鬆綁（解除對教育的不當管制）、帶好每位學生（發展適性適才的教育）、暢通升學管道（打開新的「試」窗）、提升教育品質（好還要更好）、及建立終身學習社會（活到老學到老），成為今日台灣教育改革的最高指導原則，影響甚為深遠，這是有目共睹的事實（行政院教育改革審議委員會，1996）。

在「教育改革審議委員會」功成之後，為使《教育改革總諮議報告書》能夠有效落實，行政院便在同一年設立一個跨部會的組織——「教育改革推動小組」，規劃推動教育改革的具體方案。一九九八年，在時任教育部長的林清江大力推動下，加上他也曾是「教育改革審議委員會」重要一員的有利背景，行政院核定通過教育部所提《教育改革行動方案》，以五年為完成期限，編列預算約為一千五百七十一億元，足以看出政府將《教育改革總諮議報告書》轉化為具體行動方案的強烈企圖心。此外，該行動方案共有「健全國民教育」、「普及幼稚教育」、「健全師資培育與教師進修制度」、「促進技職教育多元化與精緻化」、「追求高等教育卓越發展」、「推動終身教育與資訊網路教育」、「推展家庭教育」、「加強身心障礙學生教育」、「強化原住民學生教育」、「暢通升學管道」、「建立學生輔導新體制」、及「充實教育經費與加強教育研究」等十二大項，顯現出教育部整體佈局的用心與全面落實的決心。

儘管如此，這般洋洋灑灑的行動方案，雖然將台灣教育的改革方向作了極為「全面性」的規劃，看似甚為周延完善；不過也招致與《教育改革

總諮議報告書》一樣的「把餅做大卻未必可以吃到」之高度質疑。試以第十二大項為例，「充實教育經費」絕非教育部能夠獨立達成、樂觀以待的目標。甚且在財政窘縮的今天，教育經費的正常編列都有困難，更遑論還要充實呢！尤其近日有關大學學費「微調高」所引起的議論，公私立大學因教育部補助經費額度的逐年遞減，致有其必須維持正常運作的不得不然之考量，而教育部面對擴充急速的大學校數，則有其難以承受的分配壓力，雙方各言其是，家長卻掙扎其中，不堪其苦。另外，又以「加強教育研究」來說，原本昭告要成立的「國家教育研究院」，至今雖已成立籌備處，但因只是一些機構或組織的整併，而非為教育專業考量的結果，令人不免質疑該院如何發揮其組織教育研究之功能！

　　至於其他的行動方案，在國家財政緊縮的限制下，早已刪刪減減，難以全然落實外，加上近幾年來教育部屢次發布的政令，諸如：九年一貫課程、多元入學方案、卓越大學獎勵計畫、高中職社區化、延長義務教育至幼稚園大班及高等教育審議委員會等措施，不是匆促上陣，配套不足，引發爭議；就是民眾不解，民怨四起；而學校行政與教師，雖有支持響應者，然亦有虛應一番者。凡此皆使立意良善的諸項方案，未能發揮應有的具體成效，殊為可惜！

參、台灣教育改革的問題與探討

　　何以《教育改革總諮議報告書》的建言與《教育改革行動方案》的落實，竟是如此這般的窒礙難行？既然《教育改革行動方案》是依據《教育改革總諮議報告書》擬定的計畫，因此要妥善處理其間的落差及爭議，正如李遠哲院長的主張，勢須回到《教育改革總諮議報告書》，作一完整的梳理與反思，找出該報告書背後的核心理念，及其深層的預設價值，才能重啟台灣教育改革的生機，再造台灣教育改革的願景，實現台灣教育改革的理想。

　　這種教育改革的「落實之虛」與「落差之實」相互映襯的現象，在今（二〇〇三）年四月出刊的《立法院院聞》中，教育部長黃榮村所發表的〈國內教育改革的回顧與前瞻〉一文，更見顯著而令人憂心。在黃部長看

來，台灣教育改革的基本理念其實就是《教育改革總諮議報告書》的綜合建議所提列的五大項：教育鬆綁、帶好每位學生、暢通升學管道、提升教育品質、及建立終身學習社會。至於台灣教育改革的重點及成果，則幾乎是依循《教育改革行動方案》十二大項作一翻版舉述，不見有何新論！

　　然而，對於作為基本理念來源的《教育改革總諮議報告書》，黃部長似乎未加深刻「回顧」，且還刻意淡化甚至有意忽略進一步檢視報告書內容的合理性及可行性，將這五項建議昇華為不容質疑或挑戰的行動綱領，作為推動台灣教育改革的基石。其實嚴格來說，前述五項的教改基本理念中，所謂的「帶好每位學生」與「提升教育品質」兩項，原來就是教育的本然價值，亦即是教育之為教育的目的所在。另外，「暢通升學管道」及「建立終身學習社會」兩項，前者為教育必須主動改善的要務，後者為教育必須積極推展的任務，均可視為教育的實踐價值。這四項理念，本來就是教育所當為的工作，刻意上綱到某一層次，並無新意。

　　反倒「教育鬆綁」（educational de-regulation）一項，實為目前台灣教育改革奉為圭臬的核心理念或策略，然也是最引人爭議的焦點所在。依據《教育改革總諮議報告書》所載，對於教育鬆綁的具體建議，洋洋灑灑，共有教育行政體系的調整、中小學學校教育行政與教學之重建、教師的專業自主、中小學教育的鬆綁、高等教育的鬆綁、民間興學與辦學的鬆綁、及社會觀念的鬆綁等七類，工程不可謂不大。影響所及，在所謂後現代主義倡議之「去中心化」、「去威權化」及「去菁英化」的攪拌下，加上所謂民主社會之「自由化」、「多元化」、「大眾化」及「市場化」的助威下，造成「教育鬆綁」令人莫之能禦的氣勢，使得舉凡「多元入學方案」、「九年一貫課程」、「高中職社區化」、「教科書市場化」、及「高等教育大眾化」等重要教育政策，爭議叢起。若深入其中來看，則前述所列的七類具體建議，不僅難以「具體」二字囫圇掩過，且其建議內容實更帶有強烈的「再管制化」或「再綁」（re-regulation）之意圖。

　　在此舉列三例說明。首先，在「中小學學校教育行政與教學之重建」方面，其所主張重新制定《學校教育法》以取代現有的《國民教育法》、《高級中學法》與《職業教育法》之建議，只提出「保障學生學習權」、「學校專業自主」、「組織彈性化」及「權責區分與多元參與」等四項一

般性的原則，卻未見有針對現行的三項法規有任何著墨之處，恐有高言唱論、強以為行之虞。其次，在「教師的專業自主」方面，其所強調的只是對「教育學程」、「師資檢定方式與證照發給」及「教師權利、義務和進修」的關注，此與所謂的「教師的專業自主」雖不能說沒有關係，但避重就輕，並未對何謂「教師的專業自主」，作一明確的敘明，這何嘗不是另一種的管制形式呢？復次，在「高等教育的鬆綁」方面，其所屬意的僅是「教育資源的合理分配」、「高等教育審議委員會的設立」及「薪級制度的彈性化」等項目，對於高等教育的實質內涵和功能，卻甚少敘述。這種有關制度結構調整的規範性建言，應有一套綿密審慎的專案評估過程，不能輕率為之。譬如其中所提的「繼續擴充學校」及「放寬學費限制」兩項，不正是今天所面臨的「困難」嗎？而且還是愈來愈嚴重的「問題」呢！

　　事實上，原來所提的教育鬆綁，旨在解除不當的教育管制，絕非只是「為鬆綁而鬆綁」，卸除政府教育部門「治理」教育事務的合法權責，造成「民間強勢，官方弱勢」的景象。換句話說，為能凸顯官方依法管制教育措施，以及民間主動參與教育事項的公民權益，我們擬就環繞在「教育鬆綁」周邊的五組概念：「改革與反改革」、「多元化與一元化」「大眾化與菁英化」、「國家職能與市場機能」及「民粹管理與專業管理」，作一扼要的分析，藉以說明解除不當的教育管制固然有其重要性，但是維繫正當的教育統御，更是政府教育部門責無旁貸的分內工作。

一、改革與反改革

　　觀諸「改革」的原意，係指對現狀進行「再形塑」（re-form），使其能持續的發展，產生較好的成果，形成進步的現象。因此教育改革只能說是一種帶動教育朝向正面發展的方式或手段，絕不是「唯一」的方式或手段，否則極易將「改革」無限上綱為不容挑戰的神聖權威。為改革而改革的後果，不僅反使原本要再形塑的教育現狀更形模糊，甚或原地踏步；同時對於來自教育人員的質疑或批評，非但不能給予理性的對話及善意的回應，反卻動輒即以「反改革」之名大加韃伐，既失去了作為教育手段的改革本身可以再加改革的對象，也讓所謂的永續教改成為華麗的「空言」

口號。具體來說，我們反對的是當前教育改革採取的策略或作法，我們質疑的是當初教育改革訴諸的理念或價值，但我們堅持的是教育改革的永續發展，我們贊同的是教育改革必然具有的進步價值。

二、多元化與一元化

當教育改革為跳脫以往較為威權的教育制度，訴諸多元的自主運作與價值時，其實並不意味著否定一個能做到正當管制的機構或體制。因為從邏輯上來看，一個能做到正當管制的教育部門，正是維繫各項教育措施多元運作，以及個人自主價值的重要憑藉。試以多元入學方案為例，教育部門不能只是強調入學管道的多元化，還須能讓教育人員和社會大眾有著較為一致的基本認知，亦即多元入學方案不只提供入學機會的多元化，其教育的深層意義乃在於鼓勵學生發展多方面的興趣，培養多元發展的學識能力。這種共同教育理念的分享，多元與一元實為一體兩面的確認，才是推展多元入學方案的首要基礎。否則，只是一意強調多樣的入學管道，卻忽視多元價值的對話與交流，極有可能又陷入另一種「一元」的泥淖裡，造成表面上雖有「多樣的作法」，但骨子裡卻是「一元的思維」之強制作為。同理可知，觀諸師資培育的多樣化後，我們雖能看到愈來愈多的合格教師，卻也見到愈來愈多的流浪教師，乃又重新思考適任教師應具備一些共通的條件，便能知道多元化與一元化之間，不能只強調「量」的對應關係，還需凸顯「質」的適切關係，兩者是能相容並存的，毋須捨此或去彼。

三、大眾化與菁英化

無可諱言，台灣教育改革的一項重要成就，就是教育進路的大量擴充，以及教育機會的大量增加，讓台灣的整體教育走向高度的大眾化現象，這雖是一項不可抹滅的成就，卻也是頗值我們必須深思的課題。舉例來說，今年的大學入學的錄取率高達 80%左右，乍看之下，我們似乎可以驕傲的說，在台灣讀大學的機會非常高，但深入來說，我們也必須承認，在台灣讀大學的機會太容易了。回到歷史，我們必須嚴肅的質問，當時大量擴充大學校院的政策考量是否妥當？當時名為「廣設大學」的教改訴

求，何以輕易兌現？我們是否困陷在大眾化的迷思之中定要「去菁英化」，而失去對培育菁英的教育價值之捍護或堅持？顯然一如多元與一元的關係，大眾化與菁英化實為教育的一體兩面；也如同前述對改革的反思，大眾化只是教育的手段之一，而非是教育的目的。由此可知，大眾化與菁英化實為相容的理念，不應捨此就彼，或捨彼就此。

四、國家職能與市場機能

眾人皆知，「教育」是國家永續發展的事業之一，也是引領政治安定社會、經濟繁榮及社會進步的活水。儘管不少教育改革者常以市場機能的運作效能（performativity）作為追求教育績效的最佳手段，讓市場機能保持最大的競爭力，這樣最有助於教育的卓越發展。其實不然，因為過度的市場化結果，必定會削弱國家的職能，讓教育受制於商業「利益至上」的羅網中，難以發揮應有的專業自主功能。試以教科書審定制為例，我們雖然看到了民間出版商爭鳴競秀的熱鬧景象，使得教科書的內容多采多姿，卻也見到了「競相爭食」教科書大餅的紛亂現象。尤有甚者，教科書的品質良莠不齊外，價格遠比國定本昂貴許多，致使教育當局既要透過審定過程，作好教科書品質的把關工作，還要出面與出版商研議書價，維護家長學生的權益。倘若政府基於職分與權責，先作好必要的管制措施，讓市場機能的運作有其章法或紀律可作遵循，則前述有關教科書的品質與價格，自會議定在前，不會妥協在後，如此既能尊重市場機能，也能堅持國家職能，豈不兩全其美！

五、民粹管理與專業管理

以往在「唯中央是從」的官僚體系中，教育行政常因層層節制的管制方式，或產生推諉塞責的現象，或造成績效不彰的情形，凡此皆不利於教育改革的推動。因此為能有效促成教育改革的順利推動，將「集權的」教育體制轉化為「分權的」的教育建制，透過層級分明的授權措施，當有助於提升教育行政績效，強化教育行政組織的機能，落實教育改革的訴求。然而，衡諸目前的教育行政與組織，在分權的強勢主導下，民粹管理的權力下放隱然成形，結果竟是教育行政人員的任用資格寬鬆，加上政治酬庸

的運作下，不僅專業條件不足，甚且行政能力亦令人憂心不已。此外，學校內部的教評會或教師會，也常在爭執不下的對峙中，引入政治炒作的手法，相互攻訐，彼此傷害，造成行政與教學的雙輸局面，既讓校長不安於行政，也讓教師不定於教學，影響學校教育甚鉅。當務之急，我們應在分權的教育體制上，堅持教育行政人員的任用資格與專業條件，如此才能確保教育行政與組織的機能和績效。另外，在學校教育環境中，讓教評會或教師會回歸教育專業，減少政治角力的機會外，也讓校長擁有必要的權能，推動學校事務的革新，這樣才能建立「權責相稱」的優質行政文化，而有利於教育改革的推動。

綜上所述，我們對於十年來台灣教育改革的檢討，有理性的批判，也有共感的理解，希望對於台灣教育改革的過程，能有較為完整的掌握，以及適切的觀察。至於具體性的回應，計有六項：一是，我們支持教育鬆綁，但也強調正當的教育管制有其必要；二是，我們肯定教育改革，但更關切解決現行教育問題的優先性；三是，我們贊同多元化的教育措施，但要辨明一元化的教育價值有其必要性；四是，我們瞭解市場機能的高度效率，但也堅持國家承擔教育事務的職能必須落實；五是，我們知道教育的大眾化趨勢，但要指明菁英化的教育仍有其重要性；六是，我們支持教育行政的分層授權，但要指出須有專業限制才能竟其全功的可行性。在確立我們對十年來台灣教育改革提出的五項具體回應後，下面將進一步說明推動未來台灣教育改革，我們所主張的理念與原則。

肆、未來台灣教育改革的理念、原則與課題

回顧十年來的台灣教育改革，我們見證了許許多多的新政策，以及此起彼落的新作法，帶給了台灣教育嶄新的氣象，卻也感受到隨之而來的新問題，以及應接不暇的配套措施。然而，在「鬆綁」的大纛下，我們不僅看到了專業的鬆解、平等的鬆解、責任的鬆解及關懷的鬆解，也見到了改革與反改革的糾結、多元化與一元化的糾葛、國家職能與市場機能的對峙、大眾化與菁英化的對立、民粹管理與專業管理的抗詰，除了有一分「美好的理念未能有適當的實踐」的喟然感嘆外，還有一種受制於「不能

反對」的鬱悶情結。

面對這種喟然感嘆與鬱悶情結纏繞難解的處境，我們除了必須把教育改革的發展，放入歷史的脈絡當中，一如前節所作的分析，才能對教改的成果提供適切的評價；我們還須體認到「歷史具有迎向未來的本質」，在針砭既往的教育改革理念和措施後，對於未來台灣教育改革的發展方向，作一合理且可行的謀劃，這才是延續教育改革的正確態度。

本此體察，以下擬就「理念」、「原則」及「課題」等三個層面，分別提出我們的主張。

一、教育改革的理念

理念既是一種觀念，也是一種價值，它主導了行動的方向，也影響了行動的成效。因此欲期能有效推動教育改革之前，必須先能確立教育改革的理念，如此才能形成較為一致的共識，作為推動教育改革的基石。對於未來台灣的教育改革，我們提出四項理念，以為其共同立場。

㈠專業的教改

我們認為教育改革必須回歸專業，不能只將教改視為個人理想的化身，也不能將教改作為政治操作的工具，而要針對教育現狀滋生的各項問題，邀集教育專業人員，或作審慎的專案研議，或作周延的實驗計畫，這樣才能產生切合實際需要的解決方案，作好相關的配套措施，這樣才能算是專業的教育改革。此外，執行教育改革事務者，亦需具有教育專業的素養，不能因陋就簡，任人為之，如此才能提升教育改革的成效。

㈡平等的教改

我們認為教育改革必須考量城鄉的差距、學校規模的大小、地區環境的不同、及族群、社經背景與性別的差異，千萬不可一體適用，形成齊頭式的假平等，而要針對前述所提的各項差異，預先作好相關的配套措施，或作教育經費的適當分配；或作教育資源的積極支持，或作師資培育的分發計畫，凡此皆屬「積極的差別待遇」，亦即「差別地對待差異」，才能實現立足點的真平等。

㈢責任的教改

我們認為教育改革必須維持多元價值的自由理念，只作大方向的規

劃，以及原則性的規定，讓學校行政、教師教學及學生學習享有較多的自主空間，開展自身的特色或能力。然而，自由不是放任無為，享有自由的同時，必須遵守「紀律」，也承擔「責任」。在既不牴觸既定的政策或法令下，也符合權責相稱的體制或措施下，讓教育的發展多采多姿，也讓教育的發展井然有序。

(四)關懷的教改

我們認為教育改革必須顧及弱勢族群和身心障礙人士，給予適當的教育關懷，不僅確保他／她們的基本人權，也積極維護他／她們的受教育權，讓他／她們感受到教育改革的好處。此外，對於經濟不利和學習低成就者，須能提供妥善的輔導措施，使其能有較好的發展可能。凡此皆為政府實現「社會正義」的重要指標。

二、教育改革的原則

在確立教育改革必須堅守的四項理念：專業、平等、責任及關懷後，我們以此為立論根據，進一步推衍教育改革的四項原則，作為推動教育改革的基本前提。

(一)教育改革應兼重歷史的傳承與現狀的革新

我們主張教育改革是一歷史發展的過程，每一次的教育改革須能一面參照過去的教改，傳承其間的可貴經驗；又能扣緊現存的教育問題，提出適切的革新方案，帶動教育發展的進步。反觀教育改革若是一意著眼未來願景的勾勒，則勢必在無歷史感的空無下，只有部分的「改變」（change），而少有「改善」（improve）可言。

(二)教育改革不宜躁進，宜以點滴（漸進）的社會工程推行

由於教育與人的關係密切，影響層面牽連甚廣，所以我們主張教育改革的推動，不能即知即行，匆促上陣，應慎知慎行，否則造成錯誤，代價甚大，難以彌補。教育改革的過程，一點一滴的累積，一步一步的前進，必須慎重以對，穩健以行，這樣才能帶動教改的永續發展。

(三)教育改革須有以人為主體的考量

我們主張任何教育改革的推行，須能堅持「我─汝」（I and Thou）的目的性關係，去除「我─它」（I and It）的工具性關係，如此才不會把

教師視為改革的對象，且把學生當成實驗的白老鼠。相反的，教師與學生都是參與教改的夥伴，都是教育的主體，這樣才能形成「我們」同在一起教改的和諧氣氛。

㈣教育改革應強化永續發展的機制

對於教育改革回歸教育專業的具體建議，我們主張政府應該充實國家教育研究院的組織架構與成立相關評鑑機構，發揮專案研究、計畫實驗及成效評鑑的專業功能。換句話說，目前非專業建制的教改團體，有時雖能提供寶貴的意見，作出頗具深度的建言，然因缺乏後續的研究深化與實驗印證，往往因人舉言，卻也因人廢言，不是造成教改的有限，就是造成教改的空轉現象。因此唯有健全研究與評鑑機構的組織與功能，才能建立推動教育改革的永續發展。

三、教育改革的九項課題

在《啟蒙的辯證》一書裡，面對啟蒙傳統的延續與挑戰，阿多諾（T. Adorno）與霍克海默（M. Horkheimer）提出「所要完成的任務不是保存過去，而是拯救過去的希望」（1972: 41）的觀點，作為批判與轉化啟蒙傳統的立場。同理以推，面對十年來的台灣教育改革狀況，我們對應地提出「現在我們所要完成的任務不是保存教改的過去，而是拯救過去教改高舉的希望之火」的主張，據以延續且轉化十年教改的關注課題。

具體來說，我們將提出的教育報告書命名為「教育發展的新方向：為教改開處方」，設定的課題共有九項：

㈠總論：分為緒論與結論。

㈡學制。

㈢入學制度。

㈣行政與組織。

㈤九年一貫課程。

㈥幼兒教育。

㈦技職教育。

㈧師資培育。

㈨高等教育。

　　一方面邀集國內教育學者專家和實務教育人員進行專案研究，提出書面報告，以為學術研討的主要內容；另一方面透過研究成果發表會與記者會，形成教育論述的公共論壇，帶領社會大眾積極參與教育改革的意願和能力。

　　換句話說，我們透過對上述九項課題的深入探討，讓我國教育改革的推動能夠因應國際教育發展的潮流、社會大眾的殷切期盼、學校教育的革新發展、教師專業自主的呼聲、及家長學生的教育權益等層面的考量，為當前教育改革進行徹底地體檢，務其在健康的教改過程中，促使教育改革回歸教育專業，提升我國未來教育發展的成效。

～參考文獻～

行政院教育改革審議委員會（1996）。教育改革總諮議報告書。台北：作者。

周祝瑛（2003）。誰捉弄了台灣教改？台北：心理。

黃榮村（2003）。國內教育改革的回顧與前瞻。立法院院聞，31（4），46-67。

Horkheimer, M. & Adorno, T. (1972). *Dialectic of enlightenment*. New York: Continuum.

第二章

學制：

向下延伸為主，向上延長為輔

召集人：楊思偉
共同召集人：吳清山
研究成員：吳明振、蔡清華

摘要

邇來由於國內外的環境變遷和教育趨勢，學制改革問題受到矚目與討論。本文就當前兩項學制發展方向，包括國民教育向下延伸一年和推行十二年國民教育兩項議題，分別就其現況背景、困難問題進行分析，並提出「向下延伸為主，向上延長為輔」之策略和建言，以供參考。

有關國民教育向下延伸一年，主要探討學制定位、公私幼教比率、幼教經費編列、幼托機構整合、配套法規等問題。具體因應對策為：

一、向下延伸定位為免費非義務性質。

二、增設公立幼稚園或國小附設幼稚園。

三、繼續發行幼兒教育券，直至做到免費教育。

四、實施國小低年級和幼教師資合流培育，以充裕幼教師資來源，惟須改善幼教之薪資、福利與退撫制度。

在推行十二年國教方面，主要探討其教育目標、學制定位、入學方式、學區劃分、教育經費、師資培育及教育品質等。考量國家財政，建議採「向下延伸為主，向上延長為輔」之策略，未來後期中等教育可採以下作法，再逐步朝向就近入學、零拒絕、免學費的教育。

一、十二年國教應釐清其用語及內涵。

二、採用補助學雜費方式解決教育財政問題。

三、調整以國中基本學力測驗成績為入學門檻之原則。

四、搭配適性學習社區，兼採目前十五個聯招分發區為基本學區劃分。

五、有效監控師資素質，對辦學績效不彰之師資培育中心，建立合理退場機制。

壹、前言

台灣的學校制度（school system）原沿襲日本及歐陸之傳統，採雙軌學制（dual system）。自一九二二年改採美國的單軌學制並進行大幅調整以來，中等教育階段卻一直維持「普通—技職」的分流機制；期間除了一九六○年代初期設置五專以及一九六八年實施九年義務教育、將前期中等教育改為單軌化之外，基本上該項學制一直未作大幅修正。目前的學制系統，學前教育（即幼稚園）為兩年，義務教育（國小、國中）為九年，高級中等教育三年，第十年後為高等教育。自高級中等教育起分為兩個軌道，其一為普通教育體系，包括高級中學、一般大學及研究所；其二為技術及職業教育體系，包括職業學校、專科學校、技術學院及科技大學。

近年來，為因應世界各國教育趨勢、國內政治與經濟的變遷、教育改革的推動、教育普及化及學齡人口的遞減等情勢，我國在與學制相關的教育政策上，曾有一些變革措施。例如：在國民中小學，推行九年一貫課程；高中及大學階段，廢除聯考制度，實施多元入學方案；後期中等教育階段，設立綜合高中，調整高中高職比例；推動高中職社區化，平衡地區教育資源；高等教育階段，逐步遞減專校數量、大量擴充科技校院；開放設置教育學程、建立多元師範體系等等。

唯任何教育改革之舉措，其成效固不易立竿見影，甚且可能利弊互見，衍生新的問題和意見。觀諸晚近社會大眾對教育施政之關注和訴求，諸如：幼兒教育階段應如何樹立良好的規範制度，以提升教育品質？現行中小學國民教育，「六—三—三」制應否調整和延伸？後期中等教育，職校、高中、綜中的角色與合理比例為何？技術及職業教育體系，其原有的學制功能如何存續和發揮？技術校院急遽擴充，是否造成教育資源重疊、學生素質下降？普通教育系統與技職教育系統，應如何促進整合與轉銜？終身學習的教育體系和機制，宜如何建立及強化？凡此議題，皆指出我國現行學制系統尚有亟待省思改革的空間。

由於學制變革牽涉層面頗廣，本文特就當前較受矚目的兩項學制改革方向，包括國民教育向下延伸一年和向上延伸推動十二年國民教育，分別

就其現況背景、可行性和困難問題進行分析，並提擬具體因應對策，以供
教育當局和國人參考。

━━貳、問題分析━━

在探討兩項議題時，宜先對「國民教育」之定義作一探討。基本上一
般都認定「國民教育」即是「義務教育」，其內涵包括「強迫、免費、免
試及教育內容等質同量等」，本研究亦主張此種定義內涵。不過，最近教
育部委託學者研究有關國民教育之定義，界定向下延伸一年及向後延伸三
年皆解釋為「國民基本教育」（陳伯璋，2003），與一般認定之國民教育
定義不同，因此若依此推論，則不論向下延伸一年或十二年國民教育，目
前提出之相關規劃，皆與此項定義不符，所以若依目前規劃中的相關政策
內容來檢視，則都是不完整的國民教育。不過由於向下延伸一年或十二年
國民教育有於學校現況問題、教育財政問題或學習心理問題等之限制，我
們可以理解為何作如此的詮釋，也認為可用廣義的定義推動相關政策，但
用語及內涵宜加以釐清。

一、國民教育向下延伸一年

依現行學制而言，幼兒教育不屬於義務教育範圍，幼兒是否接受機構
式教育，悉由家長或其監護人決定之，政府不能強迫其接受教育。部分歐
美先進國家，積極將五歲幼兒教育加以擴充，讓幼兒有及早接受學校教育
機會，以提供更多的文化刺激，豐富幼兒學習經驗。例如：雖然幼稚園階
段沒有納入基本學制，但是美國的 K－12 一向為免費教育，正如同義務教
育一樣，幼兒教育成為教育內涵的一部分，一九六五年實施「啟蒙教育方
案」（Head Start Program），提供低收入家庭幼兒及早接受教育機會，並
增進幼兒學習成就。又如英國的幼兒學校，以五歲至七歲幼兒為對象，有
單獨設立及附設於小學兩種，與小學併屬初等教育，是義務教育範圍（盧
美貴，1987）。至於法國的初等教育涵蓋幼稚園部分，在其初等教育體系
裡，共分三個階段。第一階段為二歲至四歲半的兒童，含幼稚園小班及部
分中班的學童。第二階段為四歲半至八歲半的兒童，含幼稚園中班及國小

低年段的學生。第三階段為八歲半至十一歲的兒童，即小學部中、高年級學生（林貴美，1987）。因此，重視幼兒階段教育，乃是各國教育發展的重要趨勢。

我國在二○○一年教育改革之檢討與改進會議中之「整備教育環境」議題，對於體制改革有如下的結論與建議：「考量政府財政及未來社會需求，國民教育可以向下延伸一年為優先」（教育部，2002）。此外，民國九十一年十月五日國立台灣師範大學教育研究中心與立法委員許淵國辦公室舉辦「手牽手五歲向前走」國教政策論壇，與會人士亦討論國教向下延伸一年的相關問題，多數與會人員亦積極討論國民教育向下延伸的可能性。教育部長乃於民國九十二年三月宣布國民教育將向下延伸一年到幼稚園大班，九十三學年在金、馬、澎三離島縣市實施，台東縣的蘭嶼、綠島及屏東小琉球也考慮列入，九十四學年度全面實施（〈九十三學年〉，2003）。後由於評估師資、課程及硬體容量可能準備不及，原訂九十四學年度全面實施國教向下延伸一年政策，將延後至九十五學年度實施（〈政策又生變〉，2003）。

不管從世界各國教育發展趨勢，或促進幼兒教育機會均等而言，國民教育向下延伸一年是有其必要性，對於未來學制發展亦將產生重大的影響。由於該項政策牽涉因素甚廣，未來實施此項政策可能遭遇下列的問題：

(一)國民教育向下延伸定位不明

國民教育向下延伸一年，不管是學術界或家長們均有此一共識，惟必須面臨到兩項嚴肅的課題，其一是國民教育內涵之衝突問題，其二是「幼兒教育國教化」的問題，部分學者們對此仍存有疑慮，認為該用語有疑議，以及幼兒教育與其他階段教育的本質不同，其為「全人教育」的基礎，許多教育學家和心理學家對於「把幼稚園當成一個迷你小學，帶有強烈的學業─認知取向」一事，都提出了警告，例如過度強調課業技能和久坐式活動的危險（林佳蓉，2002）。因此，國民教育向下延伸一年，仍需考量用語釐清問題，以及幼兒教育的本質和特性，但應包括哪些內涵，仍需集思廣益，建立共識。

(二)現存私立幼教機構比率偏高

當前幼兒教育接受機構式教育，主要是以托兒所和幼稚園為主，不管是托兒所或幼稚園，私立數目遠遠超過公立，此種現象正好與英美國家相反，根據李南雄（2002）指出：「就讀幼稚園人數的比例言之，八十九學年度公立占 30.21%，而私立占 69.79%」。由此可知，目前民間在幼稚教育擔負相當大的責任。由於國民教育向下延伸一年，勢必衝擊到幼教機構招生人數，危及到幼教業者的生存，因此，部分幼教業者可能運用自己的影響力或遊說民意代表，抵制國民教育向下延伸一年政策，對於政策順利推動將有所影響。

(三)幼教經費所占比例偏低

根據教育部九十一年教育統計資料顯示，在八十八會計年度幼稚園占公私立教育經費支出的 2.29%。自從民國八十九年十二月公布「教育經費與編列法」之後，教育部就不再發布公私立教育經費支出總額，所以較難以精算出幼教經費所占的百分比，然而根據教育部教育統計所統計歷年的幼稚園占公私立教育經費支出的數據來看，最高的一年是在民國七十八會計年度的 3.33%。依此而言，幼教人口最多，然而政府投入幼教經費並未相對增加。未來實施國教向下延伸一年，幼教經費若未能同時增加，將無法達成其實施目標。

(四)幼托機構難以有效整合

國內幼托機構之主管機關，分屬不同機關管轄，托兒所之主管機關為內政部，幼稚園之主管機關為教育部。基本上，托兒所和幼稚園都是從事幼兒教育機構，應該有其連貫性和銜接性，但是因為主管機關差異，造成師資任用、課程教材、設置標準、立案方式、收費方式等方面都有不同，無法建立一貫幼教行政體系，衍生幼兒教育品質的良莠不齊。因此，政府積極推動「幼托整合」工作，但是仍有相當阻力，效果極為有限。如果幼托整合政策無法有效落實，對於國民教育向下延伸一年，將會遇到實施的困難。

(五)相關教育法規必須配合修正

我國幼稚教育法自民國七十年公布之後，期間因行政程序法公布施行而略有修正外，並無大幅度的修正，由於社會變遷甚快，私立幼稚園蓬勃

發展，家長對於高品質的幼教需求甚殷，政府亦增設公幼提升幼兒入園率，對於未來實施國民教育向下延伸一年，是有其助益。惟仍將面臨到憲法六歲接受基本教育的限制，以及國民教育法和幼稚教育法對於入學年齡規定的限制（吳清山，2002）。如果法制未能有效配合，將來實施適法性會受到質疑。

(六)幼教師資素質良莠不齊

目前五歲幼兒機構式教育工作，大都由幼稚園教師擔任，然而私立幼稚園薪資、福利、退休、及撫恤等制度，未臻完善，加上工作壓力和負擔遠遠超過公立，導致合格教師任教意願低落，一直處於流失狀態之中（吳清山、幸曼玲、盧美貴、蔡春美、張孝筠、馮燕，2000），此不僅造成師資培育的浪費，而且影響到幼教品質。因此，私立幼教機構不合格教師和流動率偏高以及良莠不齊的現象，如果未能有效消除，將不利於國民教育向下延伸一年政策的實施。

二、推動十二年國民教育

十二年國民教育並非嶄新的政策，其構想早在民國六十九年即已進行討論；民國七十二年，教育部長朱匯森即曾試行「延長以職業教育為主的國民教育計畫」。民國七十八年底，前教育部長毛高文亦曾宣布，將在民國八十二學年度實施「延長以職業教育為主的國民教育」，並揭櫫三大原則：自願升學、免納學費、免入學考試（邱兆偉，1990）。民國八十七年九月，林清江部長預測民國九十學年度國中升學率將可達96%，屆時實現十二年國民教育的目標已為期不遠（楊蕙菁，1998）。民國八十八年楊朝祥部長任內亦提出實施十二年國民教育為施政重點，並委託教育學術機構進行「延伸國民基本受教年限」之研究計畫，該項研究之成果雖然遲至政黨輪替之後才正式出爐，在二○○○年大選時卻已成為國民黨總統候選人之主要教育政見之一。

民國九十一年六月，當多元入學方案遭受社會各界猛烈抨擊之際，教育部長黃榮村有鑒於近幾年來諸如「自願就讀高級中學方案」、「綜合高中之創設」、「縣市完全中學之創設」、「私立高中職學生教育券」、「高中職社區化」等政策之陸續實施，在在均催化了十二年國民教育之實

施環境。後來由於其他考量，先行宣布自民國九十四學年度起，將幼稚園納入國民教育之構想，亦即國民教育向下延伸一年。到了民國九十二年，教育部雖然尚未正式宣示推行十二年國民教育，但是已擬定四個主要議題進行相關研究：㈠實施十二年國民教育理論基礎比較研究；㈡實施十二年國民教育辦理模式之研究；㈢十二年國民教育之教學資源及課程研究；㈣十二年國民教育經費需求推估研究。足見十二年國民教育之政策已經蓄勢待發，除了社會各界對此一政策有著殷切之期盼外，很難得的也獲得朝野政黨相當的共識。然而實施十二年國民教育的理論基礎是否已經經過理性的討論，政策落實的環境配套條件是否已經成熟，均有詳加討論之必要，以避免有重蹈九年國教覆轍之慮（吳清山，2000）。

　　儘管「國民教育不論向上延伸至高中高職畢業，或是向下延伸一年至幼稚園階段，社會大眾均給予高度肯定」（郭秋勳，2002），但是論者對於十二年國民教育之推動目標與時機，仍存有不少疑慮，認為以下幾項問題亟待釐清：

㈠十二年國教目標何在

　　常有人質疑，目前推動十二年國教是時機嗎？因為一般認為，教育問題尚普遍存在，待解決之課題頗多，所以十二年國教可能不是最重要的問題。另外，後期中等教育的目標何在，推動十二年國教要達成什麼目標，都是國民想瞭解的問題，因此確認此項政策之目標是非常重要的。

㈡十二年國民教育之內涵與性質問題

　　「國民教育」與「義務教育」、「基本教育」等名詞所指涉之內涵經常造成混淆，究竟三者所指的是否均必須要求「免學費」、「強迫性」、「免適性」、「相同教育內容」、「相同的上課時段」等等表面上機會均等之教育仍有爭議。十二年國教實施之後，國民教育將延伸至屬於後期中等教育之高中、高職階段，如欲其完全符合免學費、教育內涵相同等特質，不但可行性低，而且與中等教育強調多元、試探及分化的教育功能有所違背（〈延長國教〉，2002），所以在推動十二年國教時，當務之急是釐清其定義與性質，並尋求全體國民之共識，且在法律上修法配合才行。

㈢免試入學問題

　　一般人想到國民教育，都會提及是否「免試入學」的關鍵問題，但盱

衡後期中等教育的多樣型態，以及考量學生的多元性向需求，實際上難以做到全部學校都「同型同質」的情況。而若如此，則為了「適性入學」就難以做到不要考試，但是此種論點仍有討論空間。

因此，十二年國民教育是否延續九年國民教育之推動模式，採義務及強迫教育性質，貫徹國民中小學所謂「零拒絕」的教育政策，因而採取高中、高職及五專前三年免試入學之方式，或是與前九年做一區隔，將取非免試的方式，應予審慎探討。

(四)高中職學區之劃分問題

高中職階段是否能如前九年義務教育階段一樣，採取學區入學，是一頗受關心的問題，一般人思考此問題時，都會舉美國綜合高中之學區入學為例子。然而，美國實施中小學學區，有其溯自殖民時期的歷史背景，學區之教育經費由當地人民之不動產稅支應，再加上其幅員廣大，學校類型較為一致及大眾化教育目標之影響，才能配合學區入學，但國內文化背景、學校型態及入學的方式不同，是否能實施學區入學仍是一值得商榷之問題。

實施十二年國民教育，高中職的入學學區應如何劃分的問題，是無可迴避的地雷區，極易引發爭議。另外明星學校之形成，乃因從日據時代以來，中等教育即屬於極少數菁英分子所享有的傳統，造就了各地區均擁有若干明星學校的事實，這些明星學校的招生學區往往跨越行政區域，吸引鄰近地區的莘莘學子爭相入學，就某種程度而言，這些學校其實就扮演著類似美國磁石學校（magnet schools）之功能。目前，台灣地區劃分為十五個高中職登記分發區即是反映上述的傳統；透過分區聯合招生的程序，再度強化了同一地區各高中職之間的差序格局，形成所謂排序現象（pecking order）。如此長久歷史因素所形成的入學方式欲在短期間予以打破，其難度甚高，所以在學區劃分之際，我們贊成暫時不將明星學校納入過小範圍招生。

(五)教育經費問題

根據報載（陳曼玲，2002），楊朝祥部長任內所委託進行國民教育向上及向下延伸可行性研究報告，直到曾志朗部長任內始告完成，當黃榮村部長上任之後獲知國民教育向下延伸一年，每年只要新台幣一百二十億元

至兩百億元（如僅發幼兒教育券則每年僅約需四十五億元），而實施十二年國民教育至高中職階段，每年若以補助學雜費差額方式，則約需一百億元左右，而目前幼兒教育券已開始實施。推動十二年國教，教育經費將是一大問題，以目前政府財政困窘之下，如何將經費用在刀口上，是必須審慎思考的問題。鑒於此，十二年國教可能難以達成如義務教育般的免費，因此思考以補助公私立學雜費落差，以「同額學費」方式處理，是較可行的方式。由此可知，實施十二年國民教育所牽涉到的教育財政問題相當棘手，龐大的教育經費將對其他教育部門之業務造成排擠效應，此一根本問題在規劃階段不可不列入優先考量之項目。

㈥師資培育之問題

十二年國民教育實施之後，城鄉地區後期中等教育機構之容量，應力求反映人口分布之實際情形，其設置科別亦應能滿足青年學子之需求。因此，高中與高職調整科別之情形將更甚於以往，這時師資培育之素質與任教專長問題將愈加重要。目前國中與高中職師資之培育條件，並沒有區隔，所以上下流動是一普通現象，盯衡學術專業之分化情形，提升高中職教師學歷水準，也是一項必須思考的問題。

㈦教育品質區域均衡問題

後期中等教育存在公私立、高中職、普通與職校之間教育品質明顯有落差的問題。另外，後期中等教育機構是否均衡分布於各地區亦是大問題。由於歷史傳統所造成的結果，目前高中職校過度集中於都會地區，而部分鄉村地區的後期中等教育機構明顯不足。為了能讓學子能就近入學，如何讓劃分的各學區有大致均衡的教育資源會是重大的問題，因為若不如此，則難以要求國民就近入學，所以先行調查區域教育素質落差情況，並盡量達成均衡，是一值得探討的問題。

◈參、因應對策◈

就國民教育向下延伸一年及十二年國民教育兩項議題，其相關問題分析已如上述，而就整體因應對策而言，本研究認為就問題的先後順序以及政府財政問題，我們主張先實施國民教育向下延伸一年之政策，等待後期

中等教育階段各種配套措施準備完善，再行推動十二年國民教育政策，亦即以「向下延伸為主，向上延長為輔」之策略，其有關因應對策敘述如下：

一、國民教育向下延伸

國民教育向下延伸一年，一方面是一種重大政策的實施；另一方面亦是學制的重大改變，茲提出下列因應對策，以供參考。

㈠向下延伸定位在「國民基本教育」—— 免費非義務性質

國民教育向下延伸之定位，可從兩個方向來思考：一是納入「免學費和義務」的性質；一是納入「免學費和非義務」的性質，前者符合國民教育的本質，因為國民教育主要特質係表現在「全民性」、「義務性」和「免費性」等方面，所以凡是五歲兒童都是以一種免學費和義務的方式接受國民教育，可避免一些人為因素剝奪幼兒接受教育機會，確保每位學童都要接受國民教育。至於後者只算符合國民教育精神，但無法體現國民教育真正內涵，因為不必每位學童都來接受教育，缺乏強制性，由家長決定其子女是否接受教育。基本上，這兩個方向的思考，都有其存在的價值和理由，只是在政策決定時，必須考量其現實環境和教育理想因素。若是現實環境來考量，當然以「免學費和非義務」的國民基本教育較為可行，而且阻力較小；若是以教育理想性來考量，則以「免學費和義務」的國民教育較佳，但是執行難度較高。基於以上分析，未來國民教育向下延伸一年定位在免費非義務性質，實屬較為務實可行的作法。

㈡調整公立幼稚園或國小附設幼稚園，提供幼兒入園機會

國民教育向下延伸一年，現有的公立幼稚園數量，無法容納幼兒的需求。目前公私立幼稚園比率約為 3：7，為使幼兒有更多機會接受公立教育機構的機會，增設公立幼稚園或國小附設幼稚園，有其必要性。為了避免危及私立幼教機構的生存，未來公私立幼稚園的數量之比率調整，可採循序漸進的方式進行，讓私立幼稚園有轉型機會，而且幼兒亦可接受較佳品質的教育。此外，亦可允許非營利幼教機構、非政府機構在法令規範內，准予辦理幼稚園，例如：公辦民營幼稚園等，以增加五歲幼兒入園機會。

(三)修正憲法及國民教育等相關法規，以取得延伸法律依據

國民教育向下延伸一年，涉及到學制的改變，必須取得法律依據，才能可長可久。因此，目前憲法和國民教育法的相關規定，都必須加以修正。其中憲法第一百六十條：「六歲至十二歲之學齡兒童，一律受基本教育，免納學費。其貧苦者由政府供給書籍。」可修正為「五歲至十五歲之學齡兒童，一律受基本教育，免納學費。其貧苦者由政府供給書籍。」而國民教育法相關條文，其中第二條和第三條有關年齡規定，一律修正為五歲，至於第三條第一項規定是否修正為：「國民教育分為兩階段：前七年為國民小學教育；後三年為國民中學教育。」因為多數幼教學者認同向下延伸視為一種「國民基本教育」，而非真正的國民教育，所以仍需多方考量再作決定。

(四)繼續發行幼兒教育券，以利向下延伸一年政策之推動

為減少公私立幼稚園幼兒不平等待遇，政府乃發行幼兒教育券，每學期五千元，一學年為一萬元，國民教育向下延伸一年，此項政策仍有繼續實行之必要，因為目前公立幼稚園無法容納幼兒需求。因此，將有為數不少的幼兒就讀私立幼教機構。依內政部統計資料顯示，九十二年五歲人口約為三十二萬人，若依前揭幼兒就讀公私立幼稚園人數 3：7 來看，公立幼稚園人數約為九萬六千人，而私立幼教機構約為二十二萬四千人，預計幼兒教育券需要二十三億左右，若依公立幼稚園每生單位成本為二萬三千三百六十六元來看（李南雄，2002），公立幼稚園經費至少二十二億元，因此一年幼教經費約為四十五億，未來實施向下延伸一年政策，其所需經費將超出四十五億元。未來政府在經費財源許可下，辦理全面補助學費，其效益可能較大。

(五)實施國小和幼教師資合流培育，充裕幼教師資來源

依據九十一年七月二十四日修正公布之師資培育法，已允許國小和幼教師資合流培育：「師資培育之大學辦理師資職前教育課程，應按中等學校、國民小學、幼稚園及特殊教育學校（班）師資類科分別規劃，並報請中央主管機關核定後實施。」為使國民教育向下延伸一年順利推動，師資來源不虞匱乏，有關師資培育的規劃，應儘快完成相關子法修訂，以利國小和幼教師資之交流，並擴大和充裕師資來源。此外，對於幼教師資之

薪資、福利、退休、及撫恤等方面，應該立法建立制度，使其權益獲得保障。

二、十二年國民教育之因應對策

十二年國民教育既然已經經歷了前所未有的討論階段，甚至早在二十餘年前即已嘗試某些實驗措施，而且目前已經累積相當的共識，其正式上路只是時間早晚罷了。針對上述各界所提出的問題，本小組擬提出下列幾項因應對策加以解決：

㈠十二年國民教育之後三年應釐清用語及其內涵

在未來若欲推動十二年國民教育，宜先將後三年定位清楚，並仔細思考其用語。教育部規劃內容定義為「國民基本教育」，亦即身為現代化民主社會的公民應該接受的基本教育；其目標在1.培養民主與法治的公民資質（citizenship）；2.培養獨立人格及基本生活能力；3.培養良好的國民共同核心價值（楊思偉、施明發、許照庸、黃文振、黃棋楓，2003），可能也是一種看法。另外，衡量後期中等教育之分化性質以及終身學習之理念，學生在後期中等教育階段之就學有相當程度的個別差異存在，勢難以強迫入學的方式辦理。因此，本研究認為未來最終應達到「免費」、「免試」之目標，而推動過程可先做到「補助學費、鼓勵、非免試以及實施共同核心課程」等型態，並透過國民教育法之修正與教育基本法之相關子法予以明確定義，以確保其實施之可行性。

㈡採用補助學費方式以解決教育財政上之問題

如果十二年國民教育所實施的對象完全免學費，則其所造成的財政負擔不但會排擠其他教育部門之施政，甚至有可能會拖垮政府財政。因此，本小組建議既然十二年國民教育之後三年為「國民基本教育」性質，就讀之學生仍然應繳交基本學費，但為了要拉齊公私立高中職教育機會不均等之現象，應由政府以教育券的方式補助就讀私校學生之學雜費差額，至於學生基本學雜費與政府負擔之經費可以逐年彈性調整的方式處理，則教育財政負擔不致於太重，也能達成國民教育之實質意涵。

㈢調整以國民中學基本學力測驗成績為分發入學門檻之原則

本小組主張十二年國民教育之後三年為國民基本教育之性質，且為了

呼應後期中等教育重視功能分化之性質，勢須透過某種機制與參考標準，將學生分發至某種性質之後期中等教育機構或類科進行學習。因此，某些形式之評量是有其必要的。目前已經實施三年的國中基本學力測驗即為相當適當的工具，其題目之活潑與貼近青年學子之生活等特質有目共睹，雖然九十二年之第一試部分科目內容被批評為過於簡單，無法發揮有效之鑑別功能。殊不知，類似難度的題目正好可以配合將高中職均質化的目標，其次，應將國中基本學力測驗作為入學門檻之工具，並以學區為就近入學之範圍，如此才能舒緩升學競爭，否則在目前涇渭分明的選材制度之下，一些第三、四志願的學校無論如何努力均無法獲得理想之回饋，所以適度將明星學校納入就近入學範圍是應該做的。至於同時採計其他特殊表現之建議，係基於測驗理論，長時間所進行的真實評量（authentic evaluation），總是比一兩天的即興式評量更具有信度及效度。

㈣搭配教育部推動之適性學習社區，兼採目前十五個聯招分發區為學區

教育部近年來所推動的綜合高中、高中職社區化其實均可為今後實施十二年國民教育之政策鋪路，但綜合高中應否普及，且應發展到多少比例，宜再作審慎評估，期待各個地區綜合高中所提供之學程均可滿足當地學生的學習或就業需求，如有不足之處，則再擴大涵蓋範圍，輔以高中職社區化所建構的適性學習社區內之普通教育學習系統、技職教育學習系統、特殊教育—資優教育學習系統、特殊教育—身心障礙學習系統等四類學校之網絡，提供當地學生適當之學習進路。另外，高職亦不宜輕言廢除，應為後期中等教育多元化類型及適性學習目的發揮更多的功能。

其次，有關後期中等教育階段學校類型問題，可以繼續維持目前普通高中、職業學校、綜合高中三種型態，其中綜合高中未來可發展到多少數量，需待更多的評估。不過，應以區域性考量，適度調整區域內各種學校及類科數量，應該是必須先做的重點工作。

㈤師資素質宜有效予以監控，對於辦學績效不彰之師資培育中心應建立合理的退場機制

自從民國八十三年師資培育法修正通過之後，師資培育採取多元培育之方式，固然可以確保師資來源不缺，卻缺乏有效之品質管制措施，即使

評鑑成績不佳，仍然繼續增班招生的學校並不乏見。惟今之計，教育部應配合本次師資培育法之大幅修訂，在訂定相關子法之時，加強各大學院校師資培育中心之辦學績效，擬定明確而合理的退場機制。在教師資格檢定考試之科目中亦應加考任教科目之專門知識，以確保教師專業與專門知能的素質。

⁓肆、結語⁓

　　學制為一國教育事業的根本，譬若樹木之主幹，大廈之棟樑。學制之變革，事涉國民受教權益，攸關教育事業成敗，固不宜率爾從事，然亦不可躊躇不前。且學制有其特殊之時空性與地域性，非能輕易移植或因襲，因而益增其改革之困難度和複雜度。

　　因應我國環境變遷和教育需求，本文針對兩項學制改革方向，加以探討分析並提列建言。有關國民教育向下延伸一年，大致是世界各國教育發展之一種趨勢，唯在實施上尚需考慮向下延伸一年在學制上之定位、大多數私立幼教業者的生存發展、幼教經費比率偏低、一貫幼教行政體系尚未建立、幼教相關法規尚待修訂、幼教師資素質良莠不齊等問題。因應對策為未來國民教育向下延伸一年定位在免費非義務性質；增設公立幼稚園或國小附設幼稚園，並協助私立幼稚園轉型，提供幼兒入園機會；修正憲法及國民教育法等相關法規，以取得延伸法律依據；繼續發行幼兒教育券，以利向下延伸一年政策之推動；實施國小和幼教師資合流培育，以充裕幼教師資來源。

　　在推行十二年國教方面，主要考量問題包括十二年國民教育之教育目標、學制定位、入學方式、高中職學區劃分、教育經費、師資培育與教育品質區域均衡等。因應對策為推動十二年國民教育宜先釐清用語及內涵，並建議在過渡時期以「補助學費、鼓勵、非免試以及實施共同核心課程」等型態實施；採用補助學費方式以解決教育財政上之問題，學生繳交基本學費，而由政府以教育券方式補助私校學生學雜費差額；調整以國民中學基本學力測驗成績為入學門檻之作法；搭配教育部推動之適性學習社區，兼採目前十五個聯招分發區為學區，再透過教育行政之策略逐年縮短學校

素質之落差；師資素質宜有效予以監控，對於辦學績效不彰之師資培育中心應建立合理的退場機制等。

國民教育向下延伸一年和十二年國教，雖然是社會大眾關注之議題，極有可能在未來形成具體政策並付諸實施，唯同時進行兩項重大學制改革，於國家財政上既為沈重負荷，在施政推行上亦恐顧此失彼。故本文建議擬定「向下延伸為主，向上延長為輔」之策略，先行推動國民教育向下延伸一年政策，俟財政寬裕和時機成熟，再循序漸進延長國教為十二年。唯學制改革乃國家大事，其影響至深且遠，故在推行新的學制政策之時，仍宜謹慎從事，詳加籌謀，規劃完善配套措施，興其利而防其弊，俾為我國教育事業，建立可大可久之基。

參考文獻

九十三學年起，國教向下延伸一年（2003，3月16日）。聯合報，6版。

吳清山（2000）。延長十二年國教的基本考量──兼論十二年國教會重蹈九年國教的覆轍嗎？教育研究，71，5-7。

吳清山（2002，10月）。五歲幼兒納入正規教育體制的法制配合。載於國立台灣師範大學教育研究中心主辦之「手牽手5歲向前走」國教政策論壇大會手冊（頁33-36），台北。

吳清山、幸曼玲、盧美貴、蔡春美、張孝筠、馮燕（2000）。幼稚教育法及相關法令之修（制）定專案研究，教育部國民教育司委託研究。

李南雄（2002，10月）。我國幼兒教育財政資源的分配與管理。載於國立台灣師範大學教育研究中心主辦之「手牽手5歲向前走」國教政策論壇大會手冊（頁18-21），台北。

林佳蓉（2002，10月）。義務教育向下延伸一年確保幼兒教育品質。載於國立台灣師範大學教育研究中心主辦之「手牽手5歲向前走」國教政策論壇大會手冊（頁9-10），台北。

林貴美（1987）。法國的學前教育。載於中華民國比較教育學會（主編），學前教育比較研究（頁131-192）。台北：台灣書店。

邱兆偉（1990）。十二年國民教育的決策與評估。國教研究，11，26-33。

政策又生變，國教向下延緩一年實施（2003，3月28日）。**中央日報**，13版。

國語日報教育版編輯小組（2002年，6月10-11日）。延長國教有助教學正常化，
　　提升國民素質刻不容緩。**國語日報**。

教育部（2002）。**2001年教育改革之檢討與改進會議大會結論與建議資料彙編**。
　　台北：作者。

郭秋勳（2002年，7月10日）。實施十二年國教之可行步驟。**中央日報**。

陳伯璋等（2003）。**實施十二年國民教育理論基礎及比較研究**，教育部委託研究。

陳曼玲（2002年，6月14日）。升學降壓，難度錢關。**中央日報**。

楊思偉、施明發、許照庸、黃文振、黃棋楓（2003）。**推動十二年國民教育辦理
　　模式之研究期末報告**，教育部委託研究。

楊蕙菁（1998年，9月10日）。十二年國民教育爲期不遠。**聯合報**。

盧美貴（1987）。英國幼兒教育的現況與發展。載於中華民國比較教育學會（主
　　編），**學前教育比較研究**（頁103-130）。台北：台灣書店。

第三章

●●●入學制度：

考招分離的落實

召集人：張秋男

共同召集人：林世華

研究成員：簡茂發、蕭次融、何英奇

❧摘要❧

　　本文肯定在教、考、招分離的理念下所行的入學制度之變革，希望在多元入學方案下，入學不致影響正常的學校教育，注意到學生智能的多元化進而使之得到適性的發展。

　　但在執行時，這些目的並未如預期的達成。不但未將原來「聯考」的弊病加以革除，反而衍生其他問題，而有許多批評。本文詳細探究其原因，條列式的加以說明，歸根結底，其主要原因是在執行時，輕忽了我國國情的特質而導致社會的接受度受影響，以及其在競爭時所採取的因應模式，在準備工作不是很周全的情況下，率而實施，而造成困擾。

　　為了能使多元入學方案中所揭示的考、招分離策略得以落實，而能有真正的「多元資料、多元標準」入學方案，俾可帶動多元學習的適性教育，我們建議：

一、分別健全國中及高中考試的研發與評估單位，負責：

　　㈠分別將「國中基本學力測驗」的考試目標定位清楚。釐清「高中學科能力測驗」與「指定科目考試」的設計目的，及其在兩階段考試對大學入學的功能與應用。

　　㈡對考科及其內容，就專業角度依測驗（考試）的定位及教材的一綱多本等因素，繼續加強研發。另外，對國中生作文與英語聽力測驗的研發也應持續進行。

　　㈢各種測驗（考試）結果的使用，對國民中學教學的影響宜加強評估，以改進測驗（考試）的內容。

　　㈣建立多元評量方法，如多元智能、在學成績等的信度和效度，作為升學的參考。

二、分別成立高中職及大學校院的招生政策研究單位；或健全聯合招生委員會組織與強化其功能，如成立類似英國的UCAS或香港的JUPAS，負責：

　　㈠研究招生方案，及測驗（考試）成績與其他多元評量結果在入學時

　　的應用等，宜持續作事前規劃與事後調查研究，作為日後改進各校
　　招生的重要參考。

　㈡從事各校（或地區）招生委員會的聯繫、溝通和試務的彙整、協調
　　等工作，使招生政策能具前後的一貫性以及能為社會所接納。

　㈢持續正確教育觀念的宣導與考試迷思的澄清；加強多元入學方案的
　　宣導，釐清考招分離以及各種考試與各入學管道的關係。

三、加強高中推薦與大學甄選作業的信賴度與互動關係。

四、聯合各高中成立連絡協商會，以利於與大學的招聯會或考試的專責機
　　構聯繫，協商與提出建言。

五、成立大學術科評量中心專辦術科考試，使術科考試能發揮其應有的評
　　量功能。

六、建議大學的招聯會規劃補招生辦法，以彌補有些學校招生不足的缺
　　憾。

❦ 壹、前言 ❧

從民國十七年五月在南京舉行第一次全國教育會議開始，全國教育會議一直承襲著我國重大教育政策的發源，其議題、結論與建議更是政府賴以制定教育政策的關鍵。升學與補習的議題早已出現在第四次全國教育會議，那是民國五十一年第一次在台灣舉行的全國教育會議。接著教育品質、課業負擔、學習壓力與入學制度等相關議題，均先後列入第五、六、七次全國教育會議的重要議題。其中第七次全國教育會議的議題：改進中上學校入學制度，導正教育正常化，算是最直接的說法。到民國九十年教改檢討更明確將「升學」、「師資」與「弱勢族群」並列爲教改三大核心議題。

入學制度原本是升學爲主的問題，何以會直接與教學的問題並列爲重要問題。原因應是，台灣四十多年來，教育現場由於升學問題，所引發的教育亂象：升學激烈競爭與考試領導教學等均用來描述教育問題的嚴重性。簡單的說法是：招生、考試與教學三者被混爲一談（林世華，1998）。入學制度的手段首先，將考招分離，應是一個合乎邏輯的思維。其次，則是將考試領導教學中的考試與教學緊密連結加以分離，如此將有機會解決教學上強調制式答案的現象。從問題解決的觀點來看，將大問題分解成小問題，應是一個可行的策略。一方面將考試與招生分離，另一方面將升學考試與教學分開，如此或許有機會將問題澄清。兩個小問題的共同交集是考試，也就是本文中國中生的「學生基本學力測驗」及高中生的「學科能力測驗」與「指定科目考試」，容易讓人有一種解決問題的關鍵在解決考試問題。這種想法也在《教育改革總諮議報告書》中也有適當的回應：升學考試需多元考量學生的各種表現，將學生的表現分兩部分來考量：第一部分爲基礎科目的能力，它可經由統一的考試來評量，作爲門檻及篩選淘汰之用。第二部分則爲其他的表現，可用多元的方式來衡量，作爲選才的各種指標之用（行政院教育改革審議委員會，1996）。

雖然多元入學制度的建立，有賴於先減輕對聯招制度的依賴，須先打破「聯招」是「最公平」的基本認定，並依現代社會的特質來重新修訂

「公平性」的意義（行政院教育改革審議委員會，1996）。但不可諱言，多元入學制度改革自推動實施以來爭議不斷，爭議主軸依舊是公平性的維持。

　　大學及高中職多元入學方案實施幾年來，受到許多批評，諸如方案繁瑣；很多學生每種升學管道皆參加，導致壓力及挫折增加；以及考試費用的增加對低階層家庭而言是不小的負擔；其次，甄選、申請管道中的才藝、社團資料及面試的評分，其公平性頗受質疑。再者，由於多元才藝的納入，低階層家庭無法提供小孩學習或補習才藝的機會，導致升學不利，擴大原有的貧富差距，不符公平正義原則。

　　就大方向而言，多元入學是學生選校，學校選學生的自然方式，理應推動，民國八十五年《教育改革總諮議報告書》，清楚的說出台灣的教改方向與作為。民國八十七年政府據而提出十二項《教育改革行動方案》，其中多元入學方案是暢通升學管道的具體作為。此後民國八十八年與九十年先後檢討教改行動方案，至今事情一直持續著（教育部，2002）。但在對現有社會價值觀的影響未作評估或評估不確實，出現許多困擾，其所推動的「教、考、招分離」策略，也無法真正落實。

　　多元入學方案包括甄選入學、申請入學以及考試（登記）分發入學。這些措施主要是想使教、考、招能確實的分離。實施的對象廣泛，包括高中職五專的入學，四技二專的入學，大學的入學等。我們僅就社會質疑較多的高中職入學以及大學入學考招分離為何不能落實的問題，就其原因及因應策略提出看法。主要的重點在如何使招生能有一持續一貫的作法，除能維持公平、公正、公開的原則外，又能對教學正常化有正面的影響。

～貳、問題分析～

一、多元入學方案的理念與實際無法契合

　　學校招收學生本來就應就學生各項資料加以審查及選取，學生也可以根據就學的方便、學費以及學校辦學特色等加以選擇及申請入學，如此則自然是「多元資料，多元標準」的「入學制度」。就學生與學校的自主選

擇性而言，我國開始有單獨招生，但因為大家普遍相信「考試」的公平性，多元資料的應用一直付諸闕如。在大學部分，自民國四十三年起開始有些學校聯合招考學生，這是聯合考試及聯合分發（簡稱聯考）的開始。民國六十五年，教育部成立「大學招生委員會」而有全面性的聯考。聯考就民間的接受度而言極高，因為符合簡單、公平的原則，對具有科舉制度文化的我國而言，並無滯礙難行之處。至於國中升高中、高職、五專等的情形也類似。不過，社會有識之士，對「聯考」所帶來的缺失深為憂心，如：㈠一試定終身；㈡考科及試題僵化，導致不當的教學，忽略多元智能；㈢明星學校及大學科系排名，忽視學校選材及學生適性選校系的機制；㈣競爭明星學校，導致升學症候群，故而有八十三年開始的多元入學方案。我們檢視「自願就學方案」之所以無法受到社會大眾的認同，表面上是「不公平」，但深層的來看，這牽涉到我國社會多元化不足、幅員小等特有的國情因素。故往後的甄選入學、申請入學，大眾都要求一致的標準。在這樣的要求下，原本設計的多元入學方案反而變成了複雜的入學方案，得不到社會大眾的認同。

由上可知，在朝向入學多元化的方向推動之時，對我國考試文化與家長的期望心理，學校對升學率、排行榜觀念等之分析評估，其可跨出的步伐有多大，必須慎重加以考慮，也就是多元入學方案必須務實。

二、高中職及五專的多元入學方案不盡理想

多元入學制度的改革，在民國九十一年以後，以「多元選擇、多元特色、多元智能」的新包裝出現。然而政府的努力推動，依然無法抵擋國人對執行公平性的質疑，對程序繁瑣不便的抱怨，以及對教育品質的擔憂（秦夢群、郭生玉、吳武典，2002）。除此之外，國人對於國中基本學力測驗（簡稱基測）技術問題也是多所疑惑，茲分述如後：

㈠執行公平性

多元入學方案使用多元評量方法，其中不乏非客觀評分，易引發評分標準甚至錄取標準能以人為有心或無心的介入，因此國人不輕易相信執行單位的公正性。國民中學學生基測的實施，全國考生使用統一相同的測驗試題；再者，一年多次考試使用不同測驗試題，都會引起國人對公平性的

疑慮。

(二)程序繁瑣不便

入學管道多元化，國人未蒙其利先受其苦。尤其是管道程序複雜時，更是抱怨連連。加上國人常常誤以為入學管道就是入學機會，而常常為多元入學管道奔波不已。這樣的思考邏輯也一樣適用在基測的實施。過去有人批評聯考一試定終生，但現在的兩次基測，有如兩次的聯考，而且是兩次的大型聯考，使學生增加壓力。

(三)教育品質的受損

在多元入學管道下，國人無法割捨任何入學管道，樣樣都要參加，所有資料都要準備，結果是學習內容廣度延伸與加深，學習負擔增加，學習壓力不降反升。另外也不時傳出成人操之過急，介入管道程序，引起舞弊情事。不良教育示範，傷害教育品質於無形。基測引導學校教學，基測不考，老師不教，學生不學的循環還存在著。補教依舊大興其道，教育品質改善有限（秦夢群等，2002）。

(四)基測技術疑惑

國人對於何謂基測？為何要基測？基測如何命題？如何組題？分數如何計算（量尺分數）？一年多次考試測驗分數為何可比較（等化）？基測分數使用門檻與鑑別採計的差異為何？此等問題誤解很多。

(五)考科問題

目前基測考五科：國文、英語、數學、自然、社會，涵蓋了國中大多數的知識學科，基本上是承襲原有的高中聯考的知識科目，但不同的是目前基測只限於選擇題型且不考作文。因為基測考科及內容如何設定，牽涉到其定位與目標為何的問題，以下擬從基測的定位與目標，來分析基測考科及內容如何設定。

1.基測的定位是標準參照（門檻）測驗或常模參照（鑑別）測驗

國中基本學力測驗的定位，一直有爭議。有人主張它應屬國中畢業生的「資格門檻」，而不是升學主要的依據，否則就會有「基測宰制國中教學」的現象。有人則認為基測最公平客觀，應作為升學主要的依據。

基測的定位如果在瞭解學生是否達到國中畢業的基本水準（能力），則它就是標準參照（門檻）測驗，難度及鑑別度並不是它要強調的。此

時，考試內容會較傾向於考學科成就，至於考幾科，需從國中畢業基本水準（能力）的要求來看，由學科專家們來判斷。目前考國、英、數、自然、社會五科，尚稱恰當。但值得注意的是當基測定位為門檻測驗時，那麼多元入學管道只能以它為基本參考資料而已，尚需仰賴其他各種資料，如測驗、在校成績…等。

相反的，基測的定位如果在鑑別學生能力高低，以作為升學的依據，則它就是常模參照測驗，特別重視一定的難度及鑑別度。至於常模參照考試內容是以成就測驗或性向測驗為主，目前並未有定論。

2. 基測的定位是成就測驗或性向測驗

美國高中升大學用的標準化測驗主要為《Scholastic Aptitude Test》（SAT）與《American College Testing》（ACT）測驗，分由 Educational Test Service（ETS）及 American College Testing Program（ACTP）研發。SAT 分二種，其中 SAT I 是學業性向（普通能力）測驗，考「語文及數學推理技能」（Verbal and Mathematical Reasoning Skill）；SAT II 則是學科內容為主的成就測驗，共有二十二種學科測驗。而美國另一升大學的測驗為《ACT》，它是以學科為主的成就測驗，包括語文、數學、閱讀、科學四科，有時另加一個實驗性科目（參見 www.collegeboard.com；www.ets.org；www.act.org）。綜合而言，SAT II 與 ACT 皆以成就測驗為主。

基測如果定位為性向測驗，則只要考語文或數學基本能力即可，這也是國內對民國九十四年基測要考幾科有所爭論時，其中一派採取的觀點。另一派主張將基測定位為成就測驗，學校教多少科就要考多少科，以免不考的科目就被荒廢之想法，這也是受「考試領導教學」的影響。

3. 九年一貫課程對基測考科的影響

教育部及社會各界曾為九年一貫課程及教科書「一綱多本」實施後，基測要考幾科才適當有過爭論，其中一派強調「考試領導教學」，認為考愈多科愈好，主張將七大領域或六大領域均包含在考試範圍內。如此才可避免不考的科目被放棄教學，九年一貫課程無法落實。但又擔心增加考生壓力，而建議維持現行的國、英、數、自然、社會五科。另一派則強調「減輕學生壓力」，主張只要考國、英、數等基本學科即可。最後，教育部採折衷辦法，基測仍維持現行的國、英、數、自然、社會五科，比較類

似美國《ACT》測驗。

4. 教科書「一綱多本」對基測考科的影響

如果基測定位為「成就測驗」（目前即是），那麼教科書採「一綱多本」時，考生如果每一版本皆要研讀，必定增加很大的壓力。因此，基測強調取材是以分段能力指標為準，而不會針對某一版本特定教材內容命題，以免造成不公平。由於基測強調評量學生最基本的能力，而且又要避免考特定版本的教材內容，那麼基測的性質，已含有「性向測驗」特質。如此基測兼具成就與性向測驗特質，在命題上必迥異於往，因此「基測研發單位」在命題上如何掌握此項特質，有必要對相關學校、考生、家長說明清楚，以免讓他們困擾而不知所從。

5. 作文與英語聽力是否納入基測

作文與英語聽力乃是國中畢業生很重要的基本能力，理應納入基測。可惜目前基測基於人力、時間及評閱公平性問題，並未將之納入測驗。建議學測中心能早日規劃，將之納入考試內容，以促進國中在這二方面教學的重視。

三、大學的多元入學方案

大學設立目的之一是為國育才，而育才應由選才開始。理想的選才方式，亦即大學招收新生，應該針對選才的目的，採用最適當的方法，找最適合的學生，使其進入最適切的校系，以得最適性的發展。故而有多元入學方案以取代原有聯考的施行。

自民國四十三年以來，實施幾近半世紀的大學聯招，在選才方面確曾扮演了重要的角色，在大學招生方面也確有其良好的功能，但由於社會的變遷，大學校系數激增，而十八歲人口漸少，大學招生也逐漸由過去的大學在挑學生，而轉變為現今學生也在挑選大學校系。從教育多元化的觀點來看，聯招確也帶來一些不良影響。聯招是否為大學選才的最適當方法，若藉用「良好的大學入學制度規準」（黃炳煌等，1991）來檢驗，聯招不再是最適合現今社會以及教育多元化需求的辦法。

大學多元入學方案於民國九十一年實施，其所引發的諸多問題，各界已提出不少評論（秦夢群、郭生玉、吳武典，2002），而大學招生委員會

聯合會（簡稱招聯會）也檢討所實施的新方案，提出九十三學年度適用的大學多元入學方案。若歸納多元入學方案批評四起的主要原因，不外乎下列六項：

(一)大眾不瞭解考招分離的用意與現況

考招分離促使考試與招生各有專責單位，分別負責研發試題以及訂定最適當的招生方式。從考招的架構上來看，制定招生政策由招聯會負責，而九十二學年的大學甄選入學彙辦單位是中正大學，而該年度的聯合分發委員會是中央大學，至於大考中心則負責學測與指考，以及受託協辦術科考試，並不直接參與招生事宜。但大眾不瞭解考招分離的現況，例如有關招生的事務卻打電話給考試中心，得不到滿意的答覆而埋怨不已。

(二)招聯會與大考中心對於新方案的宣導說明不足

新方案實施前未說明清楚考試分發制只是各校系採用考試成績，用來錄取新生的方式不同，考生考多只是增加可以填寫志願的校系增多而已，並不等同於錄取最心儀校系的機率大，導致考生多考了幾科，增加了考試壓力。另一方面，多元入學新方案的實施，適逢教科書開放後的首屆考生，而教科書的內容是培育該學科的能力所需，命題取材則根據課程標準。在一綱多本的命題方式下，學生不需讀所有的版本，教師也不需編綜合版本，準備考試不應受教科書版本的影響才是，但由於事前的宣導說明不足，導致考生恐慌，增加了不少準備考試的壓力。

(三)招聯會未充分發揮協調與決策功能

招聯會對於大學的招生策略及各大學招生事宜的協調不夠充分。大學多元入學方案實施後，社會上對甄選入學制或考試分發入學制有所批判時，未能立即回應。又如甄選入學制中的推薦甄選與申請入學合併的利弊得失如何，尚未評估，因此即使申請的校數已從八校調降為五校，但各大學甄選日期並未統整或協調，也未顧及高中的行事曆。另一方面，在大學招生策略中，術科考試的定位、考科內容與成績採用，至今尚未有一明確的說明。甚至當 SARS 疫情嚴重時，指考是否不考非選擇題的政策也搖擺不定。招聯會並未好好發揮其協調與決策功能，以使大學的入學制度更加完善。

(四)各大學的招生專責單位功能薄弱

現今，在各大學中設有招生專責單位而配有足夠人力的並不多，而招生專責單位應具備哪些功能，可能都還在摸索的情況下，不太可能對所招收的學生進行適應調查等追蹤研究。多數的大學平常沒有累積招生所需的相關資料，在訂定招生辦法時，必然會因具體資訊不足而感到捉襟見肘，以致大學未能思考任何有效的方法，招收到其所需要的學生。

(五)指定考科的用法無異於聯考

大學校系的指定考科分學科考試與術科考試兩大部分。學科考試指的是大考中心所辦理的指定科目考試，考科的內容與用法，基本上與過去的聯考大致相同，尤其多數校系仍維持四類組，採計五科或六科的成績。事實上各校系可以排開最低錄取總分排行榜的顧慮，指定不同的考科組合，考生也可量力而為，選考適當的考科，可因少考幾科而減輕考試壓力，但有相當多的考生，如同聯考時的跨類組考生，既考數學甲又考數學乙，目的只為能多填幾個志願，導致產生理工組考生搶人文組位置的怨言。

(六)術科考試的定位與功能不明

術科考試在聯合考試的架構下實施一年後，成為獨立的術科考試。考試的性質與項目，均有相當程度的調整，測驗的性質較偏向基礎能力，不過目前體育、音樂、美術的成績在考試分發入學制的採用上，僅被當作一科術科成績計算，而難以完全尊重各校系術科的評量理念。如此為了簡化招生過程，校系是否還能招收到適才、適所、適性的學生，頗受質疑。

⚡️參、因應對策⚡️

多元入學制度的改革推動至今有褒有貶，以下便針對如何在改革路上持續推進提出建議和策略。

一、高中職及五專的多元入學方案

(一)持續宣導正確的教育觀念與澄清考試迷思

1.宣導考試的正確觀念：考試不是解決教育問題之道。考試領導教學是一個古老不變的事實，考試是會引導教學，但是考試正面引導教學的原因

絕對不是考試本身，而是將考試的目標與教學的目標明確化（Bloom, Madaus, & Hastings, 1981）。

2. 學生學習不是只為考試：倡導多元智能觀。中小學的升學率和專科、大學聯考之排行榜，並非辦學績效的唯一重要指標（行政院教育改革審議委員會，1996）。落實教學評鑑，評估辦學績效，仍有許多辦法，而非完全依賴學生考試成績。

3. 考試成績不是人的一切：倡導多元價值觀，重視學生個別間與個人內在差異。

4. 基測專業觀念之持續宣導：何謂基測？為何要基測？基測如何命題？如何組題？分數如何計算（量尺分數）？一年多試測驗分數為何可比較（等化）？基測分數使用門檻與鑑別採計的差異為何？諸多觀念均應長期持續宣導。

(二)儘速建立基測長期專業研發機構與評估機制

1. 基測研發機構與評估機制宜客觀中立，切忌政治化，應保持測驗政策制定與管理者角色與測驗操作單位分離。

2. 多元入學制度中基測政策的釐清、形成與評估。

3. 基測測驗結果在特定入學管道中的使用評估：門檻與鑑別採計；限制使用（不可加權）與不限制使用（可加權）。

4. 基測測驗結果在對國中教學影響的使用評估。

5. 基測測驗結果在評估教育政策的評估：形成教育績效指標、弱勢族群教育政策的監控。

6. 基測測驗結果對多元入學制度的評估：長期追蹤各種入學管道學生基測成績與入學後適應之關係。

7. 基測測驗實施的評估：包括不同身分考生加分規定之評估，考生違規扣分標準之評估及基測考場規則的評估。

8. 基測試題題型研發與實施方式：作文與英語聽力測驗的研發應持續進行。

9. 同步成立專業高中職五專入學招生研究與執行單位，以利確實執行與經驗傳承之需。

㈢「國中基本學力測驗」考試內容與科目的改革建議

1.基測的定位是標準參照（門檻）測驗或常模參照（鑑別）測驗，或二者兼具有必要向社會各界澄清

　　由於基測的定位為基本能力測驗，在政策上是門檻測驗，而在實際使用上卻是鑑別測驗，因而陷入兩難的困境，甚至被譏笑為「超級大聯考」。為調和目前的衝突，「基測研發單位」似乎採折衷態度，將之定位為門檻和鑑別二種性質兼具的測驗，因此目前基測考五科，尚稱適當。惟此點有賴「學測命題小組」對基測的定位向各界作明確宣示。

2.避免「九年一貫課程」和「一綱多本」可能增加基測的考試壓力，基測單位有必要作「前置研究」把握核心的基本能力，作出詳細的測驗大綱，不會以某版本特定教材為內容

　　九年一貫課程是教改課程改革中最重要的環節。其中有統一的課程綱要，由民間出版商根據各領域分段能力指標編寫教科書，所以教科書不止一個版本。以基測試題取材的觀點來看，原先從統編本教科書取材的單純局面不再。所賴以命題的基測能力指標，需順應學生接受不同課程後的改變，基測的研發與實施需謹慎因應此一變革。

　　九年一貫課程和教科書「一綱多本」強調多元化，如果基測什麼都要考，勢必增加考生壓力。基測如何因應，才能減輕壓力，並維持其公平、公正性，此點有賴在命題上把握基本能力為核心，才不會落入某版本特定教材。基測單位也要事先為此點廣為宣導，以免增加考生壓力。

3.基測有必要發揮教學績效檢定與使教學改進的回饋功能

　　基測如定位為基本能力測驗，可發揮教學績效檢定與回饋功能。這方面基測的試題宜由學科專家作試題分析，以找出國中畢業生達到最基本能力要求的「最低分數」，如此可檢視全國有多少畢業生未達此標準，有待教育當局進一步去規劃及改善。

4.避免基測宰制教學，影響「九年一貫課程」的落實，宜漸近實施多元評量方法（如多元智能、在學成績），作為升學的參考

　　目前基測成為甄選、申請、登記分發入學的主要依據，雖然可維持其公正性，但勢必宰制國中教學，而使得九年一貫課程和教科書「一綱多本」所要強調的多元化學校本位課程和教學自主的理念無法落實。因

此宜建立多元評量方法（如多元智能、在學成績）的信度和效度，作為升學的參考。例如在學成績初期可占 5%，漸近增至 20% 左右。長期而言，應規劃國中以後三年的教育，逐步推行高中職社區化，廢除升學考試。

(四)突破多元入學制度改革困境

九年一貫課程實施後，將會是突破多元入學制度改革困境的一個機會，可於多元入學制度中採計學生在校表現。在多元入學方案中採納在校表現成績是一個高難度的改革，它需要時間也需要勇氣，更需要機會。在基測定位已明朗下，逐年漸增採計的比例；學生成績採計亦是逐年級漸增。積極研究採納在校表現成績的方法：檢定、採計與參酌。最後是需要一段較長工作時間，來慢慢的、確實的對國人說明與溝通。

二、大學的多元入學方案

針對前面問題分析所指出的問題提出如何解決的建議之前，先以黃炳煌教授在〈我國大學入學制度之研究〉中，所提出的十四項良好的大學入學制度規準，來檢驗九十三學年度將實施的大學多元入學方案，所得結果如表 3.1。由表 3.1 可見九十三學年度的大學多元入學方案，合併採用甄選入學制與考試分發入學制，相當符合良好的入學制度規準，因此建議不宜更改，但必須仔細規劃才能圓滿執行。為能落實大學多元入學方案應有的考試與選才的功能，在招生的組織上從招聯會、大學到高中，應強化其縱向與橫向的溝通聯繫，在辦理測驗的機構上亦應有專業性分工，各自扮演其最適切的角色，讓大學多元入學方案能漸趨周延與完備。另外，大學多元入學方案在實施初期，大學院校可能因訂定招生的方式與條件的不恰當而招生不理想，不如預期，為此建議招聯會應慎重的考慮補招生事宜，相信在事前先有縝密的規劃與宣導，要比事後的應急補救要適切得多。

為解決各界對大學多元入學方案的困擾，茲提出建議分述如下：

(一)加強多元入學方案的宣導，釐清考招分離以及各種考試與各入學管道的關係

針對即將實施的九十三學年度多元入學方案加強宣導，多開說明會，釐清考招分離，各種考試與各入學管道的關係（如圖 3.1）。圖 3.2 則表示「教、考、招」三者分離與其相互關係，因此有關各種招生與考試等項

表 3.1　大學多元入學方案以「良好的大學入學制度規準」檢驗的結果一覽

良好的大學入學制度規準	甄選入學制	考試分發入學制
1.各大學校院擁有入學方式的自主權	＊＊＊	＊
2.入學方式要明白易懂	＊	＊
3.能引導高中正常教學	＊	＊
4.要採用多項資料（例如參照高中成績或口試成績等）	＊＊＊	
5.要避免性別、城鄉及文化背景的歧視		＊＊＊
6.讓高中教師充分的參與	＊	
7.省時、省力、省錢		＊＊
8.公平、公正、公開	＊	＊＊＊
9.不因離校時間的長短而影響其入學的均等機會		＊＊＊
10.讓學生有多種入學的途徑　（例如保送與聯招並行）	＊	
11.要能正確反映出學生的學習成就	＊＊	＊＊＊
12.要能顧及學生的特殊才能和性向	＊＊	＊
13.要能鼓勵學生向學的動機	＊	＊＊
14.要具備可行性	＊＊	＊＊

註：＊分別表示符合該項規準的程度：＊低，＊＊中，＊＊＊高。

目，必須顧及高中的教學的內容與其進度。

(二)加強高中推薦與大學甄選作業的信賴度與互動關係

在甄選入學制中最重要的就是有機會評量考生的多元智能，而以「多元資料」配合「多元標準」，大學校系得以招收最適當的學生。在推薦甄選中，藉由高中的推薦讓大學在選才的過程中，可納入高中較為長期的觀察，考生在校的各項表現，及其志願就讀校系的適切性評估。畢竟高中對學生多年來所累積的認識，遠比大學甄試時的十分鐘或二十分鐘面試的瞭解要深刻。故推薦甄選有利於特殊取才，諸如可選取到學科與藝能成績表現優異，以及國際或全國競賽成績優異生，或經由高中推薦的形式，拉近與大學附近地域高中的距離，並希望照顧到身心障礙生、原住民、偏遠地區生等特殊族群的學生。推薦甄選的另一項優點，就是可以避免校系重複錄取的問題，因此建議大學校系宜強化推薦甄選在甄選入學制中的功能。在多元入學方案推動初期，推薦甄選不可廢，因其實施愈久，公平性愈得信賴。開始時，申請入學的名額不宜太多，但名額可逐年漸增，最後達到完全開放。

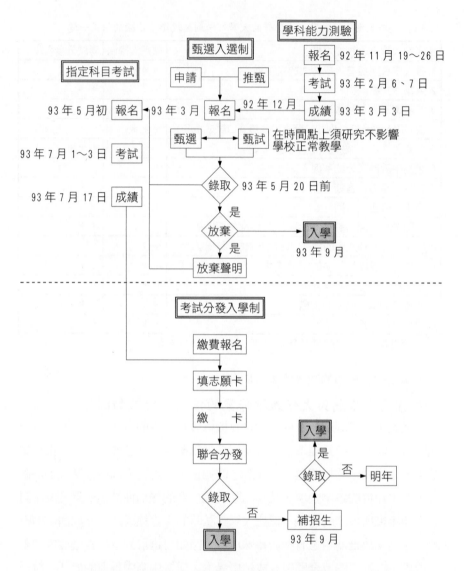

圖 3.1　九十三學年度大學多元入學方案

（三）健全招聯會組織與強化其功能，以促使多元入學方案能有效
　　地落實

　　大學招生委員會聯合會（簡稱招聯會）係由各大學所組成之招生決策
最高單位，會員為大學校長，其任務包括商訂招生策略、協調各校年度招
生事宜、其他招生相關事項。大學多元入學方案決定實施時，因招聯會當

招　生

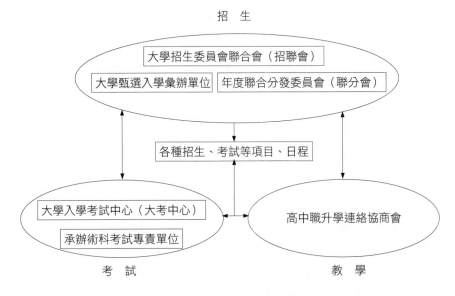

圖 3.2　考試、招生、教學、各單位的關係

時並無專職工作人員，致招聯會的決議、招生方案的規劃細節、相關配套措施、宣導活動等各項工作的推動等等重要的實際工作，無不力不從心，不盡周延。招聯會除大學之間的橫向聯繫外，更重要的是能促使多元入學方案能有效地落實，並不斷改進缺失，如何能健全招聯會組織與強化其功能，實刻不容緩。再者，由於大學甄選入學彙辦單位與年度聯合分發委員會（聯分會），這兩個單位所辦的工作，目前每年均各委由一所大學負責代辦，如此非但不易傳承其協助各校甄選招生或聯合招生的經驗，大學院校的招生工作也無法隨時改進與進行長遠規劃，因此建議參考英國的大學招生服務中心（Universities and Colleges Admissions Service, UCAS）與香港的大學聯招處（Joint University Program Admissions System, JUPAS），由招聯會推動成立招生專責機構，如此方可使招生能有一持續一貫的作法，並讓各大學在此機構的配合與協助下，能招收到適當的學生。

　　至於申請制重複錄取的問題，建議均在網上作業。如此，大學對於申請的學生從網路上可以查看該生在其志願的其他校系的錄取狀況，而學生在規定的時間內決定一個志願為其抉擇。

(四)強化大學招生專責單位功能，以作事前規劃與事後調查研究，作為日後改進各校系招生的重要參考

　　現在大學院校為順應招生方式的改變，雖有部分學校成立招生組，但尚有部分學校仍由註冊組負責大學招生的工作。因為招生的規劃，工作相當繁重，而人力又吃緊，多數大學僅能以辦完招生作業為其首要目標，無暇全面顧及大學的招生的理想、實施策略、作業規劃、對外宣導、檢討改進等各項相關工作。大學應該強化招生專責單位的功能，從校系如何採用多元的入學管道，在不同的管道中該如何訂定各自的篩汰條件，以甄選最適合的學生進入該校系就讀，需要提出縝密的招生策略，事前的規劃與事後的追蹤調查（新生入學後的適應性）研究，作為日後改進大學招生的重要參考。

(五)聯合各高中成立連絡協商會以利於與大學的招聯會或考試的專責機構聯繫，協商與提出建言

　　在大學入學制度的改革過程中，高中通常處在一個被動接受的地位，而學生在高中階段的訓練與學習，卻是為了進入大學所做的預備教育，因此高中與大學的關係可說是唇齒相依。高中若不瞭解多元入學方案的理念與作法，以及考招分離的用意與現況，在教學上可能會有所扭曲，或是難以有效的配合輔導學生選擇各種入學管道。再者，新方案上路，無論甄選入學制、考試分發入學制，以及測驗有關的學科能力測驗、指定科目考試，術科考試等，對於高中教育均會有很大的影響，而在執行或配合上不免會有一些缺失或是窒礙難行之處，因此高中也需要有一個聯合性的組織（例如「高中職生升學連絡協商會」名稱待定），以利於與大學的招聯會或考試的專責機構聯繫，協商與提出建言，例如圖3.2。考試領導教學誠不可諱言，因此命題確實會影響教學，而考後的試題分析以及評論，高中教師的聲音會顯得很重要，故宜有一固定的組織從事試題的評鑑與提出建言。

(六)成立術科評量中心專辦術科考試，使術科考試能發揮其應有的評量功能

　　多年來術科考試，對於改進評量方式以及考試的適切性與公平性的呼聲殷切。為使術科考試的辦理更符合其專業性，民國九十二年三月曾單獨辦理術科考試，分音樂、美術、體育三組。惟當時各組的規劃案，係分

別委託台灣師範大學、台灣藝術大學與台灣體育學院研究，而實際術科考試的承辦，則委由大學入學考試中心協調，分請不同的大學辦理。各組執行術科考試的學校或人員，與當初規劃的團隊不同，因此在考科的內容與評量的方式有些落差。術科考試是相當專業的評鑑，而其測驗的項目、評量結果的採用均須滿足大學院校的體育、美術與音樂專業、教育與應用等相關科系在不同入學管道的需求，因此這類測驗應由術科評量中心來專辦術科考試，相信在專業評量機構的運作下，術科考試能發揮其應有的評量功能。

㈦建議招聯會規劃補招生辦法以彌補有些學校招生不足的缺憾

雖然九十三學年度的大學多元入學並沒有設計補招生這一部分，但在民國九十一年所實施的考試分發入學制中，確實發現有部分校系考科及檢定條件訂定不當，以致招不足額，為彌補此一缺憾，建議招聯會規劃校系補招生。

為避免學生抱著投機的心理，希望藉由補分發、申請入學或志願登記入學的機會，進入較熱門的校系，而造成大風吹的現象，因此只准在考試分發入學制中未經錄取的考生，才得參加大學校系補分發。大學校系可從以下的三種方式，擇一來補足招生名額，如圖 3.3。

1. 聯合補分發

大學可在考試分發入學後，依校系自行修訂的條件參與聯合補分發，以彌補大學校系在考試入學分發制中考科的訂定、檢定標準與採計方式之缺失。

2. 申請入學

考試入學分發結束後，大學校系仍可利用學科能力測驗與指定科目考試等成績，以各校單獨申請入學的方式進行補招生，不但確保招生人數，同時亦可避免教育資源浪費。

3. 志願登記入學

大學校系可用學測或指考成績以及個人的背景或條件，訂出下限標準，考生依其志願到該校網站登記，並附上學測與指考成績，校方可考量學生居住地的遠近、成績的高低或以抽籤的方式決定錄取者。

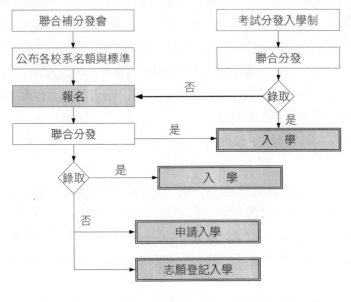

圖 3.3 補招生

(八)考試與考科的設計

1.釐清「學科能力測驗」與「指定科目考試」設計目的

　　「學科能力測驗」應該是學生基本能力的檢定，有如美國的《Scholastic Aptitude Test I》（SAT I），並非作為嚴格的評比或分級之用，是學生上大學必備的基本能力測量。基於這樣的功能，「學科能力測驗」的考科宜基本，就高中生而言，處於今日人文薈萃、科學昌明的時代，目前的考科有國、英、數、社會及自然五科，就上大學的基本能力而言，差可涵蓋。若未來高中課程總綱的設計能予以配合，使高中學生的學習不會在高中階段過早分化，則有助高中的統整教育，使理工科學生能有較多的人文、社會教育，而文法科學生能有科學的素養；這部分考科若訂的太少，會導致於高中教育的過早分化，結果是與原來「聯考」所引致的教學偏差相同。

2.指定科目考試的設定

　　「指定科目考試」有如美國的《SAT II》或《ACT》，提供的考科涵蓋面可能較廣、較細，試題在設計時可較深且具備鑑別度，可作為評

比之用。各大學的各院系，可依其特性指定幾個考科，作為評比與選才的依據之一。所指定的考科，依台灣現有的社會環境，即在教、考時間不易有理想分離的情況下，實不宜過多。原因是台灣幅員有限，各大學的同質性過高，若作太多科目的指定，例如：理、工科系仍把國、英放入指定考科之中，則「學科能力測驗」便成多此一舉了。

3.兩階段考試（測驗）在大學入學的運用

兩階段考試入學的方式在許多國家，如日本、大陸均在施行，在社會對大學有分級的情況下，考試的競爭仍相當劇烈。不過若能做有效的規劃，對高中教學因「聯考」所帶來的偏差應有些補正的功能。例如「學科能力測驗」配合高中課程總綱的修訂，使學生在高一及高二時能有全領域的學習，而「指定科目考試」則在人文、社會、科學等各領域分別著重不同的少許幾個考科的情形下，學生可以在高三時總其成。目前各大學的院、系，在搶學生的情況下，用來評比的「指定科目考試」的科目仍沿用「聯考」的科目，形成了「學科能力測驗」功能的喪失。本來各大學招生具全然的自主性，但假若各大學院系一時仍無法擺脫「聯考」的思維，則可由教育部來協調，依人文、社會、科學等領域的考科作一規範，以彰顯二階段考試的原旨。否則考試的「教改」成效難以發揮。

肆、結語

多元入學方案就學校招生以及學生選校來說，均是理應推動的方案。在社會多元價值觀未臻成熟之前，有些實施的技術確實需要仔細考量。就考招分離的落實上，健全考試研發單位及強化招生單位的組織及功能，刻不容緩。健全的考試研發單位應就專業的角度從事各類考試的研究開發，而招生單位就考試成績以及其他足以評估學生的資料，應用在招生上，以及招生策略的規劃及宣導，並對實施方案作檢討改進的工作，使招生方式的變革不致與社會現實有太大的落差，而且要有一貫性及更進步的招生策略。

就目前因推動多元入學方案所產生的問題，如未達到「多元選擇、多元

特色及多元智能」等的要求，教育行政機構有責任作些規範，如高中職基測的明確定位及入學的學區化，大學入學的指定考科數限制的協調改進等。

就未來而言，我們希望國中以後的三年教育能適當規劃，而不再有高中職的入學困擾。在大學方面能使甄選名額增多，向真正的多元化入學邁進。

～參考文獻～

行政院教育改革審議委員會（1996）。**教育改革總諮議報告書**。台北：作者。

林世華（1998）。跨世紀的測驗計畫。**飛揚，1**。

秦夢群、郭生玉、吳武典（2002）。高中及大學入學制度的研討。載於群策會（主編），**邁向正常國家：群策會國政研討會論文集**。台北：財團法人群策會。

教育部（2002）。**2001 年教育改革之檢討與改進會議實錄：新思考、新行動、心願景**。台北：教育部。

黃炳煌、劉源俊、林邦傑、曾憲政、黃政傑、蘇清守、秦夢群、顏慶祥（1991）。**我國大學入學制度之研究**。台北：大學入學考試中心。

Bloom, B. S., Madaus, G. F., & Hastings, J. T. (1981). *Evaluation to improve learning.* New York: McGraw-Hill.

第四章

行政與組織：

重建專業自主與權責相稱的
教育行政體系

召集人：王如哲

共同召集人：秦夢群

研究成員：鄭新輝、劉秀嫚

➤摘要◅

　　針對近十年來我國教育改革引發的教育行政與組織重大問題，根據相關文獻、訪談資料及專家諮詢等研究資料，進行問題分析並提議因應對策。在問題分析上指出：一、我國教育部、地方縣市教育局和學校間「行政運作與職權關係」有待釐清，尤其欠缺對學校職權之界定；二、地方分權化無法落實，教育專業地位難以維持；三、校長遴選制度已造成有責無權之窘況，並陷入政治民主化的選舉文化迷思；四、學校教師會與行政體系時有衝突，教評會的專業性與公正性尚待提升。在因應對策方面則提出：一、制訂《教育行政組織與營運法》，釐清中央、地方與學校之權限；二、透過修訂《教育基本法》或制訂《教育行政組織與營運法》，以確立地方分權化與教育專業地位；三、制訂《國民中小學校長遴選辦法》，規範校長遴選制度，使其遴選出有權有責的適才適任校長；四、維持全國和地方教師會，但廢除學校教師會或改變其屬性，使其回歸教師專業成長之屬性；強化教評會的專業代表性並明確規範其「權力」與「責任」。最後歸納指出我國今後一方面在教育自主宜避免地方政治勢力的不當介入；另一方面，權力與責任相稱宜成為教育行政與組織改革的最高準則，俾利於重建我國專業自主與權責相稱的教育行政體系。

壹、前言

　　近十年來我國教育經歷了前所未有的快速變化，在教育行政與組織方面，不僅出現大幅度的改變，也引發諸多問題，其中諸如：中央、地方和學校間的行政運作與職權關係問題、地方分權化與教育專業地位確立問題、校長遴選制度問題、學校教師會與教評會的定位與存廢問題，特別值得關切。其實教育進步的動力從來不會是跳躍式的，因此，勇於面對問題、正視問題、分析問題並解決問題，才是教育進步的根源。

　　國內教育行政與組織的變革與鬆綁的教育政策密切相關，而鬆綁的教育政策自一九九六年行政院《教育改革總諮議報告書》（以下簡稱總諮議報告書）公布後，即成為國內制訂教育政策的重要指導原則。一九九九年公布的《教育基本法》與《地方制度法》則是加速教育行政組織與運作由集權化走向分權化的法源基礎，甚至於在先前的《教師法》與後續的《國民教育法》修訂條文中，亦可見授權領導及參與式管理的影子：

一、在《教育基本法》中，對教育行政與組織管理方面，不僅限制了中央政府的教育權限和揭示地方教育自治精神，且有意將地方政府的重要教育決策權，由行政部門傳統上偏重個人領導的型態，轉由教育審議委員會採取集體領導的趨勢。

二、在《地方制度法》中，不僅賦予縣市政府地方教育自治的立法權力，縣市長更擁有教育行政部門各項人事任免權力，再加上原有教育經費的分配主導權，縣市長實際已有足夠能力主導地方教育政策之規劃與執行。

三、在一九九九年的《國民教育法》修訂條文中，將校長的任用改由遴選委員會主導，並賦予家長參與的權力。

四、在《教師法》中，將學校教育人事的任用權，改由教評會主導，且更賦予教師在學校內組織教師會的權力，期能發揮制衡校長獨攬領導的力量。

　　審視近十年來國內在教育行政與組織方面的轉變，與世界各主要國家

的教改趨勢，其權力運作由中央集權化走向地方分權化，由集權領導走向參與式管理的方向並無二致。然而由於國內環境與民情風俗不同於其他國家，且正確的教改理念需要完善的規劃與合理的配套措施，若缺乏合理的共識與準備，在執行上容易導致反效果。國內教改的最大隱憂在於容易匆促執行或採用未考量本土文化背景下的外來教改措施，以致橘逾淮為枳。因此，確有需要做適時的檢討與因應。

　　以下針對前面所述因教育改革所引發的四項「教育行政與組織」重大問題，先逐一進行問題分析，然後根據相關文獻、訪談資料和專家諮詢等研究資料，提出可能的因應對策，最後歸結成二項結論，俾提供未來研擬國內教育政策發展方向之參考。

ᐳᐸ貳、問題分析ᐳᐸ

一、我國教育部、地方縣市教育局和學校間「行政運作與職權關係」有待釐清，尤其欠缺對學校職權之界定

　　就教育與學校行政組織的觀點而言，《教育基本法》制定的主要目的之一，即是為健全「教育體制」而樹立的一種法律規範。所謂教育體制精神不外是建立在中央與地方層級行政架構體系的明確關係上，但現有實際狀況卻是教育部在國民教育部分介入太多，而太忽略對全國性之「標準」、「規章」建立，造成在基本法推動之後有「權」無「責」、有「責」無「錢」的困境。規劃與執行上的權責仍有許多不清不楚的地方。

　　可見，《教育基本法》並未完全釐清中央、地方和學校之間的職權關係。觀諸《教育基本法》十七條全部的內文，固然對於中央政府教育部權限的說明尚稱清楚（第九條），但是對於地方縣市教育局的權限劃分則是雖有提及但不甚具體，諸如：《教育基本法》第九條列舉中央政府之教育權限，雖尚清楚，但並未明確敘明地方縣市教育局和學校之權限，僅指出列舉以外之教育事務權限歸地方。綜合上述可知，《教育基本法》對於學校職權的規定甚為不足。

　　至於在實務運作上，則更有學者進一步指出一些問題如下：

㈠國民中小學對於校內職員、工友之任用受限於縣市長，無法因才晉用。

㈡縣市教育局長對於國民中小學校長遴選影響不大，不利於教育領導。

㈢部分縣市長往往以政治或選舉利益考量，作為用人或學校經費補助之依
　據。

㈣部分縣市長由於政黨政治利益關係，對地方教育行政人員升遷考核不
　公。

㈤地方縣市政府權限擴增，成員規劃、執行、評鑑能力未隨著提升。

㈥中央政府部分權限並未落實，例如：教育統計、評鑑與政策研究。

㈦在實務運作上仍有權限不明之處，例如教育部對學校的撥款補助，往往
　在縣市政府或議會停留過久，對學校經費的運作有所妨害。

㈧在實務運作上，仍向中央集權制傾斜，未來如朝向教育鬆綁和學校本位
　管理之途徑，宜從修法方面著手，擴張地方政府和學校教育權限。

　　前已指出，有關學校行政權限的規定，在《教育基本法》中並未有具
體條文的描述。至於論及三者間的權力互動關係，則顯得更加地薄弱了。

　　可見《教育基本法》對地方教育行政與學校行政的權限劃分有待補
強，加上無法清楚交代中央、地方與學校行政三者的縱向關係，因此本研
究小組進一步將此一問題分成兩個部分來加以分析：其一是教育部與地方
教育局的行政運作與職權關係；其二是地方教育局與學校的行政運作與職
權關係。

1.教育部與地方教育局的行政運作與職權關係徒有分權化之名，卻無法落實執行

　　我國教育行政體制，長期以來即採取中央集權的型態，因此，教育部
與地方教育局的「行政運作與職權關係」，充分顯現由上而下的科層化與
權威管理體制。依教育部《組織法》規定：「教育部主管全國學術、文化
及教育行政事務。」（第一條）；「教育部對於各地方最高級行政長官執
行本部主管事務，有指示、監督之責。」（第二條）；而「教育部就主管
事務，對各地方最高行政長官之命令或處分，認為有違背法令或逾越權
者，得提經行政院會議議決後，停止或撤銷之。」（第三條）。因此，無
論是學前、國教、中教、技職、高教或社教等教育事務，教育部均有權制

訂政策並指揮監督台灣各縣市與二個直轄市政府落實執行；其中台灣省政府教育廳由於負有管轄二十一個縣市政府教育事務之責，因此一方面配合中央教育部，規劃落實各項教育政策的執行方案，另一方面則自訂各項規章，統一指揮各縣市政府執行省的各項種教育政策。至於各縣市政府教育局則承中央與省之命令，指揮並督導所轄各級學校落實執行各項教育政令。

　　然而，自一九九九年《地方制度法》公布，省府虛級化之後，我國的教育行政體制已由原來的中央、省、縣市三級改為中央與地方（縣市）二級；且賦予地方政府就所轄教育文化及體育自治事項，制定自治法規，自為執行的權力。加上《教育基本法》第九條呼應《總諮議報告書》擴大地方教育權限的主張，並以列舉方式，明確縮減教育部的教育權限，將地方教育事項的管理權回歸地方。因此，中央政府所擁有的八項教育權限，僅包括：⑴教育制度之規劃設計；⑵對地方教育事務之「適法監督」；⑶執行全國性教育事務，並「協調或協助」各地方教育之發展；⑷中央教育經費之分配與補助；⑸設立並監督國立學校及其他教育機構；⑹教育統計、評鑑與政策研究；⑺促進教育事務之國際比較；⑻依憲法規定對教育事業、教育工作者、少數民族及弱勢群體之教育事項，提供獎勵、扶助或促其發展。至於列舉以外的教育事項，除法律另有規定外，其權限均歸屬於地方。可見自《地方制度法》與《教育基本法》公布後，教育部、地方縣市教育局的「行政運作與職權關係」已有明顯的改變。教育部與地方教育局「由上而下」的指揮監督與權威管理體制，已調整為「階梯式」的分權化領導體制；亦即中央教育部僅主管所列舉的教育事務，對屬於地方自治的教育事項，則只能採取「適法監督」與「協調或協助其發展」。

　　此一改變，確實有助於實現地方自治並賦予地方教育行政自主決定的權力。就教育分權化的理想而言，應可發揮各縣市因地制宜的精神，並展現各縣市的教育特色。然而，就目前情形觀之，分權化的教育行政體制卻存在「兩難」的困境：其一是，《教育基本法》的分權化規定尚未落實，教育部組織法仍未完成修法，教育部仍有權指揮監督各地方教育行政事務，但地方卻因開始自主決策，以致時有抗衡中央教育政策的現象（有縣市堅持國小英語自一年級開始實施即為一例），可見教育部與地方教育局

的行政運作與職權關係仍有待進一步明確釐清。其二是，《教育基本法》所規範的分權化規定是否明確合理？各縣市教育局是否有能力做好教育自治事項，而不致造成各地方教育的不均衡發展？因為《教育基本法》是鬆綁教育政策下的產物，而教育部與地方教育局的職權應做何種區分，以發揮教育的最大效能，目前亦無詳細的規劃研究，以致呈現空有分權化精神，卻無法落實執行的問題，而缺乏嚴謹規劃的結果，即容易產生權責不明，爭功諉過的現象。事實上，要解決這二個問題的關鍵，不僅要釐清何種教育事務的權責應歸屬於誰的問題，更重要的是應由誰來負責較能發揮教育的基本 3Es 要求，亦即：公正（equity）、卓越（excellence）與效率（efficiency）。

2. 地方教育局與學校間的行政運作與職權關係亟需釐清

過去在中央集權時代，一切教育政策的規劃與執行主要由教育部行政單位負責指揮監督，學校在行政運作歷程中則主要扮演執行者角色，責重而權輕。但自一九九五年《教師法》公布，學校教師的權力與地位大幅提高，不僅「教評會」擁有教師聘任的人事主導權，且「教師會代表」亦開始參與教育行政單位重要的教育政策；而在《教育基本法》更強調教師的專業自主權應受到注重，再加上隨著「學校本位管理」（school-based management）、「賦權增能」（empowerment）、「分享決定」（shared decision-making）理念之推波助瀾，學校在人事、課程教學、校務決定的自主權限日益提高。然而實施至今，地方教育局與學校行政運作與職權關係仍呈現權責不明的現象。其一是教育局與學校間的職權與隸屬關係應予釐清；亦即學校在何種事務上屬於自主管理事項應予明確劃分，教育經費、組織與人員編制是否可以自主？學校自主過程所需的配套與資源是否充足？其二是學校經營的成敗應向教育局負責，還是向家長會負責？其三是學校自主管理的體制是首長制還是委員會制，亦有必要予以釐清；亦即校長在學校運作過程中是否應擁有最終的決定權，或者只是有責無權的虛位領導者？

二、地方分權化無法落實，教育專業地位難以維持

如前所述，我國教育行政體制自《地方制度法》與《教育基本法》公

布，即展現教育分權化的精神。然而，就教育專業的本質觀之，分權化只是提升教育水準的一種手段。分權化的主要目的在強化各地方教育發展的彈性與效率，發揮因地制宜的效果，以利於提升教育水準。相反地，如果分權化無法有效提升教育的專業素質與辦學效能，則有必要針對問題進行檢討。彈性與自主雖然可以產生因地制宜的效果，但國內的政治文化有其特殊性，為確保國民受教育的機會均等，避免各地區貧富不均與人為因素所造成不平等，在授權過程中，是否應有更完善的法令規範，以兼顧各地區的國教品質，確實值得注意。而此種權力下放的做法，對教育是否真的帶來好的結果，亦有需要進行客觀的評估。

教育分權化要能有助於各地方教育水準的提升，必須同時檢視下列幾項條件：㈠地方教育行政人員專業自主的能力與素質是否足以維持；㈡中央與地方的教育行政專業領導體系是否完備，而地方教育行政的專業自主性，是否能免受地方政治不當的影響；㈢地方教育審議委員會在現有行政運作體制下，能否發揮其功能。茲分項敘述如下：

㈠地方教育行政人員專業自主性不足，其能力與素質下降

以往各縣市教育局長均需具備文教行政公務人員任用資格，且其升遷遴用有一定的資格歷練，在教育專業知能與行政經驗上均有一定的水準。而督學、課長的遴選除需具有薦任文教行政公務人員任用資格外，並要求須具備教學與文教行政一定的資歷，並經督學、課長公開甄試與儲訓合格，始具任用資格。至於課員則需具備文教行政公務人員資格。由於各縣市教育局督學課長以上人員的任用資格有明確規範，因此其專業能力較受肯定。

地方自治化後，地方教育行政人員由於教育局長、副局長（主任督學）、督學、課長與課員的任用權，均由縣市長所主導。其中教育局長的任用，可由縣市長以機要職任用或由具十至十一職等文教行政人員中任命。其餘督學、課長與課員只需須具備文教行政公務人員任用資格即可。與過去相較，縣市長對教育人員的任用擁有較大的人事權，但對於人員素質的管制，或因政治因素（例如封官犒賞選舉抬轎的有功人員）優先於教育專業的考量，或因缺乏相對的配套要求，以致於就現有教育局人力素質的發展現況觀之，在教育專業能力的要求上似乎有日漸式微的問題。此

外，地方分權化之後，地方教育行政所要擔負的責任也比過去來得繁重，教育行政人員不僅需自行擔負規劃、執行與評估教育政策的責任，且需督導學校執行各項教育措施情形，因此，教育行政人員的人力素質如果無法提升，其專業能力與地位自然受到限制。目前學校校長與教師的專業養成資格已不斷提高。相對而言，負責規劃、執行、評估與督導教育政策執行的教育行政人員，若未能有效規範與提升其專業素質，則勢必形成外行領導內行，並導致教育決策品質低落的問題。反之，若是教育行政人員能具備教育專業知識與領導知能，其所做出的合宜教育決策，往往能夠令學校基層的教育人員十分信服。譬如接受我們訪談的人，便舉出近日建國高中二位學生，利用等候紅燈的時刻，在人行斑馬線上製造了驚動國人的「街舞事件」為例子，並稱許台北市教育局局長是如何地有效運用其教育專業，將此事圓滿落幕。

但值得注意的是，當前地方教育行政人員專業自主能力和素養卻有趨於不足的情形，原因在於縣市政府教育局各項施政過度受到縣市首長或議會的干擾影響。尤其依現行規定，即使未接受教育專業訓練，但通過高、普考、特考及格者，即有資格擔任地方教育行政人員，致使教育專業素養不足。

(二)中央與地方的教育行政專業領導體系欠缺完備，而地方教育行政的專業自主性深受地方政治不當的影響

國內的教育行政隸屬於一般行政之中，在各縣市整體施政中也是屬於縣市長的重要施政之一。以往在中央主導教育政策的情況下，自教育經費編列與補助、人事任用與資格要求、課程與教材選用均有一定的規範，因此對各縣市教育施政的績效考核，大部分偏重各縣市執行中央教育政策的情形。但隨著《地方制度法》公布，各縣市對教育經費、人事任用、課程與教材的規劃與選擇，甚至組織編制等，開始有相當充分的自主決定權，而中央政府對各地方所自行規劃的教育政策，亦儘量採取尊重的態度，即使產生與中央政策相違的措施，亦只能採取協調、勸導或減少補助作為配合中央教育政策的手段。因此，其所產生的衝突，相較於以往確有增加的趨勢。可見中央與地方的教育行政專業領導體系，仍有重新思考的必要。

由於地方各縣市首長係民選首長，在施政作為上有順應選民的壓力，

因此對擁有選票的團體意見，往往格外敏感且尊重；在資源分配上則常需滿足選民的需求，因此人情請託的壓力，往往凌駕於教育專業決定之上，且容易產生背離教育本質的決策。此外，由於各縣市教育局，僅係縣市政府中的一級單位，在行政運作過程中，需受財政、人事與會計單位的管制，有時在各單位本位主義與人為因素的影響下，容易產生教育決策受到掣肘，無法發揮及時影響力的現象。而地方民意代表對教育行政單位在監督過程中，亦常利用預算審查的權力，作為請託脅迫與對教育單位施壓的手段，因而直接影響教育行政的專業自主性。

教育是一種專業，其決定理應不是全然取決於以選票為基礎的民意，亦不應受一般行政單位所掣肘，更不應為預算而屈服於民代的壓力。因此，在教育行政的體制上，有必要建立一個具有獨立性的專業自主機構與領導體系，始能免於不當政治壓力的運作體制，讓教育的決策與作為能真正回歸專業的判斷。如此不僅人事、經費獨立，可避免被不當挪用，校長也較能專心於學校經營，並確保教育行政中立，以避免過多政治介入。

(三)地方教育審議委員會在現有行政運作體制下，並未發揮預期的功能

目前在國內的政治體制中，教育行政機關係屬於地方政府施政的一環，行政部門需向立法部門負責；教育局長由縣市長任命，因此教育局長須向縣市長負責，而縣市長須向縣市議會負責。如今《教育基本法》雖然規定各地方政府應設立教育審議委員會，且規範其所具有的四項功能。但有關該組織的定位、權責與運作功能，並未明確規範，以致於各縣市在制訂其組織與運作辦法，甚至實際運作歷程中，仍難以突破現有政治體制的限制。因此地方教育審議委員會所能發揮的運作功能，幾乎全視縣市長個人的重視程度而定；原本所欲發揮的參與決策影響力，自然受到限制；甚至在某些縣市，教審會充其量祇能發揮微乎其微的諮詢功能，甚至有些教審會根本就毫無運作功能可言。而教審會成員的素質與參與方式亦直接影響審議、諮詢、協調及評鑑功能的效能。因此均有必要進一步加以檢討。

如前所述，國內各縣市的教育行政隸屬於一般行政體系中，教育決策的核心人物在於縣市首長，因此教育的重大決策容易受政治所左右。為能發揮參與管理的精神，讓教育的重大決策歷程更具民主性與公開性，因此

在《教育基本法》中，明定「直轄市及縣（市）政府應設立教育審議委員
會，定期召開會議，負責主管教育事務之審議、諮詢、協調及評鑑等事
宜」。而在《教育經費編列與管理法》更賦予各地方教育審議委員會有
「審議」各縣市主管教育行政機關所屬教育機構與學校的「中長程教育發
展計畫」，並提出其年度預算數額的建議權。理論上，《教育基本法》規
定教育審議委員會成員應廣納教育界與社會界的人員，因能吸納各方之
言，廣匯多人之智慧，故多多少少能避免教育決策的專擅武斷，以及免於
陷入狹隘的井口困境，教育審議委員會對於地方教育局組織的運作存有一
定程度的正面功能。

目前各地方政府雖均已成立各縣市教育審議委員會，但容易成為疊床
架屋式的「太上教育局」，這非但對於地方教育局的專業提升沒有助益，
更壞的情況亦有可能打擊到教育行政人員的工作士氣與績效。尤其該委員
會在審議、諮詢、協調及評鑑等方面，各縣市可能流於形式，績效不彰，
對於教育之運作幫助有限。

可見，地方教育審議委員會雖具有正負面影響，但整體而言，地方教
育審議委員會並未發揮預期之功能。

三、校長遴選制度已造成有責無權之窘況，並陷入政治民主化的選舉文化迷思

在呼應教改《總諮議報告書》對校長任用採遴聘制的主張下，一九九
九年《國民教育法》第九條修正公布：各縣市國民中小學校長，由各縣市
政府組織遴選委員會就公開甄選、儲訓之合格人員、任期屆滿之現職校長
或曾任校長人員中遴選後，報請縣市政府聘任之。其中家長會代表比例不得
少於五分之一。遴選委員會的組織及運作方式由組織遴選委員會之機關學校
訂之。各縣市政府應對現職校長的辦學績效進行評鑑，以作為續聘的依據。
未獲遴聘的現職校長，則依其資格與意願轉任他職、回任教師或退休。

此一制度改變的目的，消極方面在能淘汰不適任校長與減少地方首長
的政治介入；積極方面在藉以遴選優秀的校長，提升辦學績效。檢視四年
來此一制度的實施成效，發現雖然產生正面效果，但也衍生許多負面的效
應。在優點方面，主要包括：「集思廣益、選賢與能」、「杜絕政治校

長」、篩選出「學校本位校長」、可淘汰不適任校長、有助於校務運作更公開透明、校長較尊重教師與家長會；在負面效應方面，主要包括：校長尊嚴與士氣受打擊、校園選舉惡質文化層出不窮、校長無法有效施展辦學理念、校長過度重視公共關係、教師會與家長會容易擴權主導、政治力介入校長遴選（陳寶山，2002）、校園倫理與和諧因選舉而受傷害、「萬年候用校長」的尷尬等。

　　校長遴選制度自實施以來，其政策目標雖然受到肯定，但因法令修訂與執行倉促，且缺乏完整配套，而各縣市自行規劃的校長遴選組織與運作方式，大部分係協商下的產物，以致於形成下列幾方面的問題（吳清山，2002；陳寶山，2002；秦夢群，2002；湯志民，2002）：㈠遴選委員的產生方式方面：包括遴選委員的專業性受質疑、委員的組成比例與代表性未明確規範其合理性、浮動名額設置的必要性與功能應予釐清、校內教師直接參與遴選，產生衝突對立；㈡遴選程序方面：包括遴選作業流程不周延、「三分鐘學校說明會決定一個校長的一生」急就章式的遴選、缺乏客觀的評鑑機制、採取二階段遴選，老師選校長，校長尊嚴受打擊；㈢其他相關問題方面：包括重風骨的優秀校長紛紛求去；未獲遴選校長回任教師未必合適，甚至造成學校部分的恐慌；不良的惡質選風，如：請託關說、攀關係講交情、寄黑函放流言等，污染校園且傷及無辜；校務評鑑的時機接近校長遴選的時刻，亦影響了校務的正常運作。

　　除此之外，有關目前校長遴選制度對學校產生的正負面影響，在正面影響有：⑴促進校長於任期內認真辦學；⑵有助於學校經營理念之創新；⑶遴選出優秀校長加入教育行列，避免萬年校長；⑷促進教育人員新陳代謝，使校長專心辦學。相對地，在負面影響則有：⑴有遴選而訓練不落實；⑵各縣市之間的流動變成完全不可行；⑶校長職位未受保障，不易吸引有理想、有能力者參加校長遴選；⑷易受政治及家長會、教師會影響，不利學校穩定發展：因遴選、競爭產生之後遺症，不易於短期消除；⑸家長、教師直接參與投票者，產生校長不受尊重的感覺，退休者增多；⑹校長角色扮演媚俗化，加上政治力的不當干預，以及各縣市遴選委員遴選辦法不一，令人憂心；⑺打擊校長工作士氣和尊嚴；⑻校長工作缺乏保障。

　　可見，目前校長遴選制度正負面的影響均有之，但如何避免校長受政

治力之干擾，以及校長有責無權的困境，實應回歸專業與行政民主，而非流於政治民主化的迷思中，反受不當選舉文化的影響。尤其校長遴選制度僅是提升校長辦學績效的一種手段。校長的素質的提升可藉由系統培育、甄選、在職進修、績效評鑑等歷程來強化，而良好的人力資源管理除了專業性，也應考量安定性與人性。尤其台灣隨著社會開放，學校經營強調民主化、多元化與參與式管理的情況下，大部分校長已有很深的體認，在領導風格與型態上也會做適當的角色調適。因此，如果現行的校長遴選制度在實際運作上，未必能充分發揮選優汰劣的功能，且已形成校長無法安心辦學，校園文化因選舉而充斥著權力競逐與衝突時，確實有必要進行更完善的檢討改進。

四、學校教師會與行政體系時有衝突，教評會的專業性與公正性尚待提升

學校教師會與教師評審委員會均屬現行的法定組織，但前者是依《教師法》與《人民團體法》由學校專任教師所組成的職業團體，不屬學校正式組織結構中的一環；後者則是依《教師法》的規定設置，執行有關教師聘任、停聘、解聘與不續聘等事宜。該二種組織自設立以來，對校園造成不少衝擊影響。因此有關其定位與存廢頗值得關切。

(一)學校教師會需要重新定位

學校是因學生而存在，學生是教育的主體。而學校各種組織與人員的設置，均應以提供學生良好學習環境為目的。在學校組織中校長為一校之長，其職責為綜理校務，因此須擔負學校經營成敗的責任。而學校為推動各項校務，因此乃有各種法定的正式組織存在，如：教務、訓導、總務、輔導、人事、會計等，在決策過程中則設有校務會議、教師評審委員會、課程發展委員會等作為校務決定的權力來源。學校教師會係依《教師法》與《人民團體法》而設，依其性質並不屬於學校正式組織結構中的一環，而是由學校專任教師所組成的職業團體。當初《教師法》之所以以專章納入教師組織，並規範三級教師團體的組成與任務，其目的係為保障教師的權益。因此在第二十七條中規定，教師的基本任務有六項：1.維護教師專業尊嚴與專業自主權；2.與各級機關協議教師聘約及聘約準則；3.研究並

協助解決各項教育問題；4.監督離職給付儲金機構之管理、營運、給付等事宜；5.派出代表參與教師聘任、申訴及其他與教師有關之法定組織；6.制定教師自律公約。目前國內各級教師組織，依教育部至九十一年底統計結果，全國共有一二五三個學校教師會（32%），二十個地方教師會（80%），並已成立全國教師會（教育部，2002）。

自學校教師會成立後，學校的權力結構開始產生變化，教師會的代表依法可參與重要的校務決策（如派出代表參與教師評審委員會）。其優點在於校長與行政人員不能再主宰所有的決策權力，而能以較尊重的態度與教師會互動，發揮分享決定的效果；教師會可成為與學校行政之間的對話與溝通的窗口，參與並協助推動校務；爭取教師會員的福利與權益，或辦理教師進修等。其缺點在於有學校教師會以制衡校長與行政人員為成立的動機，學校教師會或因過度自我膨脹，或因過於自我中心，或因功能不彰，與行政人員處於對立，以致於學校校務在推動過程中，經常出現衝突，對和諧的校園文化產生不利的影響。誠然，一所學校的教師會發展到與學校行政對立衝突的情況，無論何種原因導致，學校的行政體系與教師會都應負一部分責任。

近來對教師組織是否應維持現行的三級或將學校教師會取消，改為二級，已有許多討論。若由教師法對教師組織所規範的基本任務上來看，其工作重心主要放在地方教師會與全國教師會身上。學校教師會的主要任務在派出代表參與教師聘任、維護教師專業尊嚴與專業自主、研究並協助解決各項教育問題。因此較具有專業團體的性質。由於學校教師會在學校並不屬於正式組織中的一環，其定位與功能又不明確，教師意見反應也有許多管道，參與決定亦非加入教師會不可，因此對學校氣氛和諧的教師而言，教師會似乎缺乏實質性的意義，若由此一觀點切入，學校教師會是否還有存在的必要性，確實值得商榷。

有關目前學校教師會的運作是否順暢，對學校行政與組織的影響有哪些，對其存廢的看法如下：

1. 教師會純屬人民團體屬性，運作型態不宜獨立於學校行政體系內。
2. 部分學校直接在校內設置教師會辦公室給予教師會成員大享檢課優惠，有破壞學校行政體系之嫌！宜改善。

3.目前大部分學校教師會的運作並不順暢，未達預期促進教育專業提升之目的。

4.部分學校教師會與學校行政單位形成對抗，導致不良的組織氣氛和文化、力量分散，不利學校穩定發展。

5.不贊成學校內成立教師會，因其他國家大多只成立全國教師會及地方教師會，並無在學校內成立教師會。

6.學校教師會可廢，因其原訂的功能並未發揮。

7.目前的運作不太順暢，往往和行政人員的立場相左，常讓校長施政左右為難，也常淪為爭取權力的組織。

8.學校教師會宜轉型為服務性組織而非爭權益的組織。

　　可見，學校教師會確實存有與行政體系衝突的問題，該會並非學校行政體系之一環，行政體系具有權責相符的本質，但學校教師會卻無分擔責任的義務，因此，學校教師會似乎應強調的只是增加參與，而非替代或平行於行政的職權。

(二)教師評審委員會的組成需要調整，其功能則有待強化

　　教評會欲成功運作有二項關鍵因素：1.教評委員的組成與「選舉委員」選（推）舉方式的公開性與公平性；2.學校依法公開辦理初聘教師甄選所成立的「甄選委員會」的專業性與公正性。如果教評會或甄選委員會能夠符合上述二項的標準成立，教評會對學校組織的發展肯定有其正面性。教評會依法設立的目的，積極方面在實現教育權下放、落實學校本位管理精神、尊重教師專業自主權與提高家長參與教育決策權；消極方面在避免校長專斷擅權、有效淘汰不適任教師與減少政治力的介入。然而自一九九七年《高級中等以下學校教師評審委員會設置辦法》發布施行以來，雖然歷經兩次修正，且各校在運作上已累積許多經驗，但仍存在許多問題。其中又以教師的聘任，以及教師的停聘、解聘與不續聘問題，最受關注。

　　在教師聘任方面：教評會設立的目的之一在讓教師發揮專業自主與判斷能力，達到公開公正與透明化的作業方式；同時讓家長有參與的機會，以阻絕不必要的政治壓力；協助學校行政挑選優秀合適的教師；分擔聘任新進教師的風險。但在實際運作上可發現，許多校內自辦的甄選，不斷受

到公平性的質疑，以致於近來有逐漸委託縣市政府統一辦理或聯合數校集中辦理的趨勢。此外，在教師甄選過程中，近年來由於競爭日趨激烈，因此對教師與家長的專業判斷能力，也逐漸被認為有所不足，加上來自縣市長與民代的壓力，因此各縣市逐漸在甄選過程中增加學者專家的參與，甚至有的縣市聯合委託大學院校協助辦理，以強化其公正性並減低壓力。

在教師的停聘、解聘與不續聘方面：教評會對校內不適任教師的處理，往往囿於人情或有不願得罪人的鄉愿作風，再加上教師同儕的本位思想，以致於無法有效解決不適任教師。而設置辦法中因缺乏對教評會的監督機制，所以容易讓教評會成為只講權力，不善盡義務的組織。因此，對有關教評會的定位與功能，有必要加以檢討改進。至於學校教評會在「不適任教師」事宜的處理上未見顯著功效，除了有上述人為因素外，其他諸如不適任教師的認定、相關法令規定與教師不適任的「退場機制」等配套措施之建立，或許也是原因。

有關目前教評會的運作是否理想，以及對學校組織產生的正負面影響等方面如下：

1. 教評會可提供學校人員較多參與校務決策的機會，但也造成人力時間的負擔。因此提供教評委員適度的減課，以免造成運作的困擾。
2. 國民中小學之教評會運作未符理想。其正面影響：(1)有助於教師遴選、考核公開；(2)減少教師遴選受政治之影響。其負面影響：(1)教評會委員素質不齊，可能導致教評會有權無責；(2)學校校長聘請主任、教師之空間及權力受限。
3. 目前教評會運作的不甚理想，社會質疑其不公性。

可見，目前學校教評會雖有其正面功能，但亦面臨一些問題，例如教師人力時間負擔、有權無責，尤其是其成員產生的公正性與專業性問題相當值得注意。

∼參、因應對策∼

一、制訂《教育行政組織與營運法》，釐清中央、地方與學校之權限

就保障人民學習與受教權、確立教育的基本方針、健全教育體制的立法精神而言，雖然我國《教育基本法》之由來，係先有其他的教育法律，然後才補增訂之，這與其他國家先有教育基本法，才有其他教育法律的背景不同，但仍應肯定我國《教育基本法》的立法美意。然而歷經時局的變遷與教改現場的考驗，本研究小組發現《教育基本法》確實有大幅度增修的空間，例如：有關《教育基本法》的修訂建議，包括：

㈠建議訂定《教育基本法施行細則》明確規範。

㈡三級教育行政機構的權限劃分可依照事務性質與內涵分別論述之。例如，針對「教師專業自主」或「學生學習權及受教權」等事項，都應具體分層條列陳述在各級行政機關的權限裡。

至於在實務運作上，相關的改進建議有：

㈠中央只管法規、標準、原則之確立，執行面由地方推動，統整相關學校運行工作。

㈡教育部的權限應可再適度擴大，而關於縣市教育局職責則可更進一步給予授權。

㈢發揮法院對權限不明之處的仲裁力量。

㈣未來如朝向教育鬆綁和學校本位管理之途徑，宜從修法方面著手，擴張地方政府和學校教育權限。

本研究小組進一步主張《教育基本法》的修訂主軸，可朝下列方向規劃：

㈠在《教育基本法》中要求制訂《教育行政組織與營運法》，以明確規範教育部、地方縣市教育局和學校三個層級的組織與自主權限劃分，並釐

清相互間的運作與權力關係。

㈡未來《教育基本法》的內容，可朝「政策（Policy）→計畫（Plan）→執行（Execution）」（簡稱PPE）的模式加以增刪修訂。此模式係採行「功能導向」的目的，一者希望能有助於教育部、地方縣市教育局和學校三者間權限關係的釐清；再者也盼望教育審議委員會的運作能進一步的彰顯出來，落實並融入於教育行政組織的體系，發揮其推展地方教育事務的神聖角色。

㈢為達成上述的兩大目的，「PPE」的模式主張：

1. 與現行《教育基本法》的精神一致，教育部應負起「總監督評鑑」地方教育局、教審會與學校事務的職責，並主導教育「政策與制度」的規劃。

2. 地方政府的教育審議委員會與教育局應向中央教育部負責，負起「共同協助監督評鑑」學校的運作情形，並著重於「決策與計畫」層次的職權規劃。

3. 基層學校直接向地方的教審會與教育局負責，並依照上級主管機關頒行的教育政策與計畫，確實徹底「執行」學校教育的各項事務，提供學生良好的學習環境。

㈣茲以PPE流程圖的方式加以補充說明，如圖4.1所示：

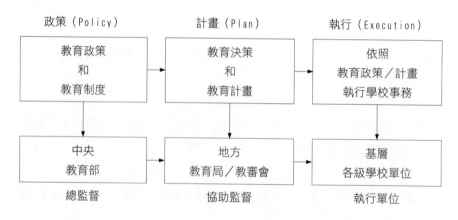

圖4.1　基本教育法修訂的「政策－計畫－執行」（PPE）模式流程圖

二、透過修訂《教育基本法》或制訂《教育行政組織與營運法》，以確立地方分權化與教育專業地位

對於維持教育人員的專業自主性與能力方面，主要建議有：

㈠建議縣市教育局長由國家甄選儲備，再由縣市長就儲備合格人員中遴用。

㈡建議建立教育行政人員，與學校行政人員的專業證照制度。

㈢將督學的定位以及法令職責、任用規範出來，並將地方教育體系脫離於一般行政。

㈣必須加強教育人員的在職訓練，強化其教育專業知能。

其次，對於教育審議委員會的建議方面，本研究小組諮詢學者的意見有：

㈠該會宜由局來統整或許會更貼切，以符合實際運作所需。

㈡建議明訂教育審議委員會委員應具之教育和專業資格條件。

㈢辦理教育審議委員會評鑑，以瞭解各縣市運作得失。

基於前述，本研究小組進一步建議如下：

㈠在制定的《教育行政組織與營運法》中，讓教育行政獨立於一般行政之外：因為教育行政屬於一種特殊的組織環境，在此範疇裡，有一定的教育專業人員、專業領域與知能、特定的服務對象（例如學生與家長）及獨特的教育目的與功能等等，因此我們以為教育行政應給予區隔，並且應脫離於一般行政的政治框架之外，讓教育運作真正回歸專業自主的判斷。

㈡將教育行政人員納入《教育人員任用條例》之內，以建立專業化的學校與教育行政人員任用體系：

1. 積極建立完善的地方教育行政人員證照與遴用制度，重視其教學與行政資歷，以提升各類教育行政的人力素質。

2. 將地方教育行政人員的任用，納入《教育人員任用條例》的規範體系，並與公務人員任用體系相分離，真正落實公教分途的教育專業人力規劃。

3. 藉由將教育行政人員納入《教育人員任用條例》的規劃，同時強化學校行政與教育行政人員的流通管道，以建立學校行政與教育行政一體的專業人才培育與升遷管道。

(三)在制定的《教育行政組織與營運法》中，更明確規範地方教育審議委員會的定位與功能，並使委員會的設計符合「權責相符」的正義法則：亦即包括：組織、委員產生方式、委員資格限制、權利與責任等等均應加以規範，使其發揮實質的組織功能。而教育審議委員會既然介涉（Intervene）地方教育之事宜，即應擔負同等的責任，否則有權無責，豈不成了體制內合法的「太上教育局」。因為若任其畸型發展，非但無助於地方教育局的專業提升，更壞的情況亦有可能打擊到教育行政人員的工作士氣與績效。

三、制訂《國民中小學校長遴選辦法》，規範校長遴選制度，遴選出有權有責、適才適任之校長

關於校長遴選制度，本研究小組諮詢學者提出的改進建議如下：

(一)擴大遴選之適用範圍，打破以縣市為單位之遴選作業，以利人才流動與選用。

(二)應讓更多的專業力量進入遴選制度。

(三)辦學績優之校長於遴選時應優先保障，以鼓勵校長積極努力辦學。

(四)確實落實校長領導的評鑑。

(五)主管教育行政機關既負責遴選委員會，就得建立一套健全的委員會組織及合宜的運作模式。

(六)建議未來於校長遴選的過程中，應讓學校有充足些的時間去充分地認識每一位校長候選人，甚至於也可考慮建立類似公聽會性質的機制，以取得學校對於候選人的信任。

(七)校長遴選宜保持公平、公正、公開。

當下校長遴選的制度似乎已不可逆轉，本研究小組亦認同其設計理念，但在規劃細節上，仍須有合理的配套。雖然校長遴選制度擴大委員的參與面，象徵民主式的尊重、專業性的參與及自主性的提升，但仍不宜因

民主而忽略校長遴選的根本目的與教育價值。

因此，本研究小組極力主張現行的校長遴選制度：

㈠在國民教育法中應授權教育部制訂《國民中小學校長遴選辦法》，俾進一步明確而合理的規範國民中小學校長遴選的相關配套措施，以發揮為校擇才與激勵校長專心辦學的精神。

㈡各縣市中小學校長遴選委員會的組成，應定位為對校長具監督權者（如：教育局與家長代表）與較客觀公正的學者專家為委員代表；亦即出缺學校教師應避免直接參與，而是以被徵詢角色間接參與，以維護校長尊嚴，亦可減少遴選歷程所產生的問題，並發揮校長辦學的效能。

㈢中央應協助規劃合適的校長評鑑制度，而各縣市應確實依規定，落實執行校長辦學績效評鑑制度，以作為現職校長遴選的客觀依據。

㈣在實施過程中，應力求避免「幾分鐘送你一個校長」、「一見鍾情」或有如「宅急配」式的遴選機制，因此應提早辦理，並配合評鑑與關係人的徵詢，以增加遴選委員對候選校長的認識，提高遴選的公正性。

㈤建立校長培育與證照制度，以儲備合適且專業的候用校長，進一步配合權責相符的遴選機制，為學校遴選優秀校長，或可根本減少因權力競逐所衍生的遴選爭議問題。

四、維持全國和地方教師會，但廢除學校教師會或改變其屬性，強化教評會的專業代表性

對於學校教師會的定位問題，本研究諮詢的學者之建議如下：

㈠不贊成學校內成立教師會，因其他國家大多只成立全國教師會及地方教師會，並無在學校內成立教師會。

㈡學校教師會可廢，因其原訂的功能並未發揮。

㈢從正面的觀點而言，教師會提供教師發聲與申訴的管道；教師會充當學校行政與教師間的溝通橋樑；教師會可以協助並監督學校行政的業務推展；教師會努力建立教師專業自主、塑造出良好的社會形象等等，這些理由均足以說明為何教師會有其存在與發展的基點。

㈣學校教師會宜轉型為服務性組織而非爭權益的組織。

對於目前學校教評會的運作方面，本研究諮詢的學者之建議如下：

㈠應提供教評委員適度的減課，以免造成運作的困擾。

㈡應明確規定校長擔任教評會主席，並有最後決定權。

㈢宜明確訂出教評會的權限範圍。

㈣上級主管機關應確實監督學校教評會選舉委員的產生方式，以求其適法性、代表性與公正性。

㈤原則上教評會委員依法行使職權採行無給職制度，但為求獎勵辛苦的教評委員，在甄選新進教師之際，何妨斟酌由教師甄選的報名費中給予委員合理的出席費用，因為教評會也是過程的重要且必要的參與者。

㈥教評會主席的產生不應只限定於第一順位的校長，應採合議制的精神，讓每一位出席委員都有均等機會主持會議，以避免行政導控教師聘任的大權，終使教評會形同虛設。

㈦進行各校教評會評鑑，嚴格要求各校做到迴避原則。加強教評會委員的專業性及代表性。

綜上所述，本研究小組對學校教師會與教評會的具體建議如下：

㈠修改《教師法》，維持全國和地方教師會，但廢除學校教師會或調整其屬性，讓教育回歸正常運作體制：

學校教師會既不屬於學校正式組織中的一環，其定位與功能又不明確，派出代表參與教師聘任、教師專業尊嚴與自主的維護、研究與解決教育問題等，法定任務大部分與教師身分或權利重疊，而教師為維護其自身與教師團體的權益，仍可經由參與地方教師會與全國教師會獲得強化，因此建議修改《教師法》，廢除學校教師會或改變其屬性，以和諧校園氣氛，讓教育運作回歸正常體制。

㈡檢討教評會權責，合理強化家長與學校行政代表的組成比例，並考慮擴增學者代表比例

1.在規範層面

應將教評會的「權」與「責」做明確的規範，並強化教師甄選歷程的作業規範，讓教評會的運作能遵循合理的甄選程序，同時讓教師甄選的實質要件，更符合優良教師甄選的標準。

2. 在委員的組成方面

讓學校行政、教師與家長代表能取得均衡，並考慮增列學者，以強化其專業性與公正性。

3. 在素質層面

應定期舉辦教評會委員的教育訓練，以熟悉相關法令與職責認知，進而提升教評會的運作功能。

4. 在教師甄選層面

應合理增加學者專家擔任「甄試委員」的比例，以強化教師甄選的公正性。甚至可仿照部份縣市以全縣市聯合委託大學或學院辦理的方式進行，以避免政治壓力，並提高教師甄選的公信力。

5. 在不適任教師的處理層面

應以法令更明確規範因不同生理、心理與行為類型所產生的不適任教師之認定、處理流程、退場機制與其他配套措施，並藉由強化學者專家與家長代表的參與，以減少鄉愿與政治壓力的不當介入。

⚜ 肆、結語 ⚜

最後綜合前述，歸結成二項結語：

一、教育自主宜避免地方政治勢力的不當介入

長期以來，歐美先進國家採行地方分權制者相當普遍，但這些國家在前述的教育分權化潮流下，有將教育權力下放至個別學校的趨勢。例如，英國自一九八八年《教育改革法案》通過之後，地方教育局的教育權力受到大幅刪減，部分原因在於為了減少地方政治勢力對於學校的干預；美國有很多學區近年來倡導學校本位管理的措施，以及紐西蘭全面廢除地方教育行政部門的作法，顯示的是希望減少科層體制控制學校之流弊。我國在《教育基本法》通過之後，雖然對於中央與地方的教育權限已有較為明確的界定（參見《教育基本法》第九條及第十條），但是否合理仍有爭議，且相對欠缺釐清個別學校應有的教育權限，今後我國《教育基本法》的修訂，必須強化教育行政的專業獨立性，並增列確立學校自主的範圍與地位

有關的條文，才能避免地方政治權力加大之後，已產生的地方政治勢力干預教育行政與學校的負面現象。

二、權力與責任相稱宜為教育行政與組織改革之最高準則

我國向來教育行政體制具有集權的特徵，尤其是在一九八○年代中期以前威權政治類型統治下更是如此。近年來由於政治的民主化與社會多元化的影響之下，我國教育行政類型已逐漸顯現出分權化的特徵，尤其是在《教育基本法》通過之後更為明顯。未來我國中央、地方與學校間教育權力的合宜分配相當重要。證諸先前的探討可知，我國今後中央與地方及學校宜發展出動態的合作關係，中央專注於根本而重要的決策事務與指導功能，地方或學校則獲致更多授權與責任，但我國現有《教育基本法》對於中央、地方與學校的權責劃分並未完全清楚，尤其相當欠缺對於學校權責之界定。其次，無論是校長的遴選制度、或是學校教師會、教評會的設置與運作，均應基於權責相稱之準則進行配套，才能促使我國教育行政與組織的變革，發揮正面的功能，以促動教育的進步和卓越。

（本文之能完成要感謝張慧玲研究助理及接受訪談、諮詢之專家學者）

⚞參考文獻⚟

吳清山（2002）。當前校長遴選制度的迷思與省思。教師天地，**118**，7-14。

秦夢群（2002）。中小學校長遴選制度的省思。教師天地，**118**，15-19。

教育部（2002）。教師與教師團體之定位與合理協商、協議權。2003年8月2日，取自 http://www.edu.tw/secretary/e2008/910920-2.htm。

陳寶山（2002）。國民中小學校長遴聘政策執行之研究。國立台灣師範大學教育研究所博士論文，未出版，台北。

湯志民（2002）。中小學校長遴選制度之評議。教師天地，**118**，20-27。

⇀附件一↼

訪談大綱

敬愛的先進：您好！

　　感謝您在百忙之中抽空接受訪問。此問卷之目的旨在瞭解您對於過去十年間我國推動的教育改革在行政與組織上造成的影響之看法，以及您的相關改進建議，以作為國立台灣師範大學推動的「教育發展的新方向：為教改開處方」教育白皮書撰寫計畫之參考。

　　您的意見非常寶貴，可能會在對我國未來教育發展的建言上產生貢獻。您的書面意見僅作學術上的探討之用，不做個別之分析比較，所得資料純粹供研議相關建議之參考，內容絕對保密，敬請放心接受訪問。

　　最後謹對於您的大力支持與協助，致上最誠懇之謝意。敬頌
道安

王如哲　敬啟

民國九十二年七月

訪談問題

問題一：我國教育部、地方縣市教育局和學校間的行政運作與職權關
　　　　係問題。

　　　　㈠在《教育基本法》的規範上，三者之間的權限劃分是否清楚？
　　　　　您有無相關的修訂建議？

　　　　㈡在實務運作上，三者之間有無權限不明之處？您對此有何看
　　　　　法，以及您有哪些相關的改進建議？

問題二：地方分權化與教育專業地位確立問題。

　　　　㈠目前地方政府層級，教育人員的專業自主性是否獲得維持？
　　　　　您有何相關之改進建議？

　　　　㈡您對於教育行政是否應獨立於一般行政之外的看法為何？您所
　　　　　持的理由為何？

㈢目前在地方政府已成立了教育審議委員會，這對於教育局的組織與運作之正負面影響為何？對此您有哪些相關的改進建議？

問題三：校長遴選制度問題。

㈠目前校長遴選制度對於學校產生的正負面影響為何？您有何改進之相關建議？

問題四：學校教師會與教評會的定位與存廢問題。

㈠目前學校教師會的運作是否順暢？對學校行政與組織的影響有哪些？對其存廢您的看法為何？您所持的理由為何？

㈡目前教評會的運作是否理想？對學校組織產生的正負面影響為何？對此您有何改進之建議？

訪談對象及諮詢專家名單：

李芝安、李新鄉、吳清山、吳慧琳、林明地、林新發、林國楨、武曉霞、張鈿富、張德銳。

第五章

●●●九年一貫課程：

發展以學習者為中心的
高品質中小學課程

召集人：吳武典
共同召集人：吳文星、張清郎、簡耀輝
研究成員：單文經、高新建、張武昌、
　　　　　陳麗桂、晏涵文、方崇雄
執筆者：高新建、吳武典

~摘要~

　　學校課程是近年來社會各界所關注的焦點之一。在課程綱要公布及實施之後，對學生、家長、學校教育人員、及教育相關的產業或服務業，確實也產生了重大的影響，但是，學校教育的實務及品質並沒有完全滿足學生及各界的期望。本文針對九年一貫課程綱要在制定、推動、及實施等過程中所出現的問題加以分析，並探討其問題的癥結所在，指陳了七類重大的問題，包括：課程需求及情境的評估不夠完整；課程願景及目標的訂定與轉化缺乏邏輯關聯；課程架構的規劃流於僵化與紊亂；教學材料編輯及審查機制有待改善；課程實施造成銜接問題及流於形式；升學考試嚴重影響教與學，課程與教學評鑑的實施過於緩慢且未統整；以及課程維持系統及制度的建立未能充分配合需要等。

　　其後根據前述的問題提出相對應的七類因應策略和五項具體的改進之建議。七類因應策略分別為：重視課程基礎及情境的評估與掌握；加強課程願景及目標的訂定與轉化；彈性調整國民中小學教育階段的課程架構；適度調整教材編輯及行銷的規範並建立健全的審查及評鑑機制；規劃適切的課程實施期程及方式以落實課程的理念；規劃並落實學習成效追蹤評量及課程與教學評鑑以提供回饋資訊；以及調整合宜的課程行政制度提供適切的資源及支援等。五項具體的建議是：一、實施時程的調整；二、課程結構的調整；三、「一綱多本」教科書制度的改進；四、教學創新與在職進修的倡導；五、配套措施的加強。

　　我們期望未來能修訂出高品質的學校課程，以幫助學習者充分發展潛能，得到全面而適性的成長。

壹、前言

課程改變是否帶來學習改變，是各界關心學校課程的主要焦點之一。

在學習者身心發展、學術進展、社會文化變遷、外來文化、政治經濟、國際合作及競爭、國際比較、以及教育專業理念等等各種因素的交互作用之下，我國的課程也持續更新內涵及風貌。教育部在八十七年頒布《國民教育階段九年一貫課程總綱綱要》與進行試辦工作，及於八十九年頒布《國民中小學九年一貫課程暫行綱要》，並且宣布自九十學年度起由國小一年級分段逐年實施，及同時實施五、六年級的英語教學，其後教育部又委託學者專家進行暫行課程綱要的修訂，並在九十二年陸續公布《國民中小學九年一貫課程綱要》（以下簡稱之為課程綱要）的內容。國民教育階段的課程教學與評量因此陸續起了一些變化，甚至發生了部分的變革。課程綱要在國小二年、國中一年的實施過程中，對學生、家長、學校教育人員、及教育相關的產業或服務業，確實也產生了重大的影響。學校課程也因而成為近年來社會各界所關注的焦點之一。

改革與改善之間不一定是等號。在課程綱要制定、推動、與實施等過程中所產生的許多變化或改革，是否符合原來的理想？如果符合，為什麼還會有部分人士所指的「亂象」出現，或者那些只是過渡階段的多元調適現象？如果不符合，究竟是在哪一個或哪些個部分或環節出了問題？還是源頭的課程綱要本身就有問題？就當前課程綱要對全體國民中小學莘莘學子所帶來改變，關心學生及國家未來的人士都不能不問：學生的學習過程及學習成效到底是改善了？還是改惡了？

在改變是無可避免的前提之下，課程變得如何了？如何再變？究竟為了什麼而再次改變？在什麼時機之下需要改變？應該往哪個方向去變？都是值得關心學生學習成效及學校教育的人士，共同深思與探討的課題。

由於各界對課程綱要的訂定緣起、內涵、特色及優點等，已經多所論述，其所引發的問題和解決之道，也有評析（吳文星，1999；吳武典，2003；周玉秀，2001；高強華，2001；許育健，2003；單文經，2002；許倬雲，2003；黃嘉雄，2002；楊龍立，2003；晏涵文、劉潔心，2003），

本文則綜合而直接地檢討課程綱要在內涵及推動上的問題，並對未來如何發展以學習者為中心的中小學高品質課程，提出可行的方向。全文主要區分二大部分，其一為，檢視並分析課程綱要在制定及推動過程中，所出現及遭遇到的問題，以便瞭解其問題癥結之所在；其二為，針對前項所陳述的問題，就未來發展及推動高品質中小學課程綱要可以採行的因應策略，提出具體的改善與重整的建議。最後的結語則強調以高品質的課程幫助學習者的成長。

貳、問題分析

只有充分掌握症候、並且瞭解症候的成因，才有可能對症下藥。因此，本節就課程綱要在制定、推動、及實施等過程中所出現的現象，加以分析並探討其問題的癥結所在。各項問題根據課程發展的架構，歸納為七個主要的大類，分別為：課程需求及情境的評估不夠完整；課程願景及目標的訂定與轉化缺乏邏輯關聯；課程架構的規劃流於僵化與紊亂；教學材料編輯及審查機制有待改善；課程實施造成銜接問題及流於形式；升學考試嚴重影響教與學，課程與教學評鑑的實施過於緩慢且未統整；以及課程維持系統及制度的建立未能充分配合需要等。

一、課程需求及情境的評估不夠完整

課程的變革會受到許多因素的影響，然而，主導或參與課程修訂的人士，在滿腔的熱情與抱負之外，更需要課程變革有關的基礎資料和專業知識的支持。現有這方面的研究或分析既不足夠也不周延，是否能夠充分提供作為決策者的參考，令人質疑；相對地，參與或企圖影響課程修訂的學者專家，是否也意識到這些基礎知識的重要性，明確認知到潛藏在其決定背後的理論體系和依據，或只是憑藉著個人的經驗及看法或是學術專長的知識，而作成各項決定，也是啟人疑竇。

(一)課程決策的基礎及需求分析不夠周延

課程是為學習者而訂定的，但是，訂定課程的人士對學習者的學習心理及需求是否有充分的瞭解？目前國內有關教育心理學及學習心理學方面

的研究，尚未歸納出國民教育階段學生整體的學習心理理論，以作為有關學習科目或領域的劃分、學習階段的區分等等決定的依據。

幾乎歷來所有課程標準及此次課程綱要修訂的資料，都提到課程修訂是為了「符應社會進步及提升國家競爭力的需求」，但是，對於社會的情形及發展方向，需要提供哪些方面的競爭力等，並未加以詳細的說明。只有空洞的名詞或說辭，要如何判斷課程綱要所期望未來全體公民的學習結果，是否符合未來社會生活的需要，能否導引未來社會的發展。

國內有關教育學理或課程設計的研究或論述頗多，這些研究對課程的組織方式，提出許多不同的主張及啟示。然而主導或參與課程修訂的人士對這些理論基礎的知識，是否願意花時間去瞭解？其所作成的各項課程決定，究竟是根據對學理的認知，或只是個人常識性的價值判斷？

(二)課程影響因素的掌握不夠確實，又未能以專業的立場及時加以回應

各項課程的決定不可避免地會受到來自政治勢力、各種利益團體、以及學術社群的許多壓力和影響。這些影響和壓力是否合理、合乎專業上的考量？是否曾經加以公開的討論？課程決策人士究竟是無條件地加以接受，或是在同情的理解及批判的思考之後，再決定如何因應，對課程的內涵及形式會有相當大的影響。

課程綱要的影響因素包括了「回應《教育改革總諮議報告書》的建議，以及執行立法院預算審查的附帶決議」，其後另有支持鄉土語言學者專家的見解。前者所提出來的建議，是否切合行政上的實際運作及學習者學習上的需求，後二者帶給課程發展時間及內涵上的壓力是否合理可行，並非不能加以質疑的。

尤其是立法院教育委員會兩度以「凍結相關預算」的決議，規定教育部完成課程綱要的時程。行政院層級對課程綱要的訂定，也提出了意見。在課程綱要訂定及推動的過程中，更換了多位部長，與課程綱要有關的委員會也隨著變換名稱及重新聘請委員。再者，有許多社會人士及團體也關心學校課程，甚至希望主導及影響課程綱要的各項工作。這些來自不同團體或決策者的壓力及理念，對課程綱要的訂定，都有一定程度的影響。是否會造成以全國的學生為對象，實驗個人或團體的教育理念，值得密切的

觀察。

(三)學術社群投入的時間不一，又未能根據學生的學習需要整合彼此的意見

學術社群擁有各自專門領域或學科的系統知識，對學校課程內容及活動的設計，有極為重要的影響力。在此次課程綱要的訂定過程中，許多由學術社群所組成的學術專業學會或團體，在初期並未積極投入，其後也未就能力指標的內涵，從事分析及教學轉化，錯失了搶先發揮專業影響力的機會。至於其後所辦理的各項研討會及工作坊，則只能發揮批評或是協助推動的功能。

部分學術社群則積極爭取在學校課程中所能擁有的節數，甚至同一個學習領域內的不同學術社群，由於在理念上的不同，也經常有所論辯與爭議。只是，常常只表示希望學生在學科知識上學習多少，並沒有明確說明在學生有限的學習時間內，要學多少、如何學習；常常只重視菁英學生的學習成效，而較少重視全體學生的學習需要與意願。

二、課程願景及目標的訂定與轉化缺乏邏輯關聯

課程願景是關心學校教育的各個社群所共同訂定，希望學生在接受完學校所安排的教育，並且經過相當程度的努力學習之後，所可以達到的理想情形。它是學校教育有關人士所共同期望教育出來的理想學生，課程願景需要分析它的內涵，並且在不同層級進行適切的轉化，而成為具體的學習目標，才有可能成為組織學習材料及活動的依據，進而落實在學生的學習活動中。但是，在實際的運作過程中卻出現了不甚理想的現象。

(一)課程願景及目標多而駁雜

九年一貫課程綱要的訂定，在理論與理念方面，明顯的缺乏完整的理論體系和合理性基礎。例如，九年一貫課程最大的變革、也是爭議焦點，在於學習內容的結構形式，由傳統分科學習轉變為統整式合科學習。何以必須如此轉變？合科式的領域教學一定優於分科教學嗎？又如能力教學的設計，何以必須是「十大基本能力」？九項或十一項能力就不理想嗎？九年一貫課程的推動這並未說清楚，故缺乏說服力，自然就有爭議。例如基本能力指標的轉化，因無明確的概念架構與理論引導，操作上自然困難。

其餘有關課程統整、協同教學等核心概念的轉化與實作，也面臨相同的困難（陳伯璋，2002）。

再如，課程綱要內有許多類似課程願景及目標的陳述，但是卻沒有明確指出他們之間的關聯。這些概念內涵的前後邏輯關聯，需要進一步加以分析，以便作為各個學習領域訂定課程目標，及其後教材與活動的依據。再者，這些目標的訂定，並沒有學生參與表達自己的想法，或是完整調查學生的需求及發展情形，並未進一步對這些目標是否符合未來社會的需要，作詳細的分析及提出必要的說明。

(二)各個學習領域課程目標的陳述方式不一，各個層級課程目標的轉化不合乎邏輯關聯

各個學習領域及重大議題，都有自己的課程目標以及「分段能力指標」。為何使用統計上的「指標」，而不是一般所熟知的「目標」，可是卻又和統計上的概念有所不同。新的名詞增加了溝通及瞭解上的負擔。其實能力指標就是學習階段的課程目標。對能力指標的分類名稱、編碼方式、條數、敘寫方式、敘寫的詳簡及難易程度而言，存在著極大的差異。例如，語文之外學習領域所占節數的百分比相同，但是頁數差距極大。對於想要瞭解不同學習領域內涵的教師，造成不小的困擾。而且過於詳細的陳述，使得課程綱要失去了綱要的特性，成了明確的標準，沒有留給其他層級較大的詮釋空間。

能力指標與基本能力之間缺乏密切而有機的關係。各個學習領域的「分段能力指標與十大基本能力的關係」，在格式及詳簡程度有相當大的差異，而且有邏輯上的問題。並未針對基本能力的內涵進行精確的分析與轉化工作，也沒有考量各個學習領域及議題針對一條基本能力所列出之全部能力指標的總和，是否即等於或大於該條基本能力的全部內涵。在教科書的編輯及審查時，也未對二者作詳細的分析與比對。因而無法瞭解一個學習階段的教材，是否能真正達成能力指標的內涵。

此外，學校層級所訂定的願景，通常並未說明學校層級的願景，與國家及縣市政府的教育目標有何關聯，也沒有明確指出學校課程方面的願景究竟是補充還是替代課程綱要內的目標。

三、課程架構的規劃流於僵化與紊亂

　　課程綱要將過去國小課程標準中所列的十一個科目與「彈性應用時間」，及國中的二十二個必修科目與若干學校自行開設的選修科目，統整為七個學習領域與彈性學習節數，以及不占學習節數的六個重大議題。不過也增加了過去所未設置的國小必選修及國中選修的鄉土語言。統整的學習領域如果有統整的內涵，可以使國小學生不必每週學習九至十三個科目，國中學生不需每週學習十八、十九個科目。可是整體的課程架構卻由於便宜行事，而失之於僵化與紊亂。

㈠部分學習領域的內涵及各個學習節數的分配只重視分配上的方便

　　雖然課程綱要強調一貫、統整、彈性及因地制宜等特質，但是在整體課程架構的安排上，仍然有些部分顯得僵化及紊亂。在發展各個學習領域及重大議題課程綱要的過程中，部分學習領域的範圍及重大議題的項目，有所調整或增加（如鄉土語言、健康、家政、生涯發展）。其增加的專業依據爲何，是否符合原訂的理念，或是原訂的課程架構需要加以調整，並沒有充分的說明。例如，綜合活動學習領域已涵蓋有家政的內涵，可是在重大議題內又列有家政教育。

　　就各個學習領域節數的分配，表面上提供了上下限的彈性（語文學習領域爲 20%至 30%，其他的各個學習領域爲 10%至 15%），可以避免或降低歷來各個學科或學習領域間對節數的爭議。可是對於爲何如此分配節數，並未提出專業上的說明。而且顯然並非先考量國民教育階段的學生，在各個學習領域應該有的學習內涵及份量，然後再適切分配節數。再者，課程綱要強調各個議題需要融入各個學習領域之內，可是資訊教育及家政教育兩個議題卻又列有節數，其後（九十三年）又增加規定健康與體育的時數應以 1：2 爲原則。這些節數的分配，並沒有提出專業理由。

㈡各個學習領域在各個學習階段所占學習節數的比例過於僵化

　　是否每個學習領域在各個學習階段，均需要同等比例的節數，也是令人質疑。例如，國小低年級的語文學習領域是否需要比較多的節數，以利學童的學習（國語由十節減爲語文學習領域內與鄉土語言共用六節），原

來的健康教育由國中一年級實施二節可能改為三個年級均實施一節。國小從低年級便開始有綜合活動學習領域，但是它與生活課程，甚至和部分健康與體育學習領域的內涵，有相當程度的重疊。過去的輔導活動並非由國小一年級開始安排，如今的綜合活動學習領域從一年級開始便有輔導活動的內涵。

有關彈性學習節數的規範為「應針對學生個別差異，設計選修課程，供不同情況之學生學習不同之課程」，可是選修節數仍受各領域比例上限之規範」。亦即，不得超過各個學習領域 30%或 15%的上限規定。如此的規定固然可以避免學校課程將全部的彈性學習節數運用在某一特定的學習領域或活動，而導致出現不均衡的現象，但是，卻未必符合學生學習上的需要。

㈢各個學習領域及重大議題所劃分的學習階段異常紊亂

在學習階段的劃分上，出現了嚴重的紊亂現象。固然課程綱要上強調「各學習領域學習階段係參照該學習領域之知識結構及學習心理之連續發展原則而劃分」，或者如數學學習領域所指出的，根據「學生的學習方式與思考型態兩項特徵」，但是為何會出現如此大的差異，恐怕不是知識結構及學習心理所能加以解釋的。學生在數理方面的認知能力及學習心理條件是否有所不同？語文及社會的學習是否也應用到不同的學習心理？各個重大議題學習階段多樣而複雜的現象，也是令人目不暇給。這不只造成跨學習領域統整或銜接上的不易，對於各個重大議題如何適切地融入相關學習領域的課程與教學，也造成不便。

㈣新名詞未作明確界定導致各界的詮釋有相當大的出入

課程綱要出現了許多過去課程標準所沒有的新名詞（例如，基本能力、學習領域、重大議題、鄉土語言、統整、大單元或統整主題式教學、協同教學、融入、彈性學習節數、課程發展委員會、學習領域課程小組、學校課程計畫、學年／學期學習目標、能力指標、課程評鑑、教學評鑑、課程與教學的評鑑、學習評鑑、形成性和總結性評鑑、學力指標、國中基本學力測驗等），但是，並未在課程綱要內直接提出明確的定義，敘述其內涵或功能，以及說明相關名詞間的關係。因而出現了學者專家及實務工作人員各自表述的詮釋。雖然教育部在事後曾經邀請學者撰寫手冊，但是

撰寫者不一定就是課程綱要的規劃者，而且這些手冊的公布方式及其效力也不及課程綱要。

四、教學材料編輯及審查機制有待改善

　　教學材料是國民教育階段絕大多數的學生主要的知識來源，也是大多數學習領域或學科教師使用的教材，甚至主導教學活動的規劃及進行。因此，教材的編輯及審查，對學校教育便有舉足輕重的地位。在教科書隨著課程綱要的實施而全面開放民間編輯之後，有多元化的表象，但是卻也出現了不少為人所詬病的現象。

(一)教科書審查機制導致學習領域成為學科的名稱，統整的原則成為形式上的固定要求

　　課程綱要揭示「學習領域為學生學習之主要內容，而非學科名稱」，以及「學習領域之實施應以統整…為原則」（其後修改為「應掌握統整之精神」）。但是，國立編譯館教科書審查制度的運作，決定了教科書的分科方式。教科書出版業者均以學習領域為教科書的名稱。此一現象使得原本應該是統整的原則，成為形式上的固定要求。可是國中教科書的內涵卻又無法充分反應課程統整的特色，導致只是拼湊過去數個學科的教材，使得教師拿到教科書之後，又各自拆解去教，與過去分科教學並無兩樣，根本無法落實統整的理念。

(二)教科書的審查與評鑑機制不良，教科書的品質欠佳

　　教科書編撰者以及教科書審查者，對於學習目標與能力指標之間的對應方式，互有不同的看法，但是卻沒有提供學習階段教科書的教學目標與能力指標內涵的對照表，因而無法瞭解學生在完成一個學習階段的教育之後，是否有機會充分學習到該階段能力指標的內涵。至於報端常報導有關教科書內容有誤，文字或圖片有問題的情形，以及出現連家長都不會唸的閩南語課文及標音符號等，則不必再加以贅述。再者，鄉土語言教材不需經過國立編譯館審查，但是並沒有提出作成此項決定的專業理由。

　　教科書審查的運作亦有需要檢討改善之處。國立編譯館公開徵求教科圖書審定委員的儲備人才，但是並沒有提供委員必要的研習，及與課程綱要研修者間的對話機制。審查委員會內部的協商方式很有問題，以致常出

現不一致的審查意見。教科書編輯者與審查者間的缺乏對話機制，「我編我的，你審你的」情形屢屢發生，且由於出書時間壓力，顧不了教科書的品質，最後編譯館或審查者只好放水了。教科書的審查制度確有問題，至於教科書評鑑機制，更付諸闕如。

(三)教科書出版前缺少實驗的步驟和充分的回饋訊息

為了避免教科書出版業者對學校進行「綁標」，因而教科書業者不能與學校進行長期合作，以實驗新編教材，至多只能進行局部的試用或試教。此一規定導致教科書在送審及出版前，缺乏有系統而周延的實驗機會，不利於教科書品質的提升。

(四)教科書業者的行銷手法使得成本增加，導致教科書及周邊材料的價格上揚

教科書開放民間業者編輯及行銷之後，成為一個特殊的市場。由於消費者的數量龐大，而且幾乎是無法不要的必需品，因而出現業者間激烈的競爭。其行銷的方式，與其他一般的圖書有很大的不同，不但各種枱面上行銷手法層出不窮，甚至是枱面下的交易也時有所聞，形成教育風紀的問題。

至於教科書出版業者的業務人員所提供的各項服務，及送出成套的教具，導致書價上揚，增加學生家長經濟上的負擔，則是教科書市場機制形成初期的負面現象。甚至與教科書有關的參考書及測驗卷，由於沒有明確的議價機制，上漲的情形更是明顯。

五、課程實施造成銜接問題及流於形式

九年一貫課程綱要有著十分特殊、而且與過去不同的跳躍式實施期程，九十學年度只實施小一，九十一學年增為小一、二、四及國一，九十二學年只剩小六及國三不實施九年一貫，九十三學年全部實施。再加上教科書制度的改變，因而帶來既多又大的問題。學校本位課程發展是課程綱要所強調的特色之一，只是，由於各項配套措施沒有充分的配合，使得學校本位課程發展的特色，無法充分開展，甚至部分已經流於形式化的應卯現象。

(一)跳躍式的實施期程造成嚴重銜接問題

在跳躍式的實施現狀下，國小及國中各自有其不同的課程銜接問題。國小在九十一至九十三學年度的四、五、六年級學生，過去接受課程與教學的經驗均有所不同。國中則要到九十四學年度才會收到接受課程綱要的國小學生，二、三年級教師所面對的學生，也同樣有著不同的起點行為，英語科則因國小自九十學年度起同步實施，因此學生的起點行為只在九十一至九十二學年度有所不同。

這是由於實施期程所造成制度上的銜接問題。然而在目前所考量及提供的銜接材料，大抵只重視教材內容上的銜接，往往忽略了課程標準及課程綱要對學生學習方法、教師教學方式上的根本差異，及其銜接上的需要。

(二)學校本位課程未能落實，徒具形式

學校教育人員過去並沒有太多發展課程的經驗，加上行政法規上的限制，使得學校本位課程發展無法充分的開展。學校背景分析的內涵與課程願景及各項課程計畫間，缺乏密切的關聯。各個學習領域也沒有作進一步的背景及需求分析，以作為設計課程的依據。雖然訂定了願景，但是定位並不明確，而且也沒有落實願景的計畫。

雖然每一所學校都提出課程計畫，但是計畫的內容及格式常常流於形式，甚至是由他人所撰寫的。課程計畫與實際的教學及其後的總結性評鑑，幾乎沒有關聯。往往將學校本位課程窄化為鄉土教學或特色課程，忽略了學校的整體課程架構，甚至於成為沒有彈性的彈性學習節數。

雖然是使用以學習領域的概念所編撰的教科書，但是由於排配課及專長上的因素，部分教師卻是依過去的學科而拆開各自進行教學。部分教師規劃及實施統整活動及多元評量，通常也只在該單元時間內實施，在其他的學習領域或活動，則又回復原來的作法，因而導致「為統整而統整」、「為協同而協同」的批評。先考試後檢討的上課方式，也仍然時有所見。少數學校的少數學科規劃並進行學科能力分組教學，但是有關的配合措施並不完備。

六、升學考試嚴重影響教與學，課程與教學評鑑的實施過於緩慢且未統整

評量與評鑑可以提供重要的回饋訊息，作為改善課程與教學的重要依據。二者是課程發展與實施的整個過程中，持續存在的一項重要要素及不可或缺的活動，可以隨時適切地提供改善課程設計與實施的重要資訊，作為瞭解課程問題及修訂課程的重要參考資料，也可以作為評鑑課程成品的優點與價值、判斷課程發展的績效、甚至改善課程的基礎，直接引發下一個課程修訂的循環。就評量與評鑑部分，亦仍有不少有待改善的現象。

(一)「基本」學力測驗對教與學有遠超過「基本」的影響，「一綱多本」增加學生及家長的負擔

不必贅言，國中階段大多數的教與學，受到為高中（職）入學設計的基本學力測驗的影響極大，甚至嚴重扭曲。雖然號稱是「基本」學力測驗，但實際上卻作篩選之用，學生用來準備測驗的時間，遠超過國中階段學生的「基本」時間、體力與精神。升學的壓力絲毫沒有減輕。

再者，由於社會上重視升學及文憑的風氣，以及多數家長對考試分數的重視，遠遠超過對實質學習內涵的關切，同時在補習業者的強力渲染之下，使得家長普遍擔憂「一綱多本」會影響升學考試的準備範圍。雖然教育部有所宣導，但是家長依然擔心，希望子女能遍讀每一個版本。如此不但造成了購買多個版本教科書的經濟負擔，更增加學生準備升學考試時的負擔。

(二)課程與教學評鑑的規劃及實施過於緩慢

課程綱要規範了課程評鑑的範圍及中央、地方和學校等層級的職掌。其中的部分項目雖然已陸續進行規劃，但是卻進度緩慢，無法符合實際上的需要。對課程綱要的訂定過程中的爭議、試辦階段所遭遇到問題、經費及行政運作上的問題、學校組織文化的調適需求等，並未有系統的評鑑。試辦並未有嚴謹的教學實驗設計，試辦的報告內容語多保留，大多「報喜不報憂」，而且試辦後也未切實根據建議修訂課程綱要的內涵及推動方式。這些經驗在缺乏標準程序和系統整理的情況下，失去了參考的價值。

九年一貫課程明顯地是「邊做邊改」、「走一步算一步」的演進性課

程，迄今仍未臻成熟，雖然推出時間不長，卻已歷經多次修改，其修訂過程及實施情形，皆未加以評鑑，因此，使得許多爭議及問題，不斷的出現（楊龍立，2003）。缺少了對過去實施情形及其成效的檢討，無法瞭解課程為什麼需要改變，也沒有充分的證據支持改變的必要性。許倬雲院士（2003）在〈也談教改〉一文中談到教改最大的失誤，可能是在整個改革過程中，缺少評議與試驗，這對九年一貫課程而言，尤其真確。

㈢課程與教學評鑑未與現有的評鑑及訪視相互整合

我們只要花一點的時間瀏覽教育部國民教育司、體育司、訓育委員會的網頁，便會發現有許多方案的內涵就是課程的一部分。這些方案的訪視或評鑑，使得學校每一學年所要接受的評鑑項目，可能會多達十多項。這些單項的訪視或評鑑，都是學校整體校務評鑑當中的一部分，但是卻有待加以整合。

七、課程維持系統及制度的建立未能充分配合需要

徒課程不足以自行；亦即，課程需要充分的支持，才有可能落實，課程管理的機制也因而有其重要性。教育部曾經陸續頒布許多與課程綱要有密切關係的相關政策及辦法，也曾在八十八年六月訂定「配合工作計畫」十二項。但是卻未能適時而完整地加以落實，因而導致有所謂「且戰且走」的現象，對課程綱要的落實無法提供正面而積極的效應。

㈠課程行政組織未能適時調整以提升地方及學校層級課程管理的機能

課程綱要強調「提供學校及教師更多彈性教學的自主空間」、及「以各個層級分工的課程行政措施取代中央集權式的課程統治」，但是長久以來的教育行政制度與學校行政制度及其許多的行政措施，並未適時而適當的加以調整。例如，並未檢討及建議縣市政府調整教育局的組織編制及相關業務人員與督學的職掌，以承擔課程綱要各項分權化業務的推動。教育局為了增加人力以推動各項業務，經常借調候用主任或校長，因而影響了學校的運作，不利於學生的學習。

相對地，教育部經常以大量的經費，從事教育局權限內的業務工作。例如，種籽教師的培訓及其制度的建立、鼓勵中小學與大學院校建立夥伴

關係、提供行動研究案的經費等。如此非但喪失了培養並發展教育局承擔
各項課程任務的機會，也因此使其不會或不認為需要仔細去考慮後續的配
合措施。

　　學校行政制度也同樣需要有所因應，但是卻未能及時加以調整。諸如
由那一個職務的人員負責新增的課程與研究相關事項，師資的調配及排配
課的安排，課程發展委員會及各個學習領域課程小組的職掌及運作，及其
教務處之間的運作方式，學年或學習領域教師及班級組織的運作，教師研
習及實作與各項經驗分享機制的重視，家長參與學校課程及教學事務的規
劃等。至於部分學校所出現的冷眼旁觀、甚至是潑冷水、排擠種籽教師等
負面的組織文化，也有待排解與導正。

(二)師資培育及專業發展的課程未能配合課程綱要適時調整

　　教師需要具備充足的專業知能，才有可能勝任各項專業任務。課程綱
要帶來許多新理念及作法，而且由於結構性的改變，使得變化的幅度遠超
過往昔課程標準修訂的幅度，學校教育人員也因而需要新的知識及能力。
然而教育部在規劃課程綱要時，並未對師範院校師資培育學程的有關規定
進行相對的調整，因此使得課程綱要實施初期所培養出來的師資，與實際
的需求有所出入；亦即，教育部要別人統整，自己的業務卻沒有先行統
整。

　　過去通常是由師資培育機構規劃系列的教師研習進修活動，並要求全
體教師參與進修。目前改由學校及縣市政府自行規劃辦理，固然可以配合
學校的需要而自行安排，但是卻經常顯得缺乏系統，或因講座不易聘請、
不知何處找到適切的講座、不同講座的研習內涵有部分雷同或素質不一，
使得研習的成效受到影響。再者，由於財政上的因素及縣市長對預算優先
順序的安排，使得地方層級的研習經費年年下降，對課程推動的影響，不
言可喻。

(三)資訊管理系統有待強化

　　在資訊管理系統或知識管理方面，教育部建置了一個點閱率相當高的
網站，也印製了許多有關的資料並上網，供教育行政人員、學校行政人
員、教師、以及家長參考。只是這些書面資料的印行，偶或因行政上各項
程序而延遲，使其時效打了折扣。這些資料應用的程度及效果如何，則有

待評估。

國立教育資料館也拍攝了許多有關的影片，並且在公共電視上播放，供學校教師及社會各界參考，只是播放的時機稍慢，而且時段也稍晚。教育部為了管理及掌握各項專案的進度，引進企業專案管理的系統及作法。但是，卻忽略了現有編制內的人員及資訊系統，只要稍加以調整，也可以從事同樣的工作。

(四)課程相關研究發展缺乏專責單位，無法累積經驗

近年來教育部負責國民教育課程修訂的業務單位，前後有所不同。八十二及八十三年的課程標準為教育研究委員會，其前及其後的課程綱要則為國民教育司。但是，教育部卻一直未成立專司課程研究及修訂的單位或組織。在中央研究院也沒有教育方面的研究單位或組織。因此，出現了前述經驗無法累積及提供借鑑，及許多爭議問題不斷出現的情形。

(五)宣導止於理念且口徑不一，基層教師普感困擾

教育主管機關推動九年一貫課程的作為，大都以「理念宣導」為主，而忽略學校實施新課程的方法與困難。因此，我們看到的現象是：教改理念朗朗上口，課程實施卻叫苦連天。此非宣導不力，卻是宣導的限制。如果不瞭解課程問題的複雜性、不致力於提升基層教師的專業知能，單靠「理念宣導」很難發揮效果。可惜教育主管機關昧於課程改革問題的複雜性、不思改弦易轍，仍執著於九年一貫課程的「理念宣導」，加上宣導階段的匆忙，缺乏共識，更有相互矛盾的說明，「人人一把號，各吹各的調」，使得教師、家長及社會人士們不僅「霧裡看花」，更因而產生誤解，增加實施的阻力和困難（陳伯璋，2002）。

～參、因應策略～

在明瞭國民中小學課程綱要發展與推動的許多問題之後，本節針對前一節所指出的現象及其所分析的問題，提出因應策略或措施，以作為修訂九年一貫課程的參考。這些因應策略同樣區分為七大類，包括：重視課程基礎及情境的評估與掌握；加強課程願景及目標的訂定與轉化；彈性調整國民中小學教育階段的課程架構；適度調整教材編輯及行銷的規範並建立

健全的審查及評鑑機制；規劃適切的課程實施期程及方式以落實課程的理念；規劃並落實學習成效追蹤評量及課程與教學評鑑以提供回饋資訊；以及調整合宜的課程行政制度並提供適切的資源及支援等。

一、重視課程基礎及情境的評估與掌握

　　沒有人會想住在沒有地基或地基不穩的大樓裡。建築業者在蓋房子之前，除了市場需求及交通狀況的評估之外，通常也會先探勘地質、研究地勢、瞭解社區情境。全國性課程的重要性及影響的深遠程度，絕對比蓋一棟大樓更大。因而在企圖與抱負之外，更需要有紮實的學理基礎作為規劃的依據，及充分掌握各項影響因素並作適切的回應，以便作成各項課程決定。

㈠強化各項課程基礎的研究，作為發展課程願景及目標、區分學習領域、劃分學習階段、安排實施方式及各項決策的依據

　　發展課程之前需要對各項建構的基礎有切實而紮實的瞭解，方能發展出適合學習者及社會所需要的課程。因此，對學生認知及道德發展的情形，需要提出一套切合我國學習者發展階段的學習心理理論，對於課程組織的各種方式的優缺點需要有充分的瞭解，以作為區分學習領域或科目、劃分各個學習階段、設計學習方式及適應個別差異的依據。

　　有關社會變遷、未來學、乃至於海峽兩岸關係、國際發展趨勢、未來國際合作及競爭所需要的知能等的瞭解及掌握，均需要透過長期蒐集資料及分析，以作為發展課程願景及各學習領域目標的重要參考依據。這些資料可以由相關學門現有的研究資料庫中加以擷取及分析。負責課程發展業務的機構或研究單位，需要定時、適時地加以匯整，作為決策的重要依據，庶幾可免於少數人的意志或民粹壓力的不當影響。

㈡激勵各個學術社群積極主動從事課程與教學相關研究，以發揮專業的影響力

　　由學者、專家、教師、社會人士等成員所組成的各種學術社群，宜積極投入國民教育階段課程與教學相關的研究及發展工作。從事這些研究所需要的經費，可以由學術社群自行籌措，更需要由政府提供專案研究的經費供學術社群申請，並委託其成效良好者，進行課程發展的各項任務。

(三)鼓勵社會各界在充實課程與教學相關知能，瞭解學校運作及
學生學習之後，積極參與各個層級課程與教學的相關任務

學校教育需要各界的關注，但是這些關注需要立基在合乎教育的理念
及切合學生的福祉上。因為，這些關注教育的人士所提出來的主張或建
議，就像是醫生所開的處方一樣，會影響學生未來的福祉。企圖影響學校
課程與教學的社會人士，宜先充實前述的各項專業知能，並多方省思自己
所持的基本理念及立場，並與各界論辯。千萬不要以個人或自己所屬團體
的利益，而犧牲了他人子弟的學習，更犧牲了未來的社會的發展。

如果對參與課程改革有興趣學者專家及社會人士，還不十分瞭解現在
國民教育階段學生的學習情形，應該要先到學校現場去作觀察。而且這樣
的觀察活動，不能只限定在少數、甚至只是一個班級、或是自己的子女，
應該要瞭解不同地區、不同程度學生的學習，才有可能為全體學生規劃出
理想的課程。

(四)洞察課程決定的各項影響因素，作成合理性的決定

參與課程發展的人士及決策人員，需要洞察各項影響因素，掌握社會
文化的影響力，以及各種勢力的可能影響及其企圖，以便以符合專業的理
念，作成各項課程與教學的決定。這當然需要培養調和、協調的能力。

二、加強課程願景及目標的訂定與轉化

課程願景及目標是設計課程與安排教學的指南針。各界對國民教育階
段學習者的期望，需要審慎地形成共識，以便研訂切合其身心發展需要的
願景及各個階段的目標。訂定之後必須加以適切的轉化，才有可能成為組
織學習材料及活動的依據，進而落實在學生的學習活動中。

(一)研訂切合學生需求及教育理念的課程願景及各個教育階段的
課程目標

課程願景的訂定需要廣泛的參與，並且是以課程基礎的各項研究為依
據。亦即，在各界的共同參與之下，以學生的福祉為考量，根據教育的理
念，訂定出國民教育階段所期望教育出來的學生。課程願景及目標的訂定
需要提供機會給予較年長的學生參與，對於年幼的學生，則需要細心瞭解
學子的需求。同時需要注意課程願景及其目標與相關法令間的關聯情形。

在國民教育的課程願景之下，宜根據各個教育階段學生的特性及學習的需要，分別陳述各個教育階段的課程目標，以作為設計各個學習領域課程的依據。

㈡注意各個層級課程目標間的轉化並檢視其內涵

課程願景需要在各個層級加以適切的轉化，以便成為具體的學習目標，作為組織學習材料及活動的依據，落實在學生的學習活動中。整體的課程願景、各個教育階段的課程目標、以及各個學習領域的課程目標、學習階段的課程目標、進而到教材的教學目標或學習目標，均需要掌握其間的邏輯關聯。最後則需要由學生學習成果的評量，檢視是否適切而完整地達成課程目標及課程願景。至於課程目標敘寫的詳簡程度、敘寫方式，宜有共同的共識，以免有太大的差異，造成使用者的不便。

㈢學術社群主動轉化學習領域的課程目標為具體的學習目標

各個專業學會、課程綱要編撰小組、教師團隊或組織，以及有興趣的人士，可以自行針對各個學習領域的分段課程目標進行詳細的分析，提供教師課程設計及教科書編輯者的參考。教育部可以補助有興趣的單位或個人進行這項任務，但是，此一詳細的分析的結果，不適合以教育部的名義或國家的立場公布，以免成了更具束縛性的準則。

三、彈性調整國民中小學教育階段的課程架構

國民中小學固然都是國民教育及義務教育的範圍，但是，由於學生身心發展上的差異，對課程與教學的需求會有所不同。因此，課程綱要需要針對學生在國小及國中兩個階段上的差異，彈性調整課程的架構，不要被「一貫」一詞的表面意義所迷惑。

㈠適切調整各個學習領域及重大議題的範圍與內涵

各個學習領域及重大議題，需要檢視其劃分的方式及涵蓋的內涵，是否適切及符合學生學習心理上的需求。尤其需要考慮部分重大議題是否仍有存在的必要，或是可以直接融入有密切關係的學習領域，如家政融入綜合活動。再者，綜合活動、健康與體育、及自然與生活科技等學習領域之間，尤其是在國小階段所可能出現的許多重複內涵，也需要加以釐清。

維持學習領域式的課程綱要，可以促進學習領域內涵的互相調適，以

及學校內各個相關學科教師間的對話及進行統整的規劃。不過還需要考慮的是，根據學習者的認知發展及學習需求，以及各個學習領域及學科的特性，重新規劃學習領域的劃分方式。原則上在較低的教育階段採取學習領域的結構，而在較高的年級，則可以同時存在學習領域及分科式課程綱要。例如，綜合活動可以維持學習領域式的劃分，甚至在國小低年級階段還可以與生活作更進一步的統整；社會則可以如美國的同時存在社會及分科的歷史、地理及公民。

(二)彈性調整各個學習領域學習節數的百分比及其在各個學習階段的百分比

各個學習領域學習節數的分配比例，有必要考量國民教育階段學生的學習需要，及根據各個學習領域應該有的學習內涵及份量，然後再適切的分配節數。不必為了分配上的方便，而給予每個學習階段均分配相同的比例。例如，國小低年級可能需要較多的國語文學習節數。

再者，每個學習領域在各個學習階段，是否均需要同等比例的節數，部分學習領域或其內的部分學科，不一定在各個學習階段均出現。亦即，不一定全部的學習領域都是由國小一年級到國中三年級，或是未能延長國民教育後的各個年級。例如，過去的輔導活動並非自一年級開始，然而綜合活動卻是自國小一年級便開始，過去的健康教育只出現在國中一年級，如今可能出現在國中的各個年級。

(三)只規定各個學習領域學習節數的下限，提供學校更大的彈性

目前各個學習領域若均安排下限的學習節數，則其總合已占學習領域學習節數的80%，學校可以彈性調整的空間並不大。各個學習領域可以只規範下限的學習節數，以確保學生學習到最根本的內涵，至於其上限，則由學校自行調整，以便切合學生學習上的需求。至於許多學者專家及社會人士所擔心的，國中可能會只重視與升學有關的科目，則需要由解決升學方式著手，而不是只單純的設定上限，而導致學校造假。

(四)各個學習領域視需要修訂個別的課程綱要

課程綱要若以總綱規範整體的架構及各個學習領域的節數，則可以考慮容許各個學習領域依其需要，以及各個學科進展不一的情形，而自行修訂課程綱要，不必像歷來所有的學習領域一起修訂。若干年需要重視調整

整體的架構時，再進行全面的課程修訂。

㈤明確界定課程綱要所出現的重要名詞，以避免各界過於歧異的詮釋

前述課程綱要所出現的許多新名詞需要在訂定時，便加以明確的界定。其中的部分名詞更需要敘述其內涵或功能，同時也要確切說明各個相關名詞間的關係。如此，一方面可以使後續各個學習領域課程綱要的研修者及教科書編輯者，有共同的理解；另方面也可以讓學校教師及關心學校課程的社會大眾，在接觸到課程綱要時，可以很方便地瞭解其內涵。如此方可避免各界有各自表述的不同詮釋。這些名詞的定義在整理之後，可以依筆劃或發音順序羅列在課程綱要的後面，以方便讀者查閱。

四、適度調整教材編輯及行銷的規範，建立健全的審查及評鑑機制

為了維持及提升教科書的品質，以提供學習者最基本的學習材料，現行的教科書編輯及審查制度，需要加以適切的調整。再者，更需要建立一套良好的評鑑機制，以便作為消費者選擇的參考，及保障消費者的權益。

㈠落實「學習領域不等於學科的名稱」的規範，適切調整教科書的分科方式

教科書的審查過程中，不宜以審查的機制強行要求教科書出版業者一定要編輯成合科式的教科書。以免無法或不願進行學習領域教學的教師，將一本教科書拆成幾個部分而分別教學的現象。

對不同學習階段的教科書，可以根據學生的學習需求及認知發展情形，以及學習領域和學科的特性，分別作不同的要求，以便提供分科或合科統整式的教科書，供學校教師選擇。不過其中分科式的教科書，需要在若干單元或課之後，提供統一個統整的單元，以利學生的統整學習。至於其實際的運作上則可以有多種不同的方式。就國小階段而論，仍然以歷來的學習領域為範圍編輯教科書為主，但是藝術與人文是否需要合併視覺藝術與音樂兩部分，以及低年級的生活課程是否併入綜合活動的內涵，則需要另作考量。

至於國中階段則可以有多種不同的方式，但是都需要有統整的部分。

其一為，維持現行的以學習領域為範圍，例如綜合活動、數學；其二為，一年級提供學習領域的統整教材，二、三年級則以學科方式編輯，但是每若干單元需要有一個統整的單元，例如社會、自然與生活科技、健康與部分體育的認知內涵；其三為，各年級均以學科方式編輯，但是每若干單元需要有一個統整的單元，以整合學習的內容，例如語文、藝術與人文。

(二)要求並規範教科書出版業者進行長期的實驗，以提升教科書的品質

教育主管當局不只是允許、更應該鼓勵、要求教科書出版業者，在教科書初步編輯完成並經過內部評鑑之後，先經過相當時間、不同地區、一定班級的實地實驗。然後再根據實驗的結果修改，再行送審。這樣的實驗不能只是點綴式的應卯而已，應該要有系統而且長期的實驗，以便提升教科書內容的正確性及適切性。

不過，主管教育行政機關需要事先邀集業者共同討論，明確訂定適切的規範。有關實驗的發起、程序、方式、向主管教育行政機關或學校的報備、結果的報告及應用，甚至於出現糾紛事件時的處理及善後等，都需要有明確的規範。當然，更重要的是，各項細節都能保護受試者的福祉，而且實驗也需要取得學生本人及其監護人的同意。如此才能使整個的實驗過程及結果，以及教科書出版業者及學校與教師彼此之間的關係及角色，都是透明而且經得起檢證的。

(三)以學習階段為單位送審及選用教材，提升教材的銜接程度

教科書出版業者在送審教科書時需要提供全部年級的教材架構，不過由於此次課程綱要實施期程的緊迫，因而往往導致業者每學期送審教科書時，都會針對架構作局部的修改，使得整體架構的實質意義不大。因此，未來除了提供完整的架構之外，至少應採取同一學習階段全部的教材同時送審，以完整轉化該學習階段的分段課程目標，提升教材內部的順序性與繼續性，避免出現銜接上的問題。甚至，理想上在課程綱要公布到實施之間能有較充裕的時間時，應該是一整個國小或國中，甚至是國民教育階段的教材一起送審。

再者，對於出版多個學習領域或學科的業者，也應該要求提出書面的說明，明確陳述各個學習領域或學科之間的統整情形，或是提供統整的單

元，以便在審查之後，作為學校教師的參考。

至於學校教師在選用教科書時，除非特殊的情形，宜一次選用同一個出版業者的同一個學習階段的各冊教科書，以避免中間更換版本造成銜接上的問題。

(四)檢討教科書業者的行銷方式，以避免將非必要的成本轉嫁給購買者

雖然教科書成為一塊炙手可熱的大市場之後，各種競爭的行銷方式已經成為無法避免的事實。但是，基於教科書的消費者幾乎是不得不在場、逃不掉、沒有自由的觀眾（captive audience），甚至是俘虜，對於因市場競爭而造成教科書價格不合理的上揚，需要作合理的規範，以避免帶給購買者經濟上的負擔。目前所採行的聯合議價方式，以及部分縣市由政府負擔購買教科書的費用，都是可行的方式。

對枱面上層出不窮的行銷手法，諸如，業務人員所提供的各項服務、每年送出成套的教具、辦理各項免費並提供贈品的研習活動、甚至是附帶撰寫學校課程計畫等等，應檢討其必要性，以免成為隱藏的成本，增加教科書的價格。另外更應該規範及禁止的是枱面下的交易，以免造成教育界的不良風氣。

(五)提供審查委員研習機會，改進部分的審查機制

教科書的審查委員來自學者專家及具備實務經驗的學校教師，各自的背景有所不同，對課程綱要的瞭解也有所差異。因此，需要提供教科書審查委員的研習，以及與課程綱要研修人員共同討論的機會，以增進審查的共識，建立共同的審查標準。

教科書審查委員與教科書出版業者編輯團隊之間的對話，如果要繼續舉辦，則審查委員不宜只是提供說明的機會，而仍然堅持原來的審查意見，否則失去了溝通的意義。至於審查委員所提供的審查意見，應該要先進行小組的內部協商，提供一份前後一致的審查意見後，再提供給教科書編撰者，不宜羅列各審查委員的意見，因而導致出現部分不一致的意見。

(六)建立教科書評鑑制度，對教科書及教科書審查制度進行評鑑

教科書在審查及出版之後，應該由公正的學術團體或人士進行評鑑，以瞭解教科書的品質，並提供改善的意見。此一評鑑的報告，也可以作為

其後學校教師選擇教科書的參考。甚至也可以進一步評鑑教科書周邊補充材料，例如，參考書、測驗卷，以作為家長購買補充材料的參酌。對於教科書的審查機制，由於其對教科書的出版有重大的影響，也需要定期進行內部的檢討及外部的評鑑，以便改善其運作情形，提升審查的效率及品質。

這些評鑑機制的運作，可以由大專院校的學者主持，也可以由教育行政機關或研究部門委託學者專家進行，更可以由出版業者共同邀請公正人士主持之。至於其評鑑經費的來源，可以由政府編列，也可以由教科書出版業者共同提撥一定比例的經費（如盈餘或行銷冊數），成立基金作為評鑑之用。

(七)政府自行或委託學術單位編輯難度較高的統整式教材及需求量較小的選修科目，引導教育的發展方向及滿足急迫性需求

在市場利益及機制之下，已經開放的教科書市場，不易也不宜再改回過去的政府公賣制度。政府如要再度投入教材的編輯行列，所需要特別投入的是編輯難度較高的統整式教材，以引導教育改革的方向。至於民間業者所不願意或不容易編輯的部分，諸如，少數學生所需要的選修課程或特殊學生所使用的教科書，由於市場需求量較小，也需要由政府的支持，以免影響學生的適性學習。

此一教材的發展工作，除了由教育行政機關負責之外，亦可以將同一的學習領域或學科，委託多個學術研究機構或學術專業團體進行。其所研究發展的成果，成為公共的財產，除可供學校教師選用及改編之外，也可以提供教科書出版業者編輯教科書的參考。

五、規劃適切的課程實施期程及方式以落實課程的理念

再好的計畫都需要良好的執行，才有可能落實計畫所形塑的理想。對於影響近三百萬學子的學校課程，更應該審慎規劃實施的期程及實施的方式。

(一)分析並根據課程試辦或實驗的資料，修訂課程的內涵及實施期程

試辦或實驗不只是為了程序上的需要，更是為了實質修改課程與教學

上的需求。在全面實施課程之前，進行局部的試辦或實驗，可以瞭解課程
的可行性及適切性。對於試辦或實驗需要有周全的規劃，同時對於實驗期
間的各項資料，應該加以仔細的蒐集及分析，並切實的檢討，以作為修改
課程的依據。

㈡借鑑歷次課程標準的實施期程，並根據學習者及學習領域的特性彈性調整

　　過去歷次課程標準的實施方式也是相當的複雜，但是對不同學科有不
同的處理方式，以及有統一的教材，因而產生的衝擊較小。對於過去的實
施方式及其所造成的影響，應該加以探討，以作為未來訂定實施期程的重
要參考。課程的實施期程，宜根據學習者的學習能力及各個學習領域的知
識結構及特性，作彈性的處理。例如，知識結構對學習有較大影響的學習
領域，便不宜跳著實施，其他學習領域則在教師具備充分的知能及能適切
調適之下，即使是全面實施亦無妨。

　　如果部分學習領域仍然採取逐年實施以外的方式，則應該在課程實施
之前，便分析前後二套課程在教材及學習方法上的差異，規劃二者的銜接
學習材料及活動。同時也需要提供教師適切的研習及實作機會。其中需要
特別注意的是，除了教材內容的銜接，更需要重視不同課程的理念，所產
生學習方法及教學方法上的根本差異，並提供銜接的規劃。

㈢根據學校教師的經驗及發展情形逐步調整實施學校本位課程發展的類型

　　學校本位課程發展有許多不同的風貌及類型，在投入的時間、活動的
類型、參與的人員、及發展的範圍等方面，都可以有所變化。學校宜根據
過去發展課程的經驗，教師專業成長的情形，採取適合的類型。同時也需
要在每學期或學年加以檢討，以便根據實施的情形，而作適切的調整。對
於統整教學及多元評量等規劃，也應逐漸應用到各個學習領域的各個單
元，而非僅在特定的少數活動或單元。

㈣在充分的準備之下實施部分學科的能力分組教學

　　能力分班所造成的標籤化及自我應驗效應，早已為人所詬病。雖然政
府三申五令要實施常態分班，但是在升學率的壓力之下，仍然有部分國中
在三年級進行能力分班，以方便部分學生的升學準備。此種方式與課程綱

要所揭示的理念相去甚遠。基於每位學生的學習速率不同，學習風格有所差異，及個別化學習輔導上的需求，可以在充分的規劃及準備之下，就部分學習差異較大的學習領域或學科，採取學科能力分組教學。其中所需要規劃及準備的項目頗多，例如分級的依據、檢定方式及頻率、教材的分級、教學方法的調整、學生組別的調整依據及時機、教室的分配、學生對其他班級教室的愛護、教師的分配及鼓勵、家長的溝通等等。其中有重大影響的是，需要安排最有活力、創意的教師到較需要協助的班級。此外，亦需要考慮不同組是否提供不同的節數，以及採取適當的輔導措施，而能給予需要特別協助的學生更多的學習機會。

六、規劃並落實學習成效追蹤評量及課程與教學評鑑以提供回饋資訊

學校教育所需達成的不只是把書教完，更應該是把人教好。可以用來判斷是否教好的評量及評鑑，其重要性自是不言而喻。同時也可以透過評量及評鑑，瞭解過去及現行課程的績效。本小節就學習成效及課程與教學評鑑提出問題的解決策略。

(一)進行全國性抽樣評量，以瞭解學生的學習成效

為瞭解學生的學習情形，以作為調整課程與教學的參考，需要針對學生的學習成效進行橫斷性及縱貫性的研究。這些學習成效的評量研究，宜採用抽樣的方式進行，不必要求每位學生均實施，以免成為一次又一次的聯考，造成學生過多的壓力。這樣也可將省下來的經費，進行質性的評量，而不只侷限在量化的紙筆測驗。至於實施的時機，可以在每個學習階段結束前後，以瞭解學習階段目標的落實情形。

至於實際的規劃及實施方式，可以參考或應用現有多項國際性或其他國家的學生學習成就比較研究，例如 TIMSS、TIMSS-R（Third International Mathematics and Science Study 及 Third International Mathematics and Science Study-Repeat，第三次國際數學與科學研究）的多次研究、過去的 IAEP II（The International Assessment of Educational Progress II，國際教育進展評量）研究、美國 NAEP（National Assessment of Educational Progress，全國教育進展評量）、及 NELS：88（National Education Longitudinal Study：1988，1988 年全國教育縱貫研究）縱貫性追蹤研究等。

(二)落實各個層級的課程與教學評鑑提供回饋資訊，並整合現有的各項評鑑及訪視

為了提供課程實施及修訂的必要資訊，宜儘快針對落實課程綱要內所提出的各項課程評鑑。諸如，課程綱要的發展過程、試辦情形、推動方式、實施程序、實施成效及學生的學習情形、各項配合措施的規劃及落實等，進行評鑑，並提出完整而真實的報告，以作為檢討改善之用。對於歷次課程標準的修訂過程及實施情形，也需要加以回溯探討，以瞭解其中不斷出現的爭議及問題，以為未來的借鑑。

教育部及教育局也需要整體檢討目前所實施的各項單項的評鑑及訪視，就其性質及內容考慮是否需要加以整合，以及如何加以整合。這些項目，以及未來會繼續出現的項目，在初次出現的時候，固然無法立即加入已經訂定完成的課程標準或課程綱要，但是，如果其內容有相當的重要性，則在新修訂課程綱要時，便需要融入或加入現有的課程綱要內，不必再以單項的方式呈現。如此，可以使課程與教學統整，也可以整合各項課程與教學的評鑑，避免不必要的重複。

至於學校層級的課程與教學評鑑，在內部評鑑之外，是否需要單獨進行外部的課程與教學評鑑，則是值得加以斟酌。目前學校所需要接受的各種單項的評鑑項目已經相當的多，部分縣市亦已實施綜合性的校務評鑑，而且在校務評鑑的項目內，通常也包含課程與教學的規準或指標。因此，在學校層級可以就課程與教學評鑑進行內部評鑑，或邀請其他成效良好的學校進行同儕間的互相評鑑，並自行提出改善的措施。而課程與教學的外部評鑑，則合併在由縣市政府若干年所舉辦一次的校務評鑑之內，由評鑑委員檢視學校歷年的資料及改善情形，以瞭解學校整體的運作情形，同時也檢核學校自我評鑑或同儕評鑑的實施情形，以及是否根據評鑑結果改善學校的課程與教學及有關事項。

七、調整合宜的課程行政制度並提供適切的資源及支援

課程的落實需要各項配合措施的充分支持，尤其是變革程度愈大，愈需要有周全的規劃。就像一棟新蓋完成的大樓需要有各項完善的配合設

施，才有可能成為舒適的住所。新的課程會帶來新的挑戰，需要有新的配合作法。但是也不要忘了活用過去所累積的經驗，以便立足在過去的推動經驗之上，繼續發展。

㈠調整長期以來強幹弱枝型的課程行政制度，採取與教育鬆綁名實相符的分權或均權行政制度

更多的經費、人力、資源不一定能讓課程更好，要有更好的課程管理配合運作才辦得到。長久以來中央集權式課程行政制度，需要加以調整，以便因應民主時代的需求。如果教育鬆綁、授權或均權等理念是可以接受的話，則應該摒棄過去強幹弱枝的課程行政與控制。根據各個層級分工的課程行政理念，檢討及修改有關的法令，以便適切規劃及擴張各個縣市政府教育局的組織編制，及相關人員的職掌與角色（例如，學務管理課、督學、國民教育輔導團），以承擔課程綱要內各項分權化業務的推動，並積極倡導適合縣市需求及特色的課程與教學。對於學校的組織，也需要作適切的調整，以便因應課程與教學業務上的需要。亦即，在呼籲教師要培養能力的同時，也需要培養地方層級及學校層級的課程管理能力，同時也需要繼續調整國家層級的課程管理能力，以符合分工合作上的需要。

此外，財政收支劃分法有關各級政府的收入劃分方式，如果能加以重新調整，使地方擁有更多的財源，以便推動各項教育活動，也是提升學校課程與教學品質所需要認真考慮的方式之一。例如，將過去省級的大部分收入劃分給縣市，以便從事各項教育方面行政工作，提供完善的教學設備、充分的師資及行政人員編制、及朝向小班的理念邁進，對於課程的落實，才會有正面的影響。同時對於各項會計程序，在合法及合理的範圍內，考慮提供教育人員適當的彈性，以便及時發揮教育的功能。

㈡激發學校教育人員自我提升教育專業素養，彈性調整學校組織運作，營造有利的組織氣氛，落實學校本位課程發展

教育要成為一項受人敬重的專業，學校教育人員需要不斷地自我提升教育專業素養，以展現好還要更好的高品質教育服務。專業素養提升的機會，除了由師資培育機構及教育行政機構所規劃及提供的之外，更需要自我主動的追求。面對還會持續改變的課程，教育人員需要有心理準備，並付諸行動，不能只以自己過去所熟悉的方式教導現在的學生適應未來的社

會。再者，學校教育人員由於其職務的不同，需要不同的專業知能，以便充分地分工合作。例如，擔任不同課程發展職務的教師及學校行政人員，所需要的課程發展及課程領導知能，便會有部分的不同。

當然，要學校教育人員自我提升專業素養，教育機構需要有多項的配合措施，才能配合由於課程與教學改變而需要的知能，進而促成未來課程與教學繼續革新的知能。這些措施至少包括了教育部、師資培育機構、校內外進修機會提供單位、校群、學校、班群等不同層級的配合。至於教育行政上規劃教師分級制，也是可以增加教育人員成長的動力。

已經運作多年的學校行政組織，需要加以適切的調整。根據學校的實際需要，及成員的專業發展程度及課程與教學上的需要，在一定的範圍之內，自行彈性調整學校的組織架構。有了健全的學校組織及運作，再配合營造出正向而有利的專業組織文化及氣氛，同時發掘並培養具有領導意願及能力的教師，積極投入各項工作，才有可能發展並落實以學生學習為中心的學校課程。

(三)設立專責的教育研究單位，整合及分享課程教材教學與評量的研究及各類資源

前述許多項的因應策略，均需要有專責的教育研究單位，規劃各項課程教學及評鑑的基礎性研究，並且整合有關的研究及各界的論述，以提供有堅實學理依據的各種可行方案，作為教育部作成決策重要依據。由於教育方面的研究，並沒有相當高的利潤，一般私人機構投入的願意較低，因而需要由政府提供經費及人員，以從事有系統的長期研究。歷來已有許多學者專家指出設置此一研究單位的重要性。至於此一專責的教育研究單位，可以設在中央研究院，也可以由籌備中的國立教育研究院承擔。當然，此一專責的研究單位需要與大專校院現有課程與教學及其他相關系所或研究中心，建立密切的合作關係，以便在學術分工及合作之下，整合各項現有書面、影音及電子式的資源及資料，建立分享的機制，以便共同追求高品質的課程與教學。

(四)增進社會各界對學校教育的瞭解，減輕升學壓力對國中教育的負面影響及學生身心的負荷

升學和讀書絕對是好事，適度的壓力也的確可以提升學習的成效。但

是若過猶不及，為了國中學生畢業之後的升學考試而嚴重扭曲了國中的正常教育，則不是教育的本質。政府除了肯定家長望子女成龍成鳳的心態，更應該要增進社會各界瞭解學校教育本質、及適性發展的意義及作法，以避免過度重視升學及文憑的觀念，給予成長中的青少年過多不當的期望及壓力。當然，國中教育人員也需要堅持教育理念，不要作升學主義的幫凶，共同戕害學生的身心的正常發展。如此，學校的課程與教學才能發揮正面而積極的作用，協助學生全面的成長。政府如果能採取投注在防治SARS 上的一半心力，相信可以大幅提升社會大眾對學校教育的瞭解。對於「一綱多本」在國中階段的影響，或許可以減輕到類似在國小階段的影響程度。

肆、具體的建議

陳伯璋（2002）在群策會國政研討會發表的〈中小學課程改革〉一文中對九年一貫課程有如下的總結：

> 中小學課程改革是教改的重點。國民中小學九年一貫課程由於上路匆促、配套尚有不足，故徒具改革理想，執行卻多困擾。主管機關應審慎評估是否調整實施時程，並加強配套工作，以營造實施新課程的有利條件與環境，確保課程改革的實施成效。

教育改革需要群策群力的配合和努力，它不可能只靠理想或理念的「吶喊」，它需要顧及改革的問題及困境，不能流於主觀的熱情，而是需要明確合理的理念和架構，也需要標準化的程序和有效的方法。不可諱言的，九年一貫課程是「激進而全面」的改革，上、中、下游都出了一些問題，如何改善體質，形成共識，行政當局及學校都仍有很大的努力空間。尤其在提供更多的配套措施和支援系統方面更該加把勁。如果先天不足，後天又失調，亦應誠實以對，及時採取果斷措施，以免問題與弊病一發不可收拾（吳武典，2003）。

以下為我們對改進九年一貫課程的具體建議：

一、實施時程的調整

　　教育界同仁都有同感，九年一貫課程之實施中小學部分因變革較少而較無困難，但國中則因分科教學幾已根深蒂固而難調適。目前國中一年級實施九年一貫課程，既無適當的教科書引領統整教學，也不熟悉協同教學的方式與技巧，而單一學科專長又不足以勝任包領域的教學，老師們可說是苦不堪言。因此，為避免課程實施的偏差，確保課程改革的實質效果，教育主管機關應審慎評估是否調整九年一貫課程的實施時程。如果主管機關堅持依照原定進度實施，亦須在推動實施過程中，強化師資培育功能，提升學校教師領域教學素養與能力，讓老師們有能力，讓改革有成效。

　　根本解決之道是將中、小學區分，小學繼續推行領域式統整課程，國中則停止領域課程與合科教學，而恢復分科形式，實施分科式統整，強調教學上的功能統整，並規劃與高中（職）課程連貫，以利於十二年國教；即國小六年一貫，中學六年一貫，六六各一貫。

二、課程結構的調整

　　七大學習領域應只是課程統整的參考架構，而不必成為教材教法的限制，也就是「眼中有領域（如七大學習領域），腦中有主題（統整的、創新的）、手中有模組（實用的、可行的）、心中無疆界（不受限放領域）」；「領域內統整」固然很好，「跨領域統整」又有何不可？我們應強調的是自然的統整、自發的創意。

三、「一綱多本」教科書制度的改進

　　當前教科書的審查，係委由國立編譯館主其事，組成各學習領域（或各學科）審查委員會，其運作仍然存在若干問題，例如由編譯館承辦此一業務的適切性，審查委員會審查基準及其與出版社的互動關係，都有改進的空間。

　　至於出版社兼負編選、印製及出售的一貫作業，加上與學校教師間的利害關係，都使得商業利益影響教育價值的神聖性。因此若能朝向編、印、售三者分離，而非一手包辦，或許可以杜絕目前所指責的弊病——不

當利益的掛鉤。

在學校選用教科書方面，應改進教科書選用制度，避免不當利益的涉入，朝向更公開、更客觀的評估過程，以建立家長對學校及教師的信心。

四、教學創新與在職進修的倡導

教學創新是提升教學品質，確保課程改革成效的基礎。除了建立教師教學創新及教學績效評估的鼓勵措施之外，也可透過有效的研習，使教師「增權賦能」（empowerment）。

五、配套措施的加強

新課程的實施需要各級政府提供較為有利的配套措施，諸如法令的鬆綁（如人事、會計制度）、教師專業成長的研習、新舊教材的銜接、加強新課程實施的宣導工作、相關經費的補助、辦理績效考核等。這些工作教育部都已積極進行中，然而成效則有待評估（教師研習的成效有許多負面批評），又如人事、會計的鬆綁只是口惠而不實（如學校人事總量管制的彈性及支援仍不足），而教育部與縣市政府教育局間的協調機制仍未臻理想。此外，數位學習環境是未來提升學習成效的重要方式之一，教學資源的流通和分享，可以彌補實體資源之不足，對資源不足區域應優先提供輔助的學習管道。

伍、結語：以高品質的課程幫助學習者的成長

學校是為了學習者而設立的。學校的繼續存在，主要目的也是為了提供學習者良好的學習。固然教育的年限、教育的內涵、教育的方式會隨著人類對學習者及學習活動的瞭解、社會變遷、學術發展及各項實驗的結果而作調整，但是不變的是教育的本質，一直都是提供學習者有價值、有意義的學習內容及活動，幫助學習者良好的成長。

雖然價值及意義會隨著時代及不同團體的立場而有所改變，使得學校的課程無法避免許多政治勢力的角逐，但是，參與這場競技的人士請不要忘了，學校存在是為了學習者，不是為了老師、校長而存在，也不是為了

學者、專家、家長、教育行政機關、當然也不是為了自命為教育改革人士而存在的。任何人在企圖影響學校的課程時，請千萬不要忘了學校教育的主體是學生。任何人士，包括教育學者及專家，在以學生的福祉作為改革的大纛時，請先檢視成人口中的學生福祉，是真學生的福祉嗎？

　　學校的課程與教學需要加以評鑑，課程政策及課程改革也同樣需要接受評鑑及檢證，以瞭解其成效。當新修訂的課程有多項「破壞式的創新」（disruptive innovation），希望以許多新的理念及作法，取代或調整學校原有的課程與教學實務，更需要有周詳的因應策略，並且適時地檢討及調整。本文針對學校課程在制定、推動、及實施等過程中所出現的問題加以分析並探討其問題的癥結所在，指陳了七類重大的問題，並且提出相對應的七類因應策略和五項改進的具體建議。期望未來能修訂出高品質的學校課程，以幫助學習者充分發展潛能，得到全面而適性的成長。

❧參考文獻❧

吳文星（1999）。社會科七至九年級課程設計芻議—以日本為例。歷史教育，4，7-13。

吳武典（2003，7月）。九年一貫課程的評析與重整建議。論文發表於國立台灣師範大學主辦之「教育議壇：九年一貫課程」，台北。

周玉秀（2003）。能力指標與知識結構之間—教師詮釋課程之專業權。國民教育，41（5），51-58。

周祝瑛（2003）。誰捉弄了台灣教改。台北：心理。

林榮梓（編）（2003）。教改野火集。台中：領行。

重建教育連線（2003）。重建教育宣言。http://www.highqualityeducation.com/m3.htm。

高強華（2001）。九年一貫課程統整革新與教師專業成長。今日教育，66，22-34。

高新建（1999）。國民中小學課程綱要的特色與挑戰。載於教育部國民教育司（編），國民教育九年一貫課程系列專書㈠—理念與實務（頁152-173）。台北：編者。

高新建（2000a）。課程管理。台北：師大書苑。

高新建（2000b）。邁向成功的學校本位課程發展。國立編譯館館刊，**29**（2），
　　293-317。

許育健（2003）。九年一貫課程語文領域的困境與解決之道—單元統整教學設計。
　　教育資料與研究，**52**，68-70。

許倬雲（2003，8月24日）。也談教改。中國時報。

國立編譯館（2002）。國立編譯館公告（徵求國民中小學九年一貫課程教科圖書
　　審定委員儲備人才）。

教育部（1998）。國民教育階段九年一貫課程總綱綱要。台北：作者。

教育部（1999a）。國民教育九年一貫課程配合工作計畫。台北：作者。

教育部（1999b）。國民教育階段九年一貫課程試辦要點。台北：作者。

教育部（2000a）。國民中小學暫行課程綱要（草案）。台北：作者。

教育部（2000b）。國民中小學九年一貫課程暫行綱要。台北：作者。

教育部（2003）。國民中小學九年一貫課程綱要。台北：作者。

陳伯璋（2002）。中小學課程改革。載於群策會（主編），邁向正常國家：群策
　　會國政研討會論文集（頁393-411）。台北：群策會。

黃政傑（2003）。建教科書的概念與實務。課程與教學，**6**（1），1-12。

黃嘉雄（2002）。國民中小學九年一貫課程的組織結構。國民教育，**42**（4），
　　8-15。

單文經（2002）。課程改革抗拒的原因與對策。載於單文經（主編）課程與教學
　　（頁55-76）。台北：師大書苑。

單文經（2003）。國民中學教師對九年一貫課程改革的認知與態度以及研習的效
　　應。教育研究資訊，**11**（4），23-46。

楊龍立（2003）。九年一貫課程的問題與解決對策。人文及社會學科教學通訊，
　　13（3），7-24。

晏涵文、劉潔心（2003）。從九年一貫課程教科書編審看教師自主能力培養—以
　　健康與體育領域為例。中等教育雙月刊，**54**（2），64-79。

歐用生（2003）。課程典範再建構。高雄：麗文。

鄧鈞文（2003）。教科書自由化及其問題分析。課程與教學，**6**（1），27-41。

藍順德（2003）。教科書審定制度運作問題檢討與改進建議。課程與教學，**6** 卷

（1），13-26。

第六章

●●●幼兒教育：

回歸幼教本質、
落實幼教專業化

召集人：簡淑真

共同召集人：簡楚瑛

研究成員：廖鳳瑞、林育瑋

摘　要

　　「普及幼兒教育」是我國政府十餘年來常見的幼教政策議題，近年來教育部也陸續推出不少落實「普及幼兒教育」及追求「教育機會均等」的措施；但是相關的實施成效及其對幼兒教育品質提升的功效如何，則一直缺乏具體的評估與反省。從量的方面來看，歷年來在政府及民間的努力及參與下，各式各樣的學前幼兒機構蓬勃發展，調查結果也顯示，我國幼兒進入學前教育機構就讀已是非常普遍的現象。然而，目前幼教現場日益嚴重的惡性競爭、以及品質良莠不齊的亂象，卻也顯示出政府追求高幼兒入學率的政策方向，並不能確保我國國民早年教育品質之提升；另一方面也難掩幼兒教育長期以來定位不明、政策不周、未被認可為專業領域的窘境，以及漸漸衍生出來的諸多問題，實非所有關心幼兒教育健全發展者所樂見。

　　為改善此偏態發展的現象，並配合此次師大「教育發展的新方向：為教改開處方」計畫之整體方向——即鎖定當前廣受社會大眾關注且具爭議性之焦點議題——針對幼教政策形成建言。首先，檢視我國目前幼兒教育重要問題癥結如下：

一、政府與社會急功近利心態嚴重，對幼兒教育的理念不正確亦不重視。

二、偏差的幼兒教育價值觀，致使幼教專業內涵嚴遭扭曲。

三、公私立幼教機構品質與收費落差懸殊，造成社會階級複製提早發生。

四、師資培育與任用缺乏整體規劃，呈現長期假性供需失衡的現象。

　　呼應上述問題癥結，鎖定現階段幼兒教育三大亟待解決之議題，進行問題分析並提出因應對策如下：

議題一、「國民教育往下延伸一年」

問題分析：

㈠發放幼兒教育券徒耗國家經費，卻無濟於幼教品質之提升。

㈡辦理五歲幼兒國民教育之機構品質不一，幼兒受教品質難以確保。

㈢國民教育往下延伸一年，五歲幼兒教育之本質遭受威脅。

因應對策：

㈠在漸進免費化中，逐步改善幼教生態，進而提升幼教品質。

㈡建立公立、私營、第三部門（非政府及非營利組織）三類幼教機構並存之生態。

㈢維護幼兒階段獨特發展需要，規劃合宜的教育內涵。

議題二、「幼兒語文教育政策」

問題分析：

㈠造成全美語教學熱潮的幾項缺失。

㈡對外語學習的幾項迷思。

㈢全美語教學導致的幾項損失。

因應對策：

㈠儘速審慎制定符合幼兒發展與學習原理的語文教育政策。

㈡即刻導正現行幼兒語文教學亂象。

㈢積極宣導幼兒語文教育的健全信念。

議題三、「幼兒教育師資專業化」

問題分析：

㈠幼教師資不被視為專業。

㈡幼教職場環境不佳，不合格教師大量取代合格教師。

㈢師資供需假性不平衡。

㈣幼教師資培育課程內容缺乏多元規劃。

㈤幼兒教師品質不一。

㈥教育實習制度不落實。

㈦教師進修制度不完善。

因應對策：

㈠幼教師資專業化。

㈡師資培育課程內容多元化。

㈢幼教專業人員及培育機構品管化。

㈣教育實習制度之落實。

㈤教師進修制度的推展。

◣壹、前言◢

綜觀我國政府近十年來的教育改革文獻，「普及幼兒教育」一直是常見的幼教政策議題。例如教育部於民國八十二年實施「發展與改進幼稚教育中程計畫」，目標之一即為擴大幼兒接受幼稚教育，增加入園就學機會（教育部，1993）；民國八十三年第七次全國教育會議建議五歲之幼兒教育納入國民教育；民國八十五年行政院《教育改革總諮議報告書》中，也將「普及幼兒教育」列為目標，並建議「逐步實施普及且免費的幼兒教育」（行政院教育改革諮議委員會，1996）；民國八十七年教育部公布的「教育改革行動方案」中提出「普及幼稚教育」之項目（教育部，1998）；民國九十年教育部召開之「二○○一年教育改革之檢討與改進會議」中，「普及幼稚教育」仍為重要之議題項目之一，該報告中建議幼兒教育應列入學制之正規教育，以建立幼兒教育體制，提升幼教品質；以普及化為優先，未來朝向免費化但非屬義務性教育發展（教育部，2001）。

教育部於民國九十二年依上項建議，研議「五歲幼兒納入國民教育正規體制」（國民教育向下延伸一年）的政策，期向下紮根，建立幼兒教育體制，以促進教育機會均等，並以品質導向為依歸；奠定幼兒教育未來發展之基礎，並呼應未來可能之義務化趨勢（教育部，2003）；最近，教育部又頻頻發布有關「國民教育往下延伸一年」政策之部分措施，其內容多所變動，例如有關實施的年度、補助學費的數額與方式、合格幼教師人數與定位等問題。教育部最新公布之消息為將普設「國民教育幼兒班」，預計自九十三學年度開始在金門、連江、澎湖三縣與蘭嶼、綠島、琉球三鄉等偏遠離島試辦國教向下延伸一年的政策，並於九十四學年繼續推行於五十四個原住民鄉鎮市，規劃以教育券的方式，補助五歲幼兒的學費，私幼幼兒每人一年補助二萬元，公幼幼兒每人一年補助五千元，將於九十五學年度全面實施（＜九十三學年＞，2003）。並於八月三十日發布《十二年國教規劃草案》之定案內容，將十二年國教定位為「國民基本教育」，而且是包括向下延伸一年至「國民幼教班」的十三年國教，採「非免試、非免費、非強迫入學」方式（＜十二年國教＞，2003）。「納入國民教育正

規體制」即為將五歲幼兒之教育訂為「國民基本教育」採「非免費、非強迫」方式入學。

綜上種種政策，顯示政府為落實「普及幼兒教育」及追求「教育機會均等」的發展方針而努力，但是多種措施的實施成效及其對幼兒教育品質提升的功效如何，則缺乏具體的評估反省。

從量的方面來看，歷年來在政府及民間的努力及參與下，各式各樣的學前幼兒機構蓬勃發展，提供幼兒多樣的就學環境。調查結果也顯示，我國幼兒進入學前教育機構就讀已是非常普遍的現象。然而由於政府缺乏具有前瞻性的幼兒教育主張，也欠缺強而有力的政策執行能力，更加上中央與地方政府部門互推權責、事權不一，致使幼兒教育現場逐漸形成惡性競爭的商機，幼兒教育品質良莠不齊，且有劣幣驅逐良幣之憂。此亂象一方面顯現出政府追求高「幼兒入學率」的政策方向，並不能確保我國國民早年教育品質之提升。另一方面也難掩幼兒教育長期以來定位不明、政策不周、未被認可為專業領域的窘境，以及漸漸衍生出來的諸多問題，實非所有關心幼兒教育健全發展者所樂見。

為改善此偏態發展的現象，並配合此次師大「教育發展的新方向：為教改開處方」計畫之整體方向——即鎖定當前廣受社會大眾關注且具爭議性之焦點議題——針對幼教政策形成建言。首先，檢視我國目前幼兒教育重要癥結問題如下：

一、政府與社會急功近利心態嚴重，對幼兒教育的理念不正確亦不重視

由於幼教的成效難見近利，而幼教問題的嚴重性又難見其急迫性，致使政府與社會大眾並未體認幼教真正的需要性及重要性，在整體政策的規劃與經費的投資上遂相對的不周延也不重視，致使幼教發展嚴重短視，幼教政策與法令失焦與失衡，而幼教經費嚴重短缺，幼教行政資源也遠較其他層級匱乏。

二、偏差的幼兒教育價值觀，致使幼教專業內涵嚴重扭曲

由於大眾傳媒的影響和經濟競爭的壓力，家長接收商業廣告之錯誤訊

息多於正確教養觀念的親職教育機會，形塑家長「不要讓孩子輸在起跑點上」及「提早學習」的觀念，凌駕於幼教專業理念之上，導致符合幼教專業且適合幼兒發展的幼稚園課程被美語（雙語或全美語）與才藝課程取代；影響所及甚至造成非幼教專業的補習班林立、外語教師大量進入幼兒機構，嚴重打擊正規經營的幼稚園以及合格幼教教師的專業發展空間。更嚴重的是幼兒之正常發展與學習歷程深受傷害，幼兒快樂學習的童年大受剝奪。

三、公、私立幼教機構品質與收費落差懸殊，造成社會階級複製提早發生

各縣市的幼稚園評鑑結果顯示，公立幼稚園的教保與環境品質一般而言優於私立幼稚園，但是以目前公立幼稚園僧多粥少、城鄉分配不均，以及下午四、五點下課之運作方式，無法滿足工時長、資源不佳的弱勢家庭之需求，使得公立幼稚園成為經濟能力中上家庭的最佳選擇（但仍供不應求）。相對的，經濟能力差之家庭，因為需要工作而無法配合公立幼稚園的運作，無法享受其低廉的學費，還因幼兒就讀私幼而需付出更高額的學費；此外，在私立幼稚園中若欲追求質優的幼兒教育則成本偏高，一學期十萬元以上的昂貴學費也只有家境中上者得以負擔。無形中，造成「貧者愈貧，富者愈富」的現象，幼稚園彷彿社會階級複製的第一個場域。

四、師資培育與任用缺乏整體規劃，呈現長期假性供需失衡的現象

幼教師資培育制度歷年來多依附國小師資培育制度規劃而發展，雖然目前我國幼教師資已經提升至大學程度，領先亞洲甚至達到與世界各先進國家平等的培育要求。然而，由於課程之規劃欠缺彈性與統整性、培育機構資源人力不足以及幼教學程過於輕忽幼教師資養成之複雜性，幼教師資的專業培育目標漸受挑戰。加上晚近幼稚園商業化日益嚴重，營利性機構基於成本及經營管理的考量，不願任用合格專業的幼教師資，使得長久以來私立幼稚園不合格教師充斥、排擠專業師資，形成「假性供需失衡」的問題更加嚴重。

綜合言之，國內幼兒教育在國家政策定位不明的先天限制下，目前主要存在幼教資源「患寡」也「患不均」、幼教師資培育與任用缺乏統整規劃等問題；加上近年國小實施美語教學的衝擊，不僅影響幼教課程，甚至對幼教經營與師資工作權益造成嚴重傷害。以下據此提出「國民教育往下延伸一年」、「幼兒語文教育政策」、「幼兒教育師資專業化」作為優先討論的三大議題，將在以下分別說明之。

～貳、問題分析～

一、有關「國民教育往下延伸一年」的議題

為保障每一位幼兒都有同質的受教機會與教育內涵，同時祛除由市場機制、家庭文化與社經背景等差異所衍生的幼兒受教機會不均等與不均質，甚至奠下階級複製的惡基，多年來，教育改革先進一直呼籲政府應積極介入幼兒教育，有效的規範幼兒的受教機會與受教權，但鑑於政府在經費上的限制，不可能福被所有學齡前之幼兒，因此，大部分的教育改革建言書都建議政府將五歲之幼兒教育納入國民教育（教育部，1994），或五歲之幼兒教育義務化或準義務化（簡楚瑛、廖鳳瑞、林佩蓉、林麗卿，1995），讓我國所有的幼兒，不論其智愚或貧富，都至少享有一年優質的教育。

以目前教育部規劃「將五歲幼兒之教育納入正規教育體制」之政策確實因應了教改的方向，但是以其目前的規劃實在無法解決幼兒受教機會與品質不均等的問題，還可能殃及其他，而破壞了原始的美意。我們發現要讓國民教育向下延伸一年的政策可行且可欲，有幾個問題需要釐清並加以定位。茲分析此等問題如下：

(一)發放幼兒教育券徒耗國家經費，卻無濟於幼教品質之提升

目前教育部「國民教育往下延伸一年」政策研議五歲幼兒教育「納入正規教育體制」，並提出以教育券補助幼兒家長部分學費的方式進行。目前教育部將五歲幼兒教育定位為「國民基本教育」，採「非免費、非強迫」之方式入學，而非完全歸屬國民教育的定位，基本上並不強迫每位幼

兒都要接受教育，而由家長決定，但凡是決定要接受教育者，即可獲補助。然而，目前國內五歲幼兒的入園率早已高達 97.35%（林佩蓉、馮燕、鄭望峥，1999），採非免費、非強迫之政策對於增加入學率的意義不大。且因無法強制家長一定要送幼兒入園，而無法確保每位五歲幼兒的受教權與受教品質。

　　依據《國民教育法》，接受國民教育之學生應「免納學費」，因此，即將納入「國民基本教育」之五歲幼兒也宜準用之，而採「免學費」之措施。目前教育部的規劃是以補助部分學費的方式，發放五歲幼兒的家長教育券：公立幼稚園幼兒每年每生五千元，私立幼稚園幼兒每年每生二萬元。以此方式，每年共需二十三億元經費。

　　教育券的補助措施在幼兒教育界早已實施有年，凡進入私立立案幼稚園或托兒所之五歲幼兒家長每學期均獲五千元之教育券，補貼幼兒之學費。但是，多項研究顯示，實施教育券家長很滿意的原因，是因為減輕了一些經濟上的負擔，以台北市每學期私幼全日制需繳四萬五千六百七十五元學費的狀況下，家長每學期僅獲得一萬元補助，還需籌措三萬五千六百七十五元，對於一般家庭仍是重大的負擔；對經濟能力佳的家庭沒有太大效益，對於經濟能力差的家庭更是無濟於事；而且目前對立案幼兒園所無條件全面適用的作法，其實並未達到增進家長選擇權、以良幣驅逐劣幣、改善幼教工作人員的工作條件或提升幼教品質的效果。更重要的是，教育券的發放對於幼教品質的改進既未能形成累積性的改進成效，且徒然快速而大量的耗損國庫經費，不但將大幅縮減原本有限的教育經費，更將惡化原已捉襟見肘的幼教經費。因此教育部「國民教育往下延伸一年」政策需要跳脫「現行教育券發放」的既有思維，謀求更具建設性、可達到追求幼兒受教品質提升的策略。

(二)辦理五歲幼兒國民教育之機構品質不一，幼兒受教品質難以確保

　　依據《憲法》第二十一條：「人民有受國民教育之權利與義務。」而所謂「國民教育」是指政府有義務提供並強迫其國民接受一定品質與內涵的教育。在這樣的定義下，凡能符合政府之要求，且能提供政府所規範之品質與內涵之機構，均可作為義務化教育之執行機構。換言之，國民教育

法並未規定國民教育需要由公立機構或單位提供，因此，《國民教育法》第四條即明示「國民教育，以由政府辦理為原則，並鼓勵私人興辦。…前項國民小學及國民中學，得委由私人辦理，其辦法由直轄市或縣（市）政府訂之…」。由此，五歲幼兒之教育納入國民教育體系之後，辦理之機構並不限定於公立幼稚園，私立幼稚園或私立非營利幼教機構、私立非政府機構（如：公設民營幼稚園）等機構或單位，只要符合政府規定之條件者，都可提供五歲幼兒之教育，並受相關法令之規範。

五歲幼兒之教育非公立學校化是有兩個很重要的考量：1.避免公立學校型態的教育運作僵化的問題；2.避免政府與民爭利之嫌，且提供有心貢獻於教育之私人及民間機構或團體與政府協力提供國民教育之機會。因此，國教往下延伸一年應符合「結合國家資源和全民力量」之原則，讓高品質的公私立機構一起提供優質的五歲幼兒教育，絕對是為可欲之政策。但是當前政府面對幼教營利性團體的高壓，一直未能提出有魄力的立場聲明，強調需達「政府所規範之品質與內涵之機構，方可作為五歲幼兒教育納入國民基本教育體制之執行機構」，以及遲遲未能建制有關行政資源的品質監控和管理機制，以維護幼兒的受教品質。如此，恐怕會因放任自由市場機制而有違國民教育化的美意，且再度招致同為五歲幼兒卻接受品質良莠不一之教育的弊端。

㈢國民教育往下延伸一年，五歲幼兒教育之本質遭受威脅

觀諸世界各國中凡將五歲幼兒之教育納入免費教育者，均將其歸屬於國民教育的範疇，並以此規範其師資培育及課程與教學系統，而最重要的是這些國家仍十分強調五至七歲（或八歲）兒童之教育仍屬「幼兒教育」（early childhood education）之本質，如：美國、英國、法國。反觀國內向來有提早學習的壓力，兒童進入國小開始便已被剝奪兒童本位快樂學習的權利。因此國民教育往下延伸一年之政策如在國內實行，可能遭致下述之危機，不能不慎：

1.幼兒童年縮短的危機

從兒童的發展角度觀之，五歲幼兒的身心發展適合生活化、統整而富彈性的課程與教學，完全符合幼兒教育「適性」、以幼兒為中心及從做中學的本質。雖然目前國民教育所實施的九年一貫課程也鼓勵統整課程，但

鑒於其在國民小學與國民中學的窒礙難行，恐怕五歲幼兒所需之教育更難以在國民小學實施。以目前國民小學強調課業知能與久坐性活動的課程與教學，如果五歲幼兒教育之設計僅為目前的國民教育課程的簡化與教學方式的複製，則可預見兒童的童年因而縮短了一年。

2. 幼教師資培育機構或單位泡沫化的危機

任何政策不僅要考慮政策所關心的核心人事物，還需顧及其有利害相關的人事物，且儘可能避免不良的後遺症。從目前教育部與內政部所研擬的「幼托整合方案」以及《十二歲以下兒童教育與保護法（草案）》之規劃情形來看，如果五歲幼兒之教育再規劃屬初等教育，則長久以來以幼兒教育系為核心所建立的幼兒教育專業領域將面臨泡沫化的危機。我們不認為一項政策應該為了造福幼兒，而危害幼教專業領域的存在。我們更企盼見到政府因國民教育向下延伸一年計畫之推展而能重新檢討目前幼小銜接的問題，並積極對於國內幼兒教育的定位、師資培育、工作人員及機構單位做整體的規劃。

二、有關「幼兒語文教育政策」之議題

㈠造成全美語教學熱潮的幾項缺失

1. 有關英語教學之政策訂定匆促，且改變迅速

因應二十一世紀國際化的趨勢，提升國家競爭力及與國際接軌的立場上，教育部決定自民國九十年開始，將英語列入國小五、六年級的正式課程，隨後又宣布將於九十三或九十四學年起向下延伸至小學三年級，各縣市亦競相提出其外語教學之政策，小學一年級即開始教授英語課程。行政院更宣布六年內將英語列為第二官方語言，遂形成一股學習英語的白熱化風潮，導致美語補習班增設迅速。

幼稚園的課程原受《幼稚園課程綱要》之規範，強調全人發展的學習，但因為政府政策一面倒的獨尊英語教育，致使家長面對這股英語學習熱潮時，深恐自己的孩子無法與人比較，紛紛配合業者向下延伸之動作，造成幼兒在本國語文能力尚待發展健全的階段，就陷入全美語的漩渦中；尤其是部分縣市首長在未經周全政策評估前，競相宣稱該縣市即將從幼稚園階段開始實施英語教學，罔顧幼兒發展與語言教育學者的意見，更助長

了幼兒「去中文、就英語」學習的偏誤。

2.相關之法令規定不周延，甚至教育部本身違法頒布行政命令

教育部有關幼兒英語教學相關之法令規定不周延、配套措施亦未能於事前審慎研訂，導致私立業者利用法令未規範之範圍，以短期補習班之方式大量招收學齡前幼兒。教育部因應廣大業者的需求，於民國九十一年五月三十一日以行政命令，開放外籍人士可以在幼稚園任教，其管道為由補習班以簽訂「工作承攬契約」的方式，指派其所聘僱之外籍老師至幼稚園「協同教學」。補習班成了聘僱外籍教師的「二房東」。英語教學取代了正常的幼兒教育內涵，「全美語幼兒學校」、「全美語幼兒學園」、「雙語幼兒園」等的不斷增設、增班，滿街林立，致使多年來政府及民間一起為幼兒教育專業化而努力的成果嚴重毀損。更嚴重的是，幼兒的正常發展與學習受傷害、幼兒快樂學習的童年受剝奪。

3.部分美語補教業者搶攻幼教市場，使幼兒教育成為商人營利的工具

部分業者利用電視上的商業廣告，以聳動的畫面與用詞宣傳幼兒美語教學的「神奇效果」，牽動家長的心，也造成家長的不安，惟恐自己的孩子「輸在起跑點上」。因此，對於全美語補習班趨之若鶩，甚至視其為幼兒選擇幼教機構的首要條件。造成以全美語教學為號召的短期補習班招收大量學齡前幼兒，以極高的收費致使幼兒之教育淪為商人營利的工具。

4.家長的幼兒教育價值觀被誤導而有所偏差

由於家長以為自己的孩子早學英語，便早具學習優勢，將來更具競爭力；追求短期內可看見的幼兒學習成效，難有長遠的眼光重視幼兒各方面能力均衡的發展；家長也缺乏機會瞭解真正對幼兒生命長程的成長與發展是重要且富意義的幼教內涵，因而易為人言或廣告所影響而追隨風潮。

5.部分幼教機構經營者之幼教理念不清，易受美語流行熱潮所影響

幼教經營主管者之幼教理念不清，有些為謀求更高經營利潤而順勢推出幼兒全美語教學；有的初期雖仍有所猶豫，但因招生考量，不得不迎合家長的需求而提供雙語或全美語及才藝課程。符合幼教專業且適合幼兒發展的幼稚園課程逐漸被取代，以致失去幼兒教育應有的目標與品質。

(二)對外語學習的幾項迷思

受到商業廣告的誤導，幼兒家長及一般社會大眾對於外語習得有以下

幾個常見的迷思：

- ·認為幼兒階段是學習外語的關鍵期或黃金時期。
- ·認為愈早學習外語會學得愈好。
- ·認為所謂「浸泡式」的全美語環境才能讓幼兒自然學好美語。
- ·認為幼兒花大量時間學習外語，並不會影響母語的能力。
- ·以為幼兒階段將英語打好基礎，將來有更多的精力，用在其他科目的學習。

依據台師大英語系李櫻（2003）、張武昌（2003），台大語言研究所蘇以文（2003），台北大學應用外語系吳信鳳及台北師範學院兒童英語教育研究所張鑑如（2001）等語言學暨英語教育之專家學者的著作及建議綜合得知：

1.語言學習關鍵期理論未獲證實；外語學習並非愈早開始成就愈好

(1)神經語言學家 Eric Lenneberg 在一九六四年所提出的「關鍵期假說」（critical period hypothesis）中，主張語言習得在兒童時期大腦左、右葉功能分化尚未完成前最為有效；一旦過了這個關鍵期，外語便很難學得像母語人士一樣標準而流暢。然而，值得注意的是 Lenneberg 的假說多年來並未真正獲得語言界的廣泛證實。

(2)有些有關外語學習研究發現，較早（幼稚園階段）開始學外語者並不一定會比較遲開始學習者（小學五年級）占優勢，相反地，較年長者心智發展比較成熟且知道語言學習的方法，因此雖然較晚才開始學，但可以很快趕上從小就開始學習外語的兒童（吳信鳳、張鑑如，2001）；有些學者則指出，年幼的孩童在語音的習得上較占優勢，但在詞彙與句法方面，則以年紀較長的孩童為佳。美國哈佛大學著名 TESL 學者 Catherine Snow 於二○○○年訪台時，在台北的演講中也清楚的指出，學習外語並非愈早開始成就愈好。國際知名的神經語言學家前教育部長曾志朗先生也曾明白的表示，研究並未證實有所謂的「關鍵期」的存在。由此可見，「愈早學外語愈好」的論調，其實是未獲研究結果支持的。

2.「全美語學習」未必適合台灣的學習環境

(1)英語對台灣兒童來說，是外語而非第二語言

廣告中所引用的文獻所載「在全美語環境中學好英文」的許多個案，

多是英語國家中的外籍移民。支持幼兒即開始學習英語者，經常以國內外雙語教學的研究結果宣稱在幼兒階段適合實施英語教學，但是在英語系國家中所謂的雙語教學是指母語和主流語言（例如我們的河洛語和國語），都是生活中的常見語言，英語是他們的第二語言（English as second language, ESL），這些環境中的孩子學習英語，確實有沈浸在英語的環境中、自然而然學好英語的條件。反觀國內的環境，我們並非英語系國家，除了少數家庭可提供說英語的環境之外，一般家庭並不經常使用英語和孩子交談，因此英語是屬於外國語言（English as foreign language, EFL）。即使標榜全美語教學的幼兒園，往往僅是有幾位外籍老師授課，而幼兒之間的互動、和本地教師的溝通等，都無法真正以英語進行；出了校門幼兒所接觸的不是英語，更少有機會使用英語和家人交談，因此不能套用雙語教學的研究成果來支持幼兒的全美語教學。

(2)在台灣客觀的條件下，幼兒園裡面所營造的，往往是一個相當扭曲的全美語假象。

除了少數有特殊家庭背景的學生之外，多數學生其實是英語能力不足，常不能表達真正想講的意思，若是學校強調「No Chinese」，則學童勉強以英語溝通的結果，也常是說出一些在發音、詞彙與結構上都十分「台灣化」、「中文化」的涇濱式英語。而這種原本屬於語言學習過程中過渡性質的「中介語言」（inter-language），在長期反覆使用卻缺乏足夠機會接觸正確形式，又欠缺專業英語教師的引導下，常會就此定型，對長遠的學習反而造成負面的影響（李櫻，2003；張武昌，2003）。

(三)全美語教學導致的幾項損失

1. 過早學習外語，限制了本國語文的發展

幼兒階段仍是母語在充分發展的時期，仍需有充足的語文刺激及使用的機會。在「No Chinese」的全美語環境中，限制了幼兒以其最自然的母語來思考、想像，以及表達自己的想法、情感、情緒、與人溝通…等的機會。不但限制了母語的發展，也限制其認知思考、想像、創造、表達、溝通等能力的發展，這才是失去真正的競爭力！前述學者提醒我們，母語為一切學習之磐石，如果我們捨本逐末，導致學生連母語都學不好，缺乏分析推理及批判思考的能力，那麼學生不但學不好英文，就連其他學科之學

習成效都叫人憂慮。能精通雙語甚至數種語言固然是眾人之心願，但切不可因噎廢食、捨本逐末，而致強化了外語，卻犧牲了吾人所賴以思想的母語（蘇以文，2003）。否則「全美語」不成，反而落入「全沒語」的慘狀（李櫻，2003）。

2.未具幼教及幼兒英語教學專業背景之外籍教師帶來的傷害

(1)即使是以英語為母語之外籍教師若未具備幼兒外語教學的專業背景，反倒「教」壞了幼兒

①目前一窩蜂的提前學習，造成幼兒園及補教界不合格的師資充斥，前述學者專家指出，非專業訓練之教師可能造成幼兒錯誤的學習，而錯誤的學習易造成錯誤的發音及結構概念的定型，早期看來或許比別人多學了某些單字和用語，但錯誤習慣的定型卻使得日後的學習與改正更為困難或費時。有些不當的教學方法更使得孩子對英語心生畏懼，提早喪失學習的興趣。

②真正優良的師資除了本身必須發音清楚、英文能力具一定的水準之外，更要能瞭解幼兒的母語發展背景及其身心發展情形，才能提供正確的模仿榜樣，以有效的方式引導幼兒學習，循序漸進的為他們在語音、基本結構、用法等各方面奠下良好的基礎。這樣的優良師資之培訓，是需要相當時間的專業訓練才可養成的。

(2)不具備幼教及幼兒英語教學專業訓練之外籍師資充斥，幼兒身心發展受戕害

據頗多現場觀察實例得知，外籍教師具有耐心、愛心的甚少，幼兒在被強制「No Chinese」的情況下，一旦說了 Chinese 或背不出英文單字時，不是被罰就是被稱為「bad boy」或「bad girl」，致使幼兒產生情緒困擾，夜半作惡夢甚至尿床，或是不說話、少與人互動；在街上看到金髮碧眼者，稱其「壞人」。有人參觀幼兒園時發現一群幼兒蹲在地上假裝看螞蟻而偷偷以國語交談，卻囑參觀者勿告訴老師，免得他們被罰。凡此種種皆使幼兒的身心發展大大受損，且其學習外語的信心與興趣也損傷無存。

3.過度倚重外籍教師，幼教專業嚴重受損

(1)本籍幼兒教師淪為助理教師，無法發揮專業

本籍幼教專業教師淪為外籍教師的助理，負責協助準備教材、製作教

具、課後批改作業、點心及午休時間的打理，有些老師自稱為擔任「幫傭」的角色。外籍教師的工作時數是本籍教師的一半，薪資卻是二至三倍。本籍教師花了長時間接受專業培育加上實習一年的努力（尤其在雙語幼稚園中的合格幼教老師）皆屬浪費，實為師資培育資源的一大浪費，甚至淪為非專業凌駕專業的局面。

(2)堅守幼教專業理念之私立園所遭遇生存危機

堅守正確幼教理念，落實均衡、富統整性課程的幼稚園遭受前所未有的招生不足之打擊，甚至有些無法繼續經營而關閉。在家長以關心是否教授美語來作為選擇幼兒園的考量下，許多幼兒園雖未成為全美語，卻也還是紛紛加入美語教學的熱潮。

4.對未來競爭力與文化認同的隱憂

(1)英語教育的目的在於培養英語的使用能力，而非僅是發音較為標準、口語較為流暢而已

一般人以為會說流利的英語或英語發音正確就等於擁有好的英語能力，也就具有未來的「競爭力」；一般家長也相信，趁孩子年紀小、學習負擔小的時候，讓他多學一些單字、多背一些句型，就可以高枕無憂。然而，前述學者專家們指出，如此的看法是嚴重忽略了語言學習過程中的層次問題。詞彙與句構的學習和學習者的生活經驗以及思考的層次有很密切的關係。三、四歲的幼兒，甚至到八、九歲的兒童，接觸以及學習到的多是具體的詞彙、簡單的句構；而到了十一、十二歲之後，抽象思考快速發展，對於抽象詞彙的擴充、複雜句式的學習便快速的成長；到了高中、大學以後，思想更趨成熟，邏輯理論及專業領域的語言接觸頻繁，自然就可以快速習得較高層次的詞彙跟較複雜的句構。以我們學習英文的最終目的來看，作為專業領域使用所需的英文，無論是在選詞和結構複雜度方面，都絕對不是兒童時期的學習能取代的。

(2)幼兒對於本國語言、文化和價值觀的認同遭受損傷

語言承載文化內涵，在全美語的環境中，幼兒大部分的時間用來學習美語，同時學得的是美式文化及美式價值觀。對於本土的文化與價值觀因缺乏機會學習（偶有介紹也是美國人觀點中的中國文化），而致使幼兒不易認同與欣賞，加上時刻被糾正「No Chinese」，說了「Chinese」就是

「bad boy」及「bad girl」，此現象影射只要說「Chinese」者即是劣等的，是該被取笑及禁止的，連本籍教師亦難豁免。加上外籍教師對本籍教師的貶抑，幼兒看在眼裡對本國人的身分、語言、文化及價值觀皆難以認同，甚至視為次等或劣等，致使對本國文化及價值觀認同之建立嚴重受到威脅，不能不正視此問題。台大外文系教授兼台北市文化局長廖咸浩（2003）即提醒：外語學習必須在母語所傳遞之基本價值確定之後，且要深化母語文化的韌性，才能增加其與全球文化的對話能力。

(3)幼兒健全的身心發展與長遠競爭力遭致犧牲

符合幼兒身心健全發展的統整性課程被單科的美語教學所排擠。政府、幼教學者專家及民間幼教機構多年來的努力，使得幼教課程內涵與教學方式有了長足進步之際，卻橫遭幼教全美語之攔截而所存無幾且有退回比十多年前還傳統的教學方式與單調無比的課程內涵的狀況。除了損失多元且豐富的幼教課程內涵外，還犧牲了幼兒健全的身心發展及真正穩健的長遠競爭力；父母損失了大筆的學費投資，幼兒也犧牲了快樂的童年與應享有的學習權利與生命福祉。

三、有關「幼兒教育師資專業化」之議題

㈠幼教師資不被視為專業

幼教師資雖然已經提升至大學程度的水準，但一般社會大眾對幼教專業的重要性認知不夠；一般人以為幼兒所學不多，故在教導幼兒方面不需太多的理論基礎；傳統保育照顧所需具備的知能，也非其他人所無法擁有的；且專業自主性低以及專業團體功能不易彰顯等，皆是幼教不被認為專業的原因。衍生的問題包括：家長不知合格教師之重要，選擇幼稚園時也不會考量師資專業性；營利性機構為求降低成本而不聘任合格師資，造成不合格師資充斥幼教場域。

師資培育法施行以來，一般大學均可以申請辦理教育學程，參與師資培育的工作；然而有些幼教學程的師資不足、學程之課程短促而過度簡化、以及有不少修習學程之學生只把修教育學分作為增加自己另一個就業的機會等現象，均使得師資培育多元化及專業化的理想受到威脅。

(二)幼教職場環境不佳，不合格教師大量取代合格教師

由於私立機構教保人員薪資偏低、福利差、負擔沈重、社會地位低落、又無工作保障等因素，造成教師的流動量大，流失率高達五成到七成之多（蔡春美，2002 年；谷瑞勉，1989）。另外，幼教教師工作時數過長、且常要因應家長需求而違反幼教專業，如此使得具有專業訓練的教師陸續離開幼教職場，不僅造成師資培育的浪費，且嚴重影響幼教品質。在面對合格教師不投入幼教現場的窘境下，許多幼教機構轉而聘用未受專業訓練之不合格教師，加上前項所述，不少以營利為主之幼教機構為降低成本而不聘任合格教師，以致形成不合格人員充斥幼教現場。

政府面對幼教現場不合格教師充斥的問題，不但沒有採行有力的行政力量加以取締，反而在業者多方壓力之下大開方便之門，在《師資培育法》修正案時提出特定條款，容許不合格在職人員透過在職專班取得合格資格，此舉不僅嚴重損害原有《師資培育法》取得合格教師資格之權益，更迫使各師資培育機構配合政策提供速簡的培育課程，有損師資培育課程和培訓過程的品質；此外，若是高中職不合格人員，則需要經過六年至八年方能完成合格教師培育程序，此舉也是延後幼教職場中教師專業化的實現期程，雖然提供合理管道鼓勵在職人員進修是為必要，但在未改善職場惡劣環境而設法留住合格人員之前，便廣開方便之門，罔顧原有《師資培育法》中合格人員的工作權益，皆為值得進一步檢討的問題。

(三)師資供需假性不平衡

近年來幼教學程（九十二學年度有十三個幼稚園教育學程）及學士後教育學分班擴展快速。隨著各大學資源緊縮的情形，各校紛紛成立教育學程以增加學生的出路，目前出現「流於浮濫」的情況。依照教育部統計資料，至九十一學年度為止幼教學程培育出來合格師資為三千一百八十五人；而七十七年至九十一年幼教系畢業人數（合格教師，包括師院所辦理的學士後「幼教學分班」）約為一萬四千人。另外四年制技術學院、幼兒保育學系、一般大學保育相關科系以及二年制專科之幼保科也大勢擴充，據粗略的統計資料八十年至九十一年四技二專各校幼保科系畢業人數，已超過一萬八千人，雖符合師資「儲備制」之精神，但卻呈現供過於求之現象，且大勢擴充下之師資品質也令人擔憂。

(四)幼教師資培育學程課程內容缺乏多元規劃

幼教師資培育課程缺乏多元及系統規劃。目前師院幼教系的課程內容雖可以自行規劃再報部核定，但絕大部分是大同小異。在配合「培育幼稚園師資」的目標下，各系原有的自主空間更被壓縮，課程的規劃更顯得相當一元化。一般大學幼教學程教育部規定為二十六學分，其中二十學分必須依照部訂之科目名稱與內容，至於科目及學分數之變更，亦需經過教育部之審查。如此抹煞了師資培育機構建立特色之機會，也限制師資培育教育多元化的發展。而教育學程修讀時間較短，且課程規劃偏重實用層面，技術取向色彩相當濃厚，相當缺乏對教育專業內涵作深入的探究。

(五)幼兒教師品質不一

目前台灣幼兒園職場中的師資水準參差不齊，而且標準不一。幼稚園師資之取得必須是師院幼兒教育學系學士、大學幼教學程、或學士後幼教學分班畢業，並且經過初檢、實習及複檢，始能擔任幼教教師。托兒所保育員依《兒童福利專業人員資格要點》規範：資格要求為二專幼保科或四年制幼保系（高職幼保科）畢業（並經三個月保育員訓練者即可）。雖然公立幼稚園全部為合格專業師資，但是私立幼稚園不合格教師比率約為54.18%；公立托兒所保育員甚至只需通過普考資格即可，而私立托兒所保育員的合格率也不高。由上可知相同年齡的幼兒，但是因為托育機構不同，卻接受不同水準的教保人員照顧，對幼兒受教權甚為不公平。在這種現實下，如果實施國教向下延伸，並同意公私立幼稚園和托兒所一同來承辦，便需解決師資品質不一的問題，以免幼兒因為所就讀的機構型態不同而有不同的受教品質。

(六)教育實習制度不落實

教育實習是連結職前教育與在職教育的環節，為理論與實踐相互印證的重要關鍵階段，也是教師建立生涯信心的試金石。唯現行的實習制度卻流於形式，以致難以落實教育實習的功能。目前實習制度之初檢只是學、經歷檢覈，即凡修畢師資職前教育課程者均得參加教育實習，導致量的無限膨脹及相對資源的不足，無法有效篩選實習教師品質。再而師資培育機構實習指導教師及教育實習機構實習輔導教師二者如何協同輔導實習教師，使實習教師能在實習過程中真正獲得幼教專業知能。目前教育實習機

構是否提供良好實習場所及優良實習輔導教師，以落實教育實習工作之機制，仍有待建立完整的配套措施。

(七)教師進修制度不完善

隨著社會的快速變遷，以及終身教育理念的興起，世界各國都加強推展教師在職進修，以提升教師的專業發展。依據現行法令的規定，教師每學年必須至少參加十八小時或一學分之研習進修活動，以增進專業知能。但目前進修活動在根本上有許多缺憾：1.進修活動的主題是教育行政單位所指定、或依其政策而訂定的，而不是根據各幼稚園教師需求來訂定的；2.進修活動的方式大多以專題演講為主，較不是針對提升教師實作表現所須之工作坊或研習營；3.進修活動之演講者大多為大學教授，而不是有專門經驗之同儕教師；4.進修活動的內涵常是片段的，甚少是針對一個主題作持續性的學習（饒見維，1997）。因為研習進修活動並非是針對園所及個別老師需要所規劃的，所以對教師專業成長的增進並未有實質的幫助。再而因著幼教師資培育由兩年「幼兒教育師資科」提升為四年制「幼兒教育學系」，為提高現場教師師資學歷，師院廣開夜間及暑期「幼兒教育學系」，以提供現場教師取得學士學位。此種教師進修方式具有濃厚的文憑主義及形式主義，忽略教師實際教學或專業的需求，以致教師專業發展並未因進修學位而提升（王家通，1994；孫志麟，2002）。此外，雖然目前強調「終身學習」理念，但是因為幼教師資的升遷管道不明確，也缺乏積極鼓勵教師進修之機制，以致於影響教師進修之意願及動力。

～參、因應對策～

一、有關「國民教育往下延伸一年」之議題

雖然五歲幼兒之教育納入國民基本教育體系，短期內有許多相關問題待解決，但為了社會正義與國家競爭力的長遠目標，政府責無旁貸地應立即全盤檢討現狀，提出具前瞻性的幼兒教育政策，並投資更多經費和行政資源，以確保我國能與世界各先進國家並駕齊驅，國家幼苗得以在教育機會均等和均質的前提下，接受優質的早期教育。

　　「國民教育往下延伸一年」所宣示的最大目標是提供均等的教育機會，然而，教育機會均等並不代表教保品質均優，除非政府能制定一套嚴謹且合宜的評鑑與輔導的制度（包括公、私立園所及非營利機構），以積極鼓勵與支持辦學優良的幼兒園使其能繼續發揮其功能，而取消一些專以營利為目的、品質不良的幼教機構代為辦理國民教育的機會。否則，說不定未來幼兒教育的情況不但不能改善反而可能比目前更糟糕（簡淑真，2002）。

　　為確保五歲幼兒有一年好品質的教育且保有其豐富的童年，我們建議五歲幼兒之教育應朝免學費方式並作長期規劃，且由公立、私立、及第三部門之幼教機構共同承擔。為落實此政策，並解決相關問題，茲提出因應策略如下：

㈠在漸進免費化中，逐步改善幼教生態，進而提升幼教品質

　　前已述及，依據《國民教育法》，接受國民教育之學生應「免納學費」，因此，即將納入「國民基本教育」之五歲幼兒也宜準用之，而採「免學費」之措施。然目前教育部之規劃是以教育券補助的方式實施，則應儘速規劃一套妥善且嚴謹的辦法，藉此改善幼教生態，使原有優質私立幼稚園有更多發展的空間、劣質私幼遭受淘汰、公立幼稚園興起良性的革新，並鼓勵更多的非政府非營利組織辦理優質幼稚園，如此，國教往下延伸一年之政策方能發揮其改善幼教生態、提升幼教品質之效。因此，政府之規劃當以達到學費全免為目標，現階段則應儘速擬定一套有效監控幼兒教育品質的機制，以及循序漸進的達成國教往下延伸一年的政策目標的嚴謹辦法，以下針對此提出具體建議：

1.儘速研擬辦理五歲幼兒國民教育機構之品質標準

　　研擬五歲幼兒國民教育所需規範之品質與內容以利五歲幼兒國民教育執行機構之甄選，並有益於有心爭取執行之私立幼教機構之自我改革。進行之程序與內容建議如下，唯切勿躁進與草率行事，務求審慎規劃、穩健行事，方能達成「國民教育往下延伸一年」政策之有效目的。

⑴立即邀集專家學者、實務工作者及民間幼教機構優秀代表等人士共同著手研擬「辦理五歲幼兒國民教育之幼教機構品質標準和具體指標」，並制定評選之執行程序。

⑵公布暫行辦法並設立評選之負責機構，可比照大學入學委員會之機制，或美國幼兒教育學會（National Association of Education for Young Children, NAEYC）的品質認可系統，委託民間公正機構辦理。

⑶根據標準評選符合規定之私立幼教機構，考量都會、城鄉及同一縣市內不同地區之不同性質於全台北、中、南、東和偏遠地區選取合適幼教機構進行小型試辦方案。

⑷期間並針對試辦園所實施情形進行研究，研究結果提供辦法之修訂，以及課程與教學、行政與設備之規劃參考。

⑸修正後頒布《政府委託辦理五歲幼兒教育之幼教機構品質標準和評選施行辦法》，辦理分區試辦經驗交流研討會，並增加各區試辦的園所數，擴大試辦的範圍，以及持續進行試辦的相關研究；並根據研究結果，審慎修訂施行辦法及施行細則。

⑹正式全面施行，所設置的「幼兒教育機構品質標準和評選負責機構」也正式開始運作。通過評選執行之機構每年需接受不定期督察訪視，以及每三年重新評選一次；若有任何證據顯示未達標準規定或有違品質規範，糾正後仍未於限期內改善者，得於次年度取消其資格。

2. 應進行學費補助之政策分析研究，並朝「免學費」的方向努力

目前教育部所公布即將實施的「國民教育往下延伸一年」政策，是採補助方式與現行制度相比較，公、私幼每名幼兒僅各增加五千及一萬元而已，似乎在實質上無甚改變！因此建議國教往下延伸一年應當朝向免學費、非強制入學的方式辦理，可以比照國小一年級生入學通知方式，發放「五歲幼兒補助入學（或免費入學）通知」，允許家長憑此通知單至教育部所委託辦理之公私立機構之間，自由選擇適合的機構就讀，如此既可尊重家長的選擇權，同時促進教育機構或單位為爭取家長與學生而改進其品質。

短期內若暫以學費補助的形式實施，則對於經費補助的方式和各型態機構補助的額度，皆應提出多種方案，並進行比較分析，取其中效益最高、傷害最低而能達到目標之最佳方案。為求經費運用達最高效益，建議將每名五歲幼兒補助兩萬元的經費預算，重新規劃運用，以能發揮持續性改善幼教生態和教學品質為最優先之補助項目，包括幼稚園設備、教師薪

資待遇、師資培育和在職進修、課程與教材研發、教師行動研究等。中長期則需擴大爭取幼教經費額度，並進行公立幼教機構品質再革新之計畫，以形塑良性競爭與專業合作之幼教社群。

3.提供優質幼教資訊網和多管道的親職教育，方能發揮教育券的功能

若要落實發放幼教券提供家長自由選擇的美意，則需先行導正社會及家長偏差的幼兒教育觀念，政府可利用現有社會教育和家庭教育系統，增加幼兒家長親職教育的內容，並建置優質幼稚園的資訊網，以提供父母選擇優質幼稚園的最便捷查詢管道。唯有政府積極善用政令宣導的力量，導正偏差的幼教觀念，提供家長正確而詳實的幼教機構訊息，發放教育券的功能方能達成；否則，讓家長在資訊不足的情況下，受媒體和商業廣告的誤導，則將有違對幼兒教育品質的承諾。

(二)建立公立、私營、第三部門（非政府及非營利組織）三類幼教機構並存之生態

國民教育往下延伸一年勢必需要更大量優質之幼教機構來共同辦理，在品質監控管理的前提下，除了增設公立幼稚園，扶持具正確幼教理念、辦學用心之優質私立幼教機構外，可鼓勵非政府組織（non-government organization, NGO）、非營利組織（non-profit organization, NPO），如：基金會、財團法人、公設民營機構等來承辦五歲幼兒教育之國民基本教育，建立公立、私營及第三部門之幼教機構三者並存之生態，促進良性競爭，以提升幼教品質。

Roger 指出，非營利的學前照顧已成世界性的潮流，大約 66%的美國學前教育機構是以非營利組織之形式作為經營的基礎，它們接受極少的聯邦政府補助，主要是由服務的使用者提供經費支援。這種機構在形式上非常多元，如：獨立的托育中心、Head Start 中心等（簡楚瑛，付梓中）。故建議未來應鼓勵公立、私營及非營利組織（第三部門）之幼教機構三者並存。鼓勵第三部門組織的幼教機構設立，可彌補政府財政日益短絀的限制，又可獲得民間具公信力的非營利組織提供收費不高但品質優良的幼教服務。

(三)維護幼兒階段獨特發展需要，規劃合宜的教育內涵

1.重視五歲幼兒的學習特質

　　五歲幼兒有別於國小兒童，在學習上需要統整性的課程活動，保持作息時間、活動空間、幼兒選擇的彈性安排，自然結合幼兒身體動作、語言認知、社會情緒，以及藝術創造的全面性發展。在課程實施上，則需要提供幼兒極多機會的自由探索、操作與實驗；鼓勵幼兒個別發問與表達；重視創造性的語文及藝術活動；以遊戲作為幼兒課程的中心，透過遊戲方式安排各項學習活動。以目前國民小學上課的形式，當五歲幼兒被納入國民教育，不免令人擔心他們是否一樣要接受小學化的教學內容以及形式化的學習方式？如果我們只注意制度上的改變，卻未能在環境與設備、課程與教學等內涵方面同時進行合宜的規劃，則幼兒的生活和學習經驗未必能因而獲得好的品質，甚至可能因此讓「美好的童年提早消逝一年」（簡淑真，2002）。

2.未來可朝在國民教育系統中規劃五至七歲早年學習階段的發展方向努力

　　基於符合兒童身心發展需求及避免幼兒教育師資培育機構或單位泡沫化等不良後遺症，學者曾建議政府規劃「幼兒學校」之體制，提供五歲至七歲兒童之教育。但是因為經費和政府人事縮減的種種現實因素，並未實現理想。然而，為使五歲幼兒教育進入國民教育系統仍維持幼兒教育本質，並解決舊有的幼小銜接問題，基於兒童發展理論與教育原理的考量，「幼兒學校」的規劃是可欲可行之未來發展方向，在國小教育中將五至七歲兒童之學習型態與空間設備加以區隔，如此國教向下延伸一年方能發揮最大的效用。此策略最重要的即是師資、課程與教學、和場地的規範。分述如下：

(1)課程與教學：研發適合五歲至七歲兒童身心發展與學習的課程與教學方法，但須考慮未來與小學三年級課程與教學的銜接。

(2)師資：目前多數師院幼教系學生均已加修初等教育學程，因此已經具備有幼兒教育與初等教育雙重專業背景知能。但為顧及師資培育多元化，仍需往以下管道努力：

①大學法修正法若通過後，大學院校可依據該法設立專門培育「幼兒學校」師資的科系或學程，授與學位，成為幼兒學校之專業師資。

②修改教育學程規定，幼教學程中增加選擇「幼小銜接」的模組課程，凡
選擇該模組者應加修初等教育、幼小銜接等專門課程，修畢該幼教學程
者得取得任教五歲至七歲兒童的教師資格。

③目前除了幼教系學生加修初等教育學程取得雙重專業資格之外，也可鼓
勵初教系學生加修幼兒教育學程，因而具備幼兒教育與初等教育雙重專
業背景知能。

(3)場地：為達成幼兒教育本質的理想，國民小學內之場地規劃宜採「校中
校」的方式，亦即規劃與國小其他階段有所區隔的戶外和室內學習空
間，以符合五歲至七歲兒童生、心理的活動和學習需求。

二、有關「幼兒語文教育政策」之議題

(一)儘速審慎制定符合幼兒發展與學習原理的語文教育政策

1.幼兒語文教育政策應以重視本國語文的發展為目標，認清良好的第一語
言發展是第二語言發展的重要基礎，配合幼兒語言發展與學習之特質，
審慎制定政策，不宜躁進。

2.重視外國語文的長期學習成效，妥善規劃不同階段的外語學習目標與教
學策略；幼兒語文教育若需考量外國語文，宜先釐清幼兒階段的外語教
育目標。

3.儘速邀集幼兒教育、英語教育、語文教育學者專家以及現場教育工作
者，制定兼顧本國語文知能與外語人才培育雙重目標，並符合幼兒階段
成長與學習特性的幼兒語文教育政策。

4.幼兒語文課程之訂定應考量幼兒興趣與發展的程度，以及幼兒教育注重
統整學習、生活教育與活動課程的特性，避免將社會對母語、國語和英
語的期望全盤加諸幼兒身上，造成學習超載的壓力。

(二)即刻導正現行幼兒語文教學亂象

1.教育部應確實回應監察院民國九十二年八月十五日通過對教育部的糾正
案（＜英語教師＞，2003），儘速撤銷先前「核准短期補習班聘僱外籍
人士得至幼稚園任教」的行政命令，導正目前許多不合格外籍師資取代
合格幼教老師的不合理現象。根據教育部於民國九十二年八月三十日的
宣布，有關英語教學規劃措施的新聞中，不但未見教育部針對監察院的

糾正案作出積極的回應，即儘速撤銷其原先違法宣布之行政命令，反而僅以「……為避免幼童學習壓力過大，原則上國幼班課程內容以銜接幼兒在母語與國語的雙語學習為主，教育部『不贊成、不鼓勵』國幼班開始英語教學。」來回應。

2.儘速修訂《補習與進修教育法》，規範凡招收六歲以下幼兒者，其課程、師資、設備、空間、安全等皆應比照一般幼稚園、托兒所的標準，保障幼兒之身心發展且使同年齡的幼兒能夠享有同等品質的幼兒教保內涵，且應在補習與進修教育法中規範對幼兒的招生年齡與時數，以免不適當的補習教育違反幼兒身心發展。

3.正視幼兒語文教育與幼兒全人發展與學習的重要關聯性，積極督導幼稚園聘用合格之幼兒教育師資。

(三)積極宣導幼兒教育及幼兒語文教育的健全信念

1.核撥經費製作具有正確幼教理念及幼兒本國和外國語文學習的宣導短片與文宣，積極宣導正確之幼兒教育目標與內涵，以匡正目前相關商業廣告充斥、誤導家長視聽、擴大社會迷思的現象。

2.重視幼兒本國語文（含母語）之教育，體認本國語文的習得是一切學習的基礎，積極鼓勵各幼教機構及家庭在輕鬆愉快的氣氛中，提供幼兒豐富之本國語文經驗，包括聽、說及童書的閱讀等，以培養幼兒良好的本國語文發展。

3.針對幼兒語文教材、視聽媒體、課程規劃、師資標準等建立評鑑機制，並將評鑑結果公布，以提供幼教機構與幼兒家長合宜的選擇資訊。

4.體認台灣語文教育環境的特殊性，積極搜集並鼓勵相關學術單位及教學現場人員的合作性研究，呈現本土幼兒學習本國及外國語文的具體經驗，持續宣導健全的幼兒語文教育理念。

三、有關「幼兒教育師資專業化」之議題

(一)幼教師資專業化

目前國內幼教現場因私立幼托機構薪資、福利、待遇等制度之未臻完善，導致合格教師流失，幼教現場充斥著未具合格資格之教師，造成「劣幣驅逐良幣」現象，如此一方面造成師資培育之浪費，更嚴重影響幼兒教

育品質，因此建議政府訂定合理幼教教師薪資、福利、撫恤制度，並確實督導執行，以改善幼教的生態環境，讓更多有受過專業培育之合格幼教教師回到現場，以提升幼教專業及品質。

民國八十三年《師資培育法》公布後，幼教教師的培育管道雖走向「多元化」，但不論是職前教育的培育或是在職進修的方式，師資品質的管制應比師資培育的產量來得重要。因此，幼教師資素質之提升及資格之強化，實屬刻不容緩的議題。教育當局除了開闢多元化的培育機構外，師資資格的「篩選制度」更需確實建立，以確保幼教教師能達到專業的要求。

(二)師資培育課程內容多元化

在以「培育幼稚園教師」為主要目標的前提下，師資培育課程的規劃就顯得相當一元化。事實上幼教界欠缺的人才種類很多，如有行政人員、研究人員、教具及玩具開發人員、幼兒文學相關人員、幼兒戲劇人員等等，這些人員之培養也應規劃在師資培育範圍之中。如此課程內容會較傾向多元化，且具彈性、學生的視野也將會變廣，而且幼教領域內之專業分工會更明確。

因為幼兒期發展與教育性質的特殊性，幼兒教師培育除了重視「經師」、更應強調「人師」之培養，所以絕不是普通課程與教育課程的簡單拼湊而已。幼教師資培育課程的通識課程、專業課程及專門課程應並重，且有尊重幼兒、家庭、社會文化脈絡等獨特的課程規劃；理論課程及實踐課程相結合；幼教專業知能及專業倫理應相互結合。

(三)幼教專業人員及培育機構品管化

為確保幼教品質以維護幼兒身心健全發展之主要前提下，必須健全幼教品質管制的評鑑制度，此機制是融合理論及實務層面，結合學者、專家、行政決策與執行者、家長、教師及保育人員、業者、社區關心人士等⋯共同參與制訂此評鑑機制，並由政府主持執行，可委由現有之評鑑中心或優質且具公信力之學會或基金會辦理。此評鑑制度應為長期性與常設性的，可定期檢視並修訂各類評鑑標準，但應不受政治、經濟或其他因素影響，而能持續發揮功能。

近年來，幼教人員培育機構逐年增加中，包括大學、四技、二技、二

專…等之相關科系及學校之設立，政府應儘速明訂評鑑辦法並配合教育部辦之大專院校評鑑活動，針對幼教人員培育機構進行定期性之公布評鑑結果，以確保幼教人員培育單位之品質，並提供學生選填入學志願時之參考。另可以參照美國，由非官方的學術人士與在職教師所組成的「全國師資培育機構評審會」（NCATE）負責評鑑師資培育機構，以確保師資培育的品質。亦可進一步參考美國幼兒教育學會（NAEYC）所訂定之幼教人員培育機構及培育學程之認可制度（accreditation）辦理，給予各機構更多自我改進、自主發展評鑑之空間（簡淑真，1987）。制訂具專業水準且合理之評鑑機制，以確保師資培育機構之品質，更可為確保幼教品質及幼教專業化的重要指標。

(四)教育實習制度之落實

實習制度的不完全，造成初檢、複檢形同虛設，師資品質管制制度之設計落空。為要落實實習制度，可行途徑如下：強化師資培育機構實習指導功能、強化教育實習機構實習輔導功能（建立專業發展的實習機構）、發展師資培育機構與實習機構的良好夥伴關係、落實教育實習評鑑制度、加強各級主管教育行政機關辦理教育輔導宣導及督導工作、評鑑教育實習輔導機構及人員之辦理成效。

(五)教師進修制度的推展

提升幼教師資專業化，不僅應注意職前的養成教育，也應重視教師在職進修教育。推展「以學校為本位的在職進修」模式是相當重要的。為提升學校教師的專業知能，應以學校為主體規劃在職進修活動，如此才能根據教師的教學實際需要，提供合宜的研習進修活動，以提升教師專業成長。且現今社會已步入資訊化的時代，所以建立教師進修網絡系統，也是提供教師進修重要途徑之一。另外也應落實教師終身學習的理念，鼓勵教師積極的自我充實進修，重視教學的省思及改進，提升專業知能，使其成為「經師」及「人師」兼備的良師，充分發揮「言教」和「身教」融合的功能。

為維護幼教師資水準與鼓勵教師在職進修，推動及建立專業「教師分級制度」，將是個可行的途徑。教師分級制度的理念來自於教師生涯進階（蔡培村，2001），主要功能是提供優良教師實質的獎勵，同時也讓其擔

負較重要的職責，可以提升教師專業地位。目前不少先進國家皆已實施幼教教師分級制度，其有助於提升教師專業水準，激發教師進修動機，也有利於教師生涯規劃，落實終身學習的理想。

～肆、結語～

幼兒教育開啟了家庭與學校的關係，也帶給幼兒有別於家庭的教育經驗；幼兒教育為整體教育成敗的根本，如果社會的幼教價值觀、幼教工作者的專業表現、甚至政府的幼教政策無法回歸幼兒成長所需的條件，則上述三大議題將只是冰山一角，幼兒的成長學習終將無處覓得沃野。面對出生率減少、國際競爭激烈、大腦研究對早期教育環境影響的肯定等趨勢，政府實應比照英美等國，將幼兒教育列為優先而重要的國家政策。

然而，成功的幼兒教育需要審慎而有遠見的評估與規劃。近年來我國的幼兒教育已經逐漸受到注意，政府在社會各界的殷切期待下，也陸續推出各項幼教改革措施；但是近日來頻頻出現的幼教政策宣布，卻又顯得倉促而片段，少了應有的穩健與周延，令人十分耽憂！現階段，我國的幼兒教育改革除了需要積極處理上述三大議題之外，從整體及長遠的考量，尚應朝向建立常設性幼教政策規劃、執行與督導機制，落實幼兒教育生態之改善品質的提升，以及增加對幼兒教育總經費的編列與妥善的分配等三個面向繼續努力。

～參考文獻～

十二年國教九十八年全面實施（2003，8月31日）。聯合報，A2版。
九十三學年起國教向下延伸一年（2003，8月23日）。中國時報，A8版。
王家通（1994）。突破教師進修的瓶頸。台北市教師研習中心編印：教師天地，**68**，23-27。
谷瑞勉（1989）。幼兒教師流動狀況探析。屏東師院學報，**2**，99-138。
行政院教育改革諮議委員會（1996）。教育改革總諮議報告書。台北：作者。
李櫻（2003）。是「全美語」還是「全沒語」？談當今幼兒美語的亂象，高級英

文文摘，**7**，116-120。

林佩蓉、馮燕、鄭望崢（1999）。七歲以下幼兒就讀學前機構比例之調查專案計畫（教育部委託研究）。

吳信鳳、張鑑如（2001）。**英語學習年齡的迷思：從語言學習關鍵期談台灣學前幼兒的英語教育**。論文發表於國際兒童教育協會中華民國分會主辦之「幼兒發展第二語言的理論與實施」研討會，台北。

英語教師充斥，監院糾正教部（2003年，8月15日）。**中央日報**，13版。

孫志麟（2002）。師資培育教育的反省。載於國立教育資料館（主編），現代教育論壇㈥，347-355。台北：作者。

張武昌（2003）。全美語的迷失——幼兒外語學習時機與方式。**回饋文教基金會會訊，69**，39-43。

教育部（1994）。**第七次全國教育會議：美好教育遠景分區座談會結論暨建議彙編**。台北：作者。

教育部（1998）。**教育改革行動方案**。取自 http://www.edu.tw/。

教育部（1999）。**中華民國教育統計**。

教育部（1999）。**發展與改進幼兒教育中程計畫**。台北：作者。

教育部（2001）。**「二○○一年教育改革之檢討與改進會議」各議題報告書草案**。取自 http://www.edu.tw/。

教育部（2003）。**「新世紀國民教育體制之規劃」**。全國教育發展會議各議題報告書草案第一階段議題研討結論報告。取自 http://www.edu.tw/。

教育部（2003）。全國教育發展會議各議題報告書草案第一階段議題研討結論報告。

廖咸浩（2003）。**語言問題就是文化問題：談英語政策對文化的衝擊**。論文發表於國立台灣大學外文系主辦之「國際化之路-台灣英語教育的未來」研討會，台北。

蔡春美（2000）。台灣地區幼稚園教師離職狀況調查。載於國立台北師範學院主辦之「台灣省教育學術論文發表會」論文集上冊，台北。

蔡春美、楊淑朱（1999）。我國幼教師資培育現況與問題探究。載於台中師院**跨世紀幼教師資培育論文集**，247-265。台中：台中師範。

蔡培村（2001）。教師分級制度規劃的內容與思維、生涯與專業的對話——談國

中小學教師分級制、教師分級制度的探討。**時代，3 月**，4-18。

簡楚瑛、廖鳳瑞、林佩蓉、林麗卿（1995）。**當前幼兒教育問題與因應之道**。教育改革諮詢委員會委託研究。

簡楚瑛（付梓中）。從一個衝突事件看其對台灣幼教生態與政策未來走向之啟示。**兒童福利期刊**。

簡淑真（1987）。美國幼兒教育。載於中華民國比較教育學會（主編），**學前教育比較研究**）。台北：台灣書店。

簡淑真（2002）。難「分」難「捨」的五歲幼兒教育。論文發表於國立台灣師範大學教育研究中心主辦之**「手牽手 5 歲向前走」國教政策論壇**，台北。

蘇以文（2003）。國語文教育與英文教育的關係。論文發表於國立台灣大學外文系主辦之**「國際化之路——台灣英語教育的未來」研討會**，台北。

饒見維（1997）。學校本位的教師專業發展在我國之實踐途徑。載於國立花蓮師範學院進修暨推廣部（主編），**進修部推廣教育的挑戰與展望**，217-228。台北：師大書苑。

第七章

●●●技職教育：

找回技職教育的光榮與尊嚴

召集人：田振榮
共同召集人：許勝雄
研究成員：黃燕飛、周談輝

⌐摘　要⌐

　　近幾年教改工程如火如荼的進行，雖然達成了技職教育多元化的目標，但卻造成教育內容的質變，不但無法落實精緻化的美意，反而使得技職教育無法保有特色，正瀕臨與普通教育合流，甚至消失的邊緣。

　　自政府推動技職教育改革以來，包括調降高中職比例、大量擴增技職校院的容量、設置綜合高中以及建立多元彈性的技職教育制度等，技職教育的內涵及體制已有重大的改變，同時在未能重視教育的定位與功能之下，致使技職教育面臨與普通合流的發展問題，甚至是「終結高職」的晴天霹靂。為了因應主客觀環境的衝擊和內外在需求的調整，技職教育需有重新的定位與出發。茲分成問題分析與因應策略兩部分作一扼要說明。

一、問題分析方面

㈠在功能定位層面

　　1.技職教育學制過於複雜，缺乏橫向轉銜機制；2.綜合高中成長迅速，模糊後期中等教育學制定位。

㈡在專業能力層面

　　1.技職教育課程缺乏專業導向，無法落實學校本位課程；2.技職教育師資實務不足，與產業需求產生落差；3.產學合作成效不彰，教學內容與產業脫節；4.技能證照缺乏權威性，與產業界期待有落差。

㈢在公平正義層面

　　1.教育無法保障窮人正義的防線，經濟不公衍生教育弱勢；2.開放招收普通生，排擠技職學生的升學機會；3.大學錄取率提高，磁吸效應造成學生素質惡化。

二、因應策略方面

㈠在功能定位層面

　　1.為因應全人教育及終身教育，需以廣義定義技職教育；2.除了正規

學制外，尚需包含非正規教育；3.高職學制的區塊需往後挪，發展後期中等教育後之「就業能力培養教育」；4.技職教育學制的區塊需往側挪，以落實政府重視終身教育的政策；5.高等技職校院應明確定位，與普通大學的專業院系同屬高等教育中之「專業教育」範疇。

(二)在專業能力方面

1.由學校與產業界發展技職教育之能力標準，供技能檢定、技職課程及教材發展之用；2.技職教師需具備產業界之實務能力，以增進技職學生的專業能力；3.依據專業能力標準取才，建立技能證照的權威性及產業的認同。

(三)在公平正義方面

1.提供弱勢者的學習補助，保障公平的就學權益；2.技職學生應採專業能力判斷方式，決定其升學進路；3.規劃與研擬技職教育國際化，建立技能證照國際認證體系。

綜合而言，將達成以下三大具體目標

(一)挪動技職學制區塊，追求技職教育的卓越

1.以學生生涯發展為分流基礎，規劃技職教育範疇：透過適性的生涯試探及輔導機制，決定未來職業的分化及專業的學習，以突出技職教育的特色。

2.整合技職教育與職業訓練，建立多元彈性教育體系：整合技職教育與職業訓練，滿足不同能力與性向者個別化的需求，提升民眾職業知能和生活品質。

3.提供回流教育機會，建立終身學習社會：建立隨進隨出的彈性學習機制，規劃多元的回流課程，提供全民進修，營造學習型社會。

(二)符合產業界需求，培育適才適性的專業人才

1.落實通識及專業教育，追求全人發展的技職教育：兼顧認知與情意、專業與通識，培育科技與人文並重的現代化人才，落實全人教育的技職願景。

2.產業需求為導向，培育實用技術人才：強化產學合作，厚植就業能力，結合課程與市場，創造良好的知識經濟收益。

㈢公平保障生涯發展進路，提升技職教育的競爭力

1.入學管道多元暢通，拓寬適性生涯進路：暢通升學多元管道，以專業能力為入學依據，並保障弱勢學生為職業而準備就學權益，提供適性轉銜機制，提供適才生涯發展進路。

2.兼顧地方與國際化需求，發展宏觀務實技職教育：掌握產業脈動，整合社區資源；促進技職人力之國際流通與國際合作，開創技職教育宏觀的新局。

∽壹、前言∼

　　長期以來，技職教育在技術人力的培育上扮演重要的角色，對於五十年來台灣的經建發展貢獻良多。然而隨著知識經濟社會以及終身學習社會逐漸成形，傳統的單位行業訓練已無法適應社會的轉變，「終結教育」的觀念因為產業結構的變遷也可能走入歷史，加以近年來由於就學人口的減少和加入 WTO 等衝擊，使得技職校院面臨經營的壓力，技職教育正遭逢前所未有的挑戰。

　　近年來政府積極推動技職教育改革，包括調降高中職比例、大量擴增技職校院的容量、設置綜合高中以及建立多元彈性的技職教育制度等，技職教育的內涵及體制已有重大的改變，同時在未能重視教育的定位與功能之下，致使技職教育面臨與普通合流的發展問題，甚至是「終結高職」的晴天霹靂。為了因應主客觀環境的衝擊以及內外在需求的調整，技職教育應有重新的定位與出發，才能在既有的基礎上不斷的創新，繼續為教育作出貢獻。

　　技職教育的定位，應考慮兩個基本原則；其一，提供學生適性發展及多元學習的環境，此為教改推動的主軸理念；其二，培養學生進入職場的就業能力及職業生涯發展能力，此為教改中所忽略的部分，也是許多技職教育人士念茲在茲所關心的部分。

　　依據聯合國教科文組織（UNESCO）於一九九九年公布的「國際教育分類標準（ISCED－1997）」，將教育學制的轉銜形式（Transition Pattern）分為六個等級，從第一等級的國小教育到第六等級的研究所教育分別加以定義，因應各國教育制度的不同，第二級（即國中階段）開始至第六級都規劃有 A 類的一般教育與 B 類、C 類的技職教育領域。

　　我國的學制在第三級（高中職階段）設有技職教育（即 ISCED 3B 與 3C）與澳洲與歐美大部分先進國家相同，技職教育的規劃應衡酌國情，並參採世界各國職業教育的趨勢，不宜貿然從第三級的高中職教育中，萎縮或提升就業市場人力培育的機制。目前我國之專科教育、終身教育、職業訓練或社區學院配套均不足，全面性的產業結構調查也未曾實施，職業教

育具體質量為何並不清楚，政府需以客觀數字作為技職教育定位的決策依據，不宜躁進、倉卒行事，重蹈十年教改爭議之覆轍。

貳、問題分析

近幾年教改工程如火如荼的進行，雖然達成了技職教育多元化的目標，卻造成教育內容的質變，不但無法落實精緻化的美意，反而使得技職教育無法保有特色，逐漸的模糊，因而引發一場技職教育存廢與轉型的爭辯。

自教改推動以來，教育部積極輔導專科改制改名、專科學校減少，成為以技術學院主流的高等技職教育體制；加以大量設立綜合高中，調降高中職學生人數比例，加強通識教育及招收高中應屆畢業生的情況，但未能在一般基本能力上有所精進，反而嚴重影響技職教育的質變，包括師資、課程及學生三方面都有明顯的變化。

在師資的質變方面，技專校院師資來源以國內外普通大學之研究所為主，教師缺乏實務經驗，逐步朝向理論發展，學術游移的現象嚴重。加以升等審查制度與一般大學並無不同，八十二年起已有「大學獨立學院及專科學校以技術性專門著作送補充審規定」，雖然教師可以技術性專門著作升等，但因其常不被視為學術正統，教師利用率不高，學歷及純學術理論仍然為升等關鍵性的依據。

在課程的質變方面，為了因應社會變遷，技職教育加入許多人文及資訊化的課程，因此排擠掉一些專業及實習的課程，造成學生專業能力的滑落。加以綜合高中的大量設立，淡化及弱化原有職業學程的專業內涵，讓專業課程瀕臨在流失的邊緣。

在學生的質變方面，在一股追逐研究型大學風潮的影響下，技專校院開始招收基礎學科能力較好的普通學生，不但排擠高職學生的升學進路，也衝擊著技職教育的發展。

隨著技職教育的急遽變革，首當其衝的是對高職教育的檢討。「廢高職」之說令全體高職教師士氣低落，許多經驗豐富，教育績效優良的教師紛紛退休，造成教育界的損失。而高職的萎縮，急速擴張的綜合高中，此

消彼長，高職與高中的學生比例究竟為何？從未有就業市場需求的數據告訴大家，致使高職定位不明，學生生涯規劃不知所從。

　　而在技專校院方面，近年來雖大量擴增招生人數及專科改制技術學院或科技大學，亦不見技職教育政策引導，學生程度反而低落，不見學校改善教學品質，卻轉而要求招收高中畢業生，對技職學生的教育權再次貶抑。尤其以學術導向的技專教師升等聘任制度，對實務導向的技職學生未能予以肯定，課程與教育反而逐漸與普通大學接近，已喪失了技職教育的特色，與產業脫節情況最為嚴重。

　　高職教育逐漸萎縮且定位不清，技專校院的課程與教學亦與普通大學接近，凡此種種，我國技職教育已亮起紅燈，需要重新定位與再造，為我國經濟發展提供活水。

一、技職教育定位不明，面臨與普通教育區隔或合流的問題

㈠技職教育學制過於複雜，缺乏橫向轉銜機制

　　技職教育的範圍從國中技藝教育至科技大學、研究所（碩、博士班），範圍很大，功能與定位的規劃不易。以後期中等教育而言，高職階段學制有實用技能班、高職學制、綜合高中、建教合作班、五專前三年等，各種班別的橫向轉銜缺乏機制。以技專校院而言，有五專、二專、四年制技術學院、二年制技術學院、四年制科技大學，在縱向的銜接上也協調不足，教育內涵與品質不免有重疊及落差之憾。而部分科技大學都設有碩士班及博士班，功能幾乎與普通大學無差別。

㈡綜合高中成長迅速，模糊後期中等教育學制定位

　　近年政府鼓勵設立綜合高中，職校數量明顯減少，影響高職生存的空間。在未作高職生就業市場人力需求調查前，即貿然降低高職學生與高中學生之比例，讓高職教育有逐漸被消滅的危機感，成為教改中最弱勢的一環。目前綜合高中僅是課程設計型態，不僅無法與普通高中的學術能力並駕齊驅，也不如原有職業學校的實務特色，因此並無法放諸四海皆準。

　　由於政策及經費補助誘導，私立學校積極辦理綜合高中；而公立學校限於師資結構，辦理意願不高。惟綜合高中是為有能力升學的學生而設計，私立高職大部分學生畢業後傾向就業因而不適合辦理綜高，形成該辦

的學校無意願，不該辦的學校卻又積極辦理。綜合高中的學制定位以及與高職的比例宜再詳加評估。

二、技職教育特色流失，學生專業能力不足

(一)技職教育課程缺乏專業導向，無法落實學校本位課程

技職教育向以實務特色見長，培養學生專業能力為訴求，但近年來教育環境劇變下，技職教育的內涵產生重大的改變。其課程的規劃，雖力求統整各校建立學校本位的彈性機制，但各校設計之課程，僅為升學考科及校內教師專長而設計，未落實學校本位課程設計之原意。且在大學自主的前提下，各技專校院採自主式的課程設計，致使高職、專科、技術學院縱向銜接困難。

目前技專校院課程已偏離學術導向，與產業界之需求落差嚴重。入學方式採門檻式簡化考科，忽略高職專業科目的比重，在當前考試領導教學的環境下，只重視幾門考科，嚴重影響高職專門科目的教學。在一切為升學的設計下，缺乏專業能力的評量，高職學生實務能力已逐漸在流失。

(二)技職教育師資實務不足，與產業需求產生落差

技專校院約有二萬名專任教師，講師比例高達 65%，師資素質有待提升；且師資大多來自於普通大學背景，並不具產業實務經驗，以致教育內涵與業界需求落差甚大。其教師升等亦多數比照普通大學，技術專門性著作升等不被肯定，長久以往，教師能力與教學內容與普通大學無異，技專校院無法發揮實務導向的特色。

近年由於學制的調整、課程修訂及類科調整，影響高職教師的需求。自一九九六年至二○○一年五年間，減幅高達 14%，未來在學生來源減少以及高中職學生比例調整的雙重效應下，供需失調的問題將浮上枱面。加以「廢高職」的陰影下教學士氣低落，紛紛退休或轉任教其他科別，嚴重影響技職教育生態及品質。

(三)產學合作成效不彰，教學內容與產業脫節

高職輪調式建教合作教育逐漸失去教育的功能，只是提供學生工讀的機會，喪失建教合作教育之目的。加以技專校院未重視實務教學，研發能力不足，與產業界之需求落差甚遠，學校與企業界之關係不易開展。

技職教師之升等或其他誘因不足，只重視學校教學，與產業界沒有聯繫，導致教學內容與產業界脫節。而教育部、經濟部及國科會雖訂有鼓勵產學合作措施，但因重疊性高、誘因不足及法規限制過多，成效難以彰顯。

(四)技能證照缺乏權威性，與產業界期待有落差

技職教育與職業訓練分屬不同主管機關，雖功能相近，但協調配合困難。目前職業訓練多偏重在社會服務功能，並無法達成人力養成的目標，已然失去職業進修教育的功能。

為了鼓勵以學力認證取代傳統學歷，實現「證照與文憑具有同等效力」的價值觀，政府訂有學力鑑定的辦法，唯技能檢定之學力採認制度過於草率，取得學力者與正規學制畢業生能力差異甚大，無法落實政策的美意。同時職業證照權威性不足，無法獲得業界之認同，也影響職業教育的發展。

三、普通教育磁吸嚴重，技職學生就學權益遭剝奪

(一)教育無法保障窮人正義的防線，經濟不公衍生教育弱勢

深受「二流教育」刻板印象所累，學業成績優秀的菁英學生多數進入普通教育體系，享受較豐沛的教育資源。而學業成績不佳的窮人家子弟則必須背負次等選擇的宿命。礙於經濟因素以及「終結教育」觀念的影響，優秀的技職教育學生無法繼續升學，阻礙了生涯發展的進路，不但無法保障受教權，更有違適才適性的教育崇高理想。近年來學費連年調漲，加以經濟不景氣，失業家庭愈來愈多，因此繳不起學費的人日益增加，但政府並未對弱勢的技職學生提供適時的補助，橫生就學的困難。

(二)開放招收普通生，排擠技職學生的升學機會

大學錄取率高達八成，高職升學技職校院比例僅五成，升學機會率遠低於普通高中學生，阻礙技職學生的發展前途。專科升格為技術校院後，為了提升學校的學術地位，開放招收普通高中畢業生，已然排擠了技職學生的就學權益。同時技職校院招收學術傾向的學生，促使技職教育產生質變，模糊了原有的特色。

(三)大學錄取率提高，磁吸效應造成學生素質惡化

受到社會「重學術輕技術」觀念的影響，技職教育的實作特色逐漸流失，與職業的需求產生脫節，同時企業用人「選校不選系」情結嚴重，技職學生就業日益困難。加以大學錄取率不斷提高，二流教育觀念作祟，技職校院招收的學生素質每下愈況，長此以往，將影響技職教育的國際競爭力。

➤ 參、因應對策 ➤

技職教育學制始於國中技藝教育，向上發展至高等技職教育，連貫成完整的技職教育體系。國中技藝教育立意在提供不具學術性向學生學習一技之長的機會，以及作為未升學畢業生的就業緩衝期。而高職教育目的在培育基礎的技術人力，以直接投入職場就業為目標。至於專科在於培育中級實用專業人才，提升技術人力的素質。至於高等技職校院則是因應就業人才的上移化，以培育高級科技人力為主。以上技職教育學制原各有其定位與功能區隔，唯近年隨著科技的專精化以及個人教育選擇權觀念的甚囂塵上，原有技職教育所提供的知能，在屬性、廣度及專精程度上逐漸難以符應產業及受教者所需，傳統對於技職教育狹義的定義及認知勢必要有所調整。

從技職教育的發展來看，早期因為配合國家經濟發展的需求，工具性及計畫性色彩較為濃厚，主要目的在人力養成及就業的安置為目標，與普通教育的定位與區隔壁壘分明。近年高等技職教育雖然大幅擴充，技職體系學生升學管道亦已大為暢通，但由於學生的異質化、課程的多元化以及學制的彈性化，終結教育的觀念已逐漸調整為生涯的發展準備。特別是長久以來，產學合作的管道未能暢通，往往產生學校與產業脫節的問題，不但設備無法趕上業界的水準，即使是課程也無法滿足企業界的需求，更不能提供業界作為進修管道，亦無法借重企業界領導人的實務經驗，使得原本具有實作特色的技職學生並未能在這一波的失業潮中取得優勢，反而受到「二流教育」的刻板印象所累，才有企業取才「選校不選系」的價值觀，嚴酷的衝擊著技職學校的經營與生存空間。是以如何改革與創新技職

教育已屬刻不容緩。

一、技職教育學制區塊需挪動

(一)技職教育應重新定義範圍與內涵

　　過去是以狹義定義技職教育，為因應全人教育及終身教育，需以廣義定義技職教育。技職教育的定位與功能的訂定，不應是本位的，未來的技職教育應整合職業訓練及終身教育，作協調性考量；並因應 WTO 架構及兩岸人力互動作技職教育宏觀規劃。

　　近期內應全面調查各行業基層及中層技術人力需求量，以作為訂定高職及專科技術學院教育規劃之參考，以免人力的培育形成浪費，以口號或個人之見訂定技職教育政策。

(二)除了正規的學制外，尚需包含非正規教育

　　除了正規學制外，技職教育需包含職業繼續教育、職業訓練等非正規的教育，以落實「培養工作能力是基本人權」之終身教育理念。為了整合社區資源，落實「學校社區化，社區學校化」的理想，應規劃符合社區需求與地方特色之科系與課程，提供全民進修，帶動社區活動，建立終身學習社會。

　　有鑑於技職體系缺乏統整，造成資源的分散及流失，應整合技職教育資源，建立區域聯盟及夥伴關係，規劃互補和轉銜就讀辦法，辦理回流教育，針對各階層、各類別民眾提供終身教育服務。同時要建立隨進隨出的彈性學習機制，具體落實課程內容多元化、教學方式多元化以及評量方式多元化的理念。具體而言，更要建立學習成就認證制度，提高在職成人終身學習的需求，以及納入企業用人標準制度的建立，全面落實職業繼續教育、終身學習的理想。

(三)高職學制的區塊需往後挪，發展後期中等教育後之「就業能力培養教育」

　　高中職應兼顧培養職業生涯的職場能力，以及繼續升學的基礎能力。高職、綜合高中與五專前三年，應在九年一貫課程的基礎上作銜接式的課程設計及學制定位，並未雨綢繆周全考量十二年國教的推動。

　　現階段高職仍有其產業界需求的功能不能輕言廢除，在定位與功能尚

未明確前，綜合高中不宜急進推動，以免造成高職教師士氣低落，甚至全面反彈。在課程設計方面，高職分設就業與升學導向兩種選修課程，前者以就業為主，必要時亦可往上銜接職業繼續教育或職業訓練，並賦予學分；後者以升學為主的精緻高職，銜接四年制技術學院、科技大學或一般大學專業院系。

有鑑於升學已成為高職學生未來趨勢，應先規劃高職原先在產業中所扮演角色之替代性，例如社區學院設置；再如終身教育及職業訓練納入正式學制等，以擴大技職教育的涵蓋面及提供基層技術人力之培育機制。

為了配合延後分化的潮流，綜合高中採「學程」設計，建構共同核心課程，培養升學所需的學科知識，並以職業群為單位，兼顧職業類群間共同基礎的就業能力和技能，以提供學生升學普通大學、技職校院和進入就業市場的多元進路選擇。普通大學並應開放一定比例的招生名額，供高職生以四技二專統一入學測驗成績進入普通大學就讀，以建立兩條國道間相互轉銜的升學機制。

(四)技職教育學制的區塊需往側挪，以落實政府重視終身教育的政策

技職教育應建立隨進隨出的彈性學習機制，規劃各種的學習管道，提供非傳統學生學習，展現多元化、彈性化、社區化以及全民化。而為了落實終身學習，必須整合職業繼續教育與職業訓練，賦予專科學分，可由績優高職辦理，或由技術學院、社區大學、一般大學附設或兼辦，或地區職訓中心轉型改辦。並鼓勵教師投入回流教育，將職業繼續教育納入教師正式授課鐘點。

(五)高等技職校院應明確定位

技專校院的轉型改制政策雖已實施，但更應重視學制上的分工與產業界各階級人力需求，需堅守培養產業實用技術人力之功能，高職學生升學及上移化後，技專校院功能必須能培養基層技術人力。高等技職校院與普通大學的專業院系應同屬高等教育中之「專業教育」範疇，在課程與銜接上可適度調配，以整合高教資源，擴充後期中等教育學生的進修管道，培養實用技術人才為主。

有別於高等教育，須自訂技專校院教師升等制度。為了提升教師專業

能力，應將教師升等分成學術性及應用性導向審查標準，規定專業教師以技術成果升等。

二、由專業能力標準建構技職教育的內涵

㈠由學校與產業界發展技職教育之能力標準

結合學校與產業界之人力，參考歐洲先進國家經驗，採用功能分析法前瞻性發展職場中各行各業的全國性專業能力標準，並由教育主管機關公布，供技能檢定、技職課程及教材發展之用。

㈡技職教師需具備產業界之實務能力

教師影響學生深遠，技專校院要能發揮技職教育的實務特色，需改進教師升等制度方式，規定專業教師必須以技術成果升等，技職學生方有足夠的實作經驗，以因應產業界的需求。

有鑑於產學合作及建教合作功能不彰，應以強迫方式規定所有技職學生必須參與職場學習，加強推動產、官、學、研、訓等機構的夥伴關係，積極輔導區域內的技職校院成立區域產學合作中心，整合資源以擴大推動產學合作面，使技職學生在校學習與產業需求緊密結合起來，提升技職教育的成效。而建教合作教育不應侷限於目前的輪調式建教合作班，應落實在技職教育各層級，採不同形式及時段進行職場學習，學習成效採學分認定，亦可抵免畢業學分。

為了落實教師專業進修的教育，技職教師在服務一定年限後，必須至產業界工作一段時間。獎勵教師進修專業實務，持續學習產業最新的技能，迅速將產業資訊轉化為教材。不妨明訂教師赴產業界服務的辦法，且併入服務年資，以提升教師的實務能力，瞭解產業脈動，參與企業創新研發工作。

㈢依據專業能力標準取才，建立技能證照的權威性及產業的認同

社會普遍有升學主義與文憑用人之迷思，應建立「學力」重於「學歷」之觀念，以鼓勵青年學子進入技職體系就讀。並落實證照制度，強化技職教育的實務訓練，依照企業實際需求，建立職業證照制度，發展專業能力標準，與各級職業教育能力標準相互搭配。

　　為了改進現行技能證照的制度，檢討升學的加分優待措施，避免學生變向為了升學加分需求而取得技術士證，影響學生技術能力之提升。並鼓勵技職教師參加乙級技能檢定訓練班，增加檢定職種類別及經費以有效推廣。

三、重視技職教育的公平性及競爭力

(一)提供技職學生弱勢學習者的補助

　　技職教育常是學習弱勢者的教育，但受教者卻需投資更多教育資源才能進入私立學校受教，造成二度剝削。政府需明訂學習弱勢，如原住民、身心障礙者等就讀國立校院機會，以降低教育機會門檻；並透過教育經費補助等方式，提供關懷與照顧。

　　隨著國中畢業生升學管道的擴充，對高中階段的學習弱勢者，或因經濟因素畢業後需直接進入就業市場的經濟弱勢者，政府應提高其入學機會，以落實「提供為工作準備的學習機會是基本人權」的終身教育理念。並應作好分流的生涯輔導，提供不具學術性向學生升學技職教育的進路，避免因為普通升學管道的暢通，在進入非技職體系後因為學科能力不好、學習成效不佳，造成另一種傷害及生涯進路的適應不良，反形成學習權益的剝奪。

　　為了促進弱勢學生就學的機會，實現公平正義的精神，政府應訂定私校高職學生的學費補助，可為十二年國教奠定基礎，並成立急難就學專款，提供就學困難學生不時之需。技藝教育學生亦可享學費三年補助，以鼓勵不具學術性向學生，加強實作能力，投入勞動生產行列。並比照軍公教子女補助中低收入戶子女，發放勞工農漁子女升學技職教育津貼，以平衡教育階級化的問題，避免菁英者掌握教育優勢及資源。以及補助原住民子女就讀技職教育，使其習得一技之長，提升就業能力。且提供弱勢學生職前專精訓練的補助，培養其就業能力的基本人權。

(二)技職學生應採專業能力判斷方式，決定其升學進路

　　技專校院宜針對科系的內涵性質，設計適當的選才機制甄選適合的學生就讀，不應以基本學科作為篩選標準，需以專業能力為考量之依據。未來應訂定全國性且為產業認同之專業能力評定方式，以作為學分及學位認

定之依據。並推動教育帳戶制，將每個人學習的經歷加以記錄管理，著重學生學習檔案之審查，或以學校推薦及產業界雇主推薦方式甄選入學，使得技職學生皆能適才適所，學校也能招收到適合的學生。

為了結合職場與課程，教學必須符合產業需求的實務應用能力，學生為主的學校本位課程是教育民主化的必然趨勢，未來需加強技專校院課程評鑑，協助各校落實學校本位課程。技職教育的對象將從傳統學生慢慢擴大至非傳統學生。

現階段高職仍肩負國家經建人才培育功能，對國家經濟發展影響深遠，不能輕易廢除。課程內涵需配合實務應用，提升學生實務能力符合業界需求，培育產業人力尖兵。為了重建高職的聲譽及價值，應鼓勵高職維持辦學特色，暢通高職升學的進路，技職校院的招生仍應以修過職業課程的學生為主；在保障高職升學率達到大學錄取率水準的前提下，才考慮開放高中生報考，避免淪為普通教育的殖民。

技職教育的對象已從傳統學生慢慢擴大至非傳統學生。教育的內涵應擴及終身的教育，教育的機制應採彈性及多元，將職業訓練系統整合才能發揮一體兩面、相輔相成之效。

(三)規劃與研擬技職教育國際化，建立技能證照國際認證體系

技職教育應朝國內外專業證照檢定規範之方向結合，強化學生的就業能力。透過APEC等國際組織的談判與協商，進行專業能力標準及技能檢定的跨國性認定機制，使國際人力的流動更制度化，保障技職畢業生的國際就業機會。

在技職教育的國際化方面，應加強技職校院師生國際語言能力，近期內採取重點培育方式遴選具有潛力之學生或教師進行國際合作及交流，或在校內推動外語教學措施，並進行技職學生的國際交流及招收鄰近國家的學生就讀國內技職學校，逐漸將我國技職教育推向國際。

✦肆、結語✦

技職教育具有良好的傳統及對國內經建卓越的貢獻，然因產業結構的調整和教育生態的變遷，面臨極大的衝擊與調整，顯而易見的就是原有特

色的模糊與普通化的殖民，是以如何重新定位及適時的加以轉型，將是技職教育發展的契機與關鍵。

　　本文分成問題分析及因應對策兩大部分，並以功能定位、專業能力以及公平正義為三大主軸陳述，目的在釐清技職教育的問題與困境，試圖找到一條破繭而出的技職新路，為產業及學術搭築起「最後一里」的通路橋樑，讓教學與職場、學習與產業完全的銜接起來。綜合而言，當前我國技職教育的發展，將從以培養經建發展所需的計畫教育，走向重視多元智能發展的適性教育；從熟練入行所需技能的職訓導向教育，走向職群融合的全人教育；從狹窄孤立的技職體系，走向普通與專業兼具的多元教育體系；從直接投入職場為目標的終結教育，走向允許間斷性學習的回流教育，將使得我國的技職教育邁入嶄新的紀元。

⧫參考文獻⧫

田振榮（2003，2月）。從學制與職場能力定位技職教育。中央日報。

田振榮（2003，3月）。調整技職教育符合社會需求。中央日報。

徐明珠（2003）。普技分軌或合流取決於市場化。國家政策論壇，春季號。

教育部（2001）。全國技職教育檢討會研討議題及結論。

教育部（2003）。如何調整技職教育定位與促進產學合作專案報告。

第八章

●●●師資培育與甄選：

追求多元專業化的師資

召集人：周愚文

共同召集人：黃政傑

研究成員：林鎮坤、方永泉

╼摘　要╾

鑑於培養與遴選優良師資是教改的根本問題，但卻乏人關注，本報告分就師資的養成、實習、及教師甄選三個層面作整體性檢視，先檢討缺失，再進一步提出具體建言。茲分成問題分析與因應策略兩部分作一扼要說明。

一、在問題分析方面，三個層面各出現缺失如下

(一)師資養成制度層面

1.多元化功能不彰；2.師資出現供需嚴重失調；3.各校辦理教育學程成效不一；4.師範校院的功能未獲重視等四項缺失。

(二)在實習層面

1.教育實習的內容名不符實，未能真正增進實習教師專業成長；2.實習教師的角色及相關權利義務的定位不明；3.進行教育實習輔導工作的實際困難；4.覆檢的篩檢功能未能真正落實；5.教學實習課程未能真正落實及分科教材教法合適師資嚴重欠缺；6.教育實習的培育時程縮減所造成的困擾等六項缺失。

(三)在甄選制度層面

1.師資培育嚴重供需失調，可能造成重大社會問題；2.教育資源的浪費；3.甄選制度的公平性問題；4.流浪教師現象；5.校教評會的功能遭受質疑等問題。

二、針對此三層面的問題，分別提出因應對策如下

(一)師資養成制度層面

1.訂定嚴格的設立與評鑑標準，建立完整的進退場機制；2.建立以師範校院及大學教育院系為主軸的多元師資培育制度，以養成專業教師；3.設計多元教育專業課程，鼓勵各校競爭；4.保留公費機制，適度增加名額，吸引清寒優秀學子任教；5.編列充足獎助學金，獎助清寒且成績優異

的師資生。

㈡在實習制度層面

1.教育實習應融入整體師資培育課程之中；2.慎選並培育合適的中小學實習輔導教師及實習指導教師；3.教育實習仍應以專業精神及態度的養成為其主軸；4.建立專業發展學校制度；5.加強師資培育機構的實習評鑑；6.整合師範院校實習輔導處人力，提供適當補助，進而能協助其他學校從事實習輔導工作的推展；7.重視教育實習制度，加強補助教育實習工作之推展，進而提升國內中小學師資素質。

㈢在教師甄選制度層面

1.甄選方式的改革；2.修法明訂校教評會組織新聘教師採取聯合甄選，但保留續聘、解聘之功能；3.相關人力資源的整合等三項。

☙ 壹、前言 ❧

目前針對近十年教育改革的成效正如火如荼展開，然對於教改的根本問題之一：如何培養與遴選優良師資，卻乏人關注，有鑑於此，本案將提出興革建言。

一、師資培育制度變遷

我國師資培育制度傳統是採「計畫制」，是由政府依《師範教育法》指定師範校院專責培養，在學期間享有公費，結業後由政府分發實習、任教，亦即所謂師資培育一元化。

當民國八○年代教改風潮起，在多元化的呼聲下，原本《師範教育法》八十三年修改為《師資培育法》後，制度出現鉅變，由一元化改為多元化，亦即改採自費制，逐步取消公費；除了師範校院仍繼續負責培育師資外，一般大學經教育部核准後，可設置教育學程中心，開設教育學程；換言之，由「計畫制」改為「儲備制」，學生修畢課程，經初檢、實習、複檢後即可取得教師資格。此種轉變希望在專業化前提下，能夠提供多元競爭機制。九十二年政府再度修正《師資培育法》，將原有「教育學程中心」改為「師資培育中心」，另外逐漸淡化師範校院角色，而用「師資培育之大學」來指稱所有培育機構（師資培育法，2003），唯改變培育機構名稱，不表示師資培育的多元化。

二、現有師資培育機構數與學程數

當師資培育由計畫制轉為儲備制後，依現行《師資培育法》，培育師資的主要管道有三：一是十所師範校院（三所師大、七所師範學院）[1]；二是六十一所大學校院所開教育學程；三是，上述校院所開學士後教育學分班。至於學程數量據教育部統計，自八十四年度至九十一學年度止，總

1.原有師範學院八所，唯九十二年八月一日起台東師範學院改制為台東大學後，只剩七所。

計開設學程數達八十八種。其中，中等學校學程五十個，國小學程二十二個，幼教學程十三個，中等學校特教學程三個。教育部核定培育師資累積總人數，共計十二萬二千五百八十四人，其中師範校院六萬二千二百八十九人，學程三萬五千四百九十人，學士後教育學分班二萬四千八百零五人。而其中公費生人數，則由八十三學年度的二千三百七十五人銳減至九十二學年度一百六十五人，累計共培育一萬六千二百五十六人（教育部內部研究中文件）。

　　未來情況，據教育部評估九十二至九十四年師資培育數量約為二萬人，其中師範校院約八千五百人，教育學程約七千人，以及學士後教育學分班四千五百人（教育部內部研究中文件）。換言之，師範校院與教育學程培育人數的比例將近 1：1。

三、實習制度

　　一般而言，師資的養成及專業成長大抵可以分為下列幾個歷程：進入師資培育機構時的選擇階段、在師資培育機構學習的專業教育階段、介於師資培育機構與實習學校之間的導入階段，以及將來正式進入教職後的在職進修階段。而在這幾個階段中，導入階段的實習可說居於起承轉合的關鍵階段，它關係著一個即將踏入職場的新手如何將其在專業培育機構中所學的理論轉化到實際，如何以實踐來印證理論進而能批判檢討理論之適切性的過程，是以「實習」工作在社會中一般的專業工作中均占有相當重要的角色。

　　對教育工作者來說，教育不只是一門理論，亦是一種實踐之事。如何將師資養成階段所習得的理論和認知上的教學原理，轉化為實際的教學方法技能及專業的教育實踐活動，實有賴教師實習工作的推展。加上教育是一門專業，為求培育良好的師資，除了養成教師豐富的知識之外，更須兼顧教學技能的訓練，以及專業態度與精神的涵養，如此才能培育出兼為經師及人師的良師。基於上述的原因，世界各國都非常重視教師實習的安排與實施，都將教師實習看成師資培育中十分重要的過程。

　　我國自從八十三年二月政府公布《師資培育法》取代原有的《師範教育法》以來，我國師資培育的工作可說正式邁入多元化的時代。為了因應

師資培育多元化所衍生的教師實習的問題，政府又於八十四年十一月時公布了《高級中等以下學校及幼稚園教師資格檢定及教育實習辦法》（以下簡稱《教師資格檢定及教育實習辦法》），取代了原來的《中小學教師登記及檢定辦法》及《師範院校學生實習及服務辦法》，成為我國師資培育新制下實施教育實習的主要依據及法源，後來該辦法為了配合實際的需要，曾歷經過多次的修訂，最近的一次修訂是在九十一年底。近期隨著九十一年底最新修正《師資培育法》的發布及將來修訂《師資培育法施行細則》等新法所帶來的改變，《教師資格檢定及教育實習辦法》仍將有不少的變動，值得進一步的關注。

以下擬根據過去幾年《師資培育法》教師實習規定的相關問題，以及所衍生的實際問題進行檢討，並將就新修正《師資培育法》實習相關規定所可能產生的問題進行分析。另外要說明的是，本文所稱「教師實習」，包括「教學實習」及「教育實習」兩項內涵，前者指的是修習教育學分學生在師資培育機構所修習的必修課程名稱，後者則指學生在教育實習機構（學校）所參加的實習工作。

四、甄選制度

近年除了師資培育制度有所變革外，教師的任用制度也隨之改革。原本計畫制下，師範公費生畢業原由政府分發任教；但是新制所有自費生取得合格教師資格後，均須參加教師甄選。而此項甄選舊制是由地方政府主辦，但是新的《教師法》卻規定由學校負責遴選。

由於修習教育學程及教育學分者日眾，使教師需求呈現僧多粥少的情況。這種情形在前幾年前時已有部分徵兆，惟還未到引起全民關注的程度。但是近年來，隨著國內外經濟環境的不景氣，高學歷卻失業的年輕人愈來愈多，教師職務相對的顯示較穩定的待遇及較好的福利，對許多人們來說有莫大的吸引力，於是更多的人以考上教師甄試為其職志。雖然師資供給面人數日增，但是需求面卻日減。原因之一是國內人口成長率近年日減，許多縣市中小學都有減班的情形，致使得教師員額遂更加緊縮。另外部分縣市聘用代理代教或兼任教師比例增加，更壓縮了教師需求。到了今年，教師供需嚴重失衡及教師甄選爭逐名額的問題終於爆發出來，由於各

校教師缺額實在太少，能擠進教師甄試的準教師實屬少數，因而產生所謂「流浪教師」的問題。

貳、問題分析

目前師資培育制度主要問題有三，分別出現在師資養成、實習與教師甄選上，茲分述如下：

一、養成方面

現行師資培育養成制度，主要缺失有三，分述如下：

(一)多元化功能不彰

八十三年修訂《師資培育法》，旨在引進多元競爭機制，以提升師資素質，然而實施近十年，此一功能並未充分發揮。由於初檢、複檢機制各校未能嚴格把關，形同虛設，凡能修畢者絕大多數均可取得教師資格，無篩選淘汰機制。

九十二年再度修正《師資培育法》，另定《大學設立師資培育中心辦法》，如師範院校一體適用，則所謂多元管道將消失，代之而起的將是「師資培育中心」，這種改變只是名稱的變更，或意味著又回到單一師資培育形式一元化的老路，必須密切觀察。

(二)師資出現供需嚴重失調

原本儲備制即是希望引進市場機制，讓師資養成更具彈性，但是主管教育行政當局及師資培育審議委員會，早先審核學程標準過於寬鬆，以致大幅開設，師資培育人數已飽和，出現供過於求。據教育部估計取得合格教師證書而無教職缺可資任教人數（所謂「流浪教師」）：九十二年約為一萬九千人至二萬八千人，九十三年度約為二萬九千人至四萬三千人，九十四年約為三萬八千至五萬五千人。然而高中以下教師每年需求量粗估約為七千至八千人（教育部內部研究中文件），顯然嚴重供過於求。以今年為例，據估計今年自師範校院及一般大學教育學程畢業人數，將超過二萬人，然國中小實際教師缺額僅三、四千人，且多屬偏遠地區的國小英語與資訊教師，扣除公費生二千三百一十三人後，僅有一千多名缺額開放競

爭。若加上去年的二萬人，師資供應顯然膨脹失控（葉碧琦，2003）。

針對此問題，教育部對於新增學程申請案轉趨嚴格。九十一年度只核准五校增設國小及幼教學程，共二百五十人（陳曼玲，2002）。九十二年七十五校申請，僅通過增加幼教學程一案。然而師培會審查標準卻不一致，對於一般大學欲增設小學學程尺度較寬，對於申請案並未限定只能培育九年一貫課程七大領域中的單一領域師資；但對師範學院欲新增中等教育學程則加以否決、或限定只能培育某單一學習領域師資，顯然寬嚴不一，使問題更趨於複雜。

另外對於學士後教育學分班核定人數也漸減，九十一年度新核准共二十九校，一百零六班，四千七百五十五人（教育部，2003a）。九十二學年度則核准二十九校，一百零五班，四千七百一十五人（教育部，2003b）。

儘管主管當局對於新增申請案趨於嚴格管制，但是對於已設學程量與質欠缺控管機制，供過於求的問題依然存在。

(三)各校辦理教育學程成效不一

一般大學校院（含技職校院）在辦理教育學程時，狀況不一。有些大學本身設有教育學院，或設有教育相關學系或研究所，在師資人力上較充沛，學校給予的支援也可能較多，因此辦理時較積極，自然成效相對較顯著。但是屬單設教育學程中心的校院，則困難較多，以致功能受限，進而影響辦學成效，其主要遭遇的困難有四：

1.定位不明

現有一般大學教育學程中心，依新法將改為師資培育中心的定位，究竟應視為學術單位或行政單位，各校作法不一，若將其納入學院之下，則教師較受重視與支持；若納入教務處之下，而較不易受到尊重與支持。由於定位不明，學程教師的升遷也無定法可依，影響教師工作意願。

2.師資不足

依照標準，每一學程應有專任教師五員，單以此標準要負責全部有關教學、行政及學生實習輔導等相關業務，人力已顯不足，更何況許多學校未撥足員額，問題更顯嚴重。

教學時又由於人力所限，專任教師需開設多門不同課程，以致無法完

全與本身所學專長符合；各校為解決人力不足問題，或外聘兼任教師授課，或尋求他系教師支援，此法雖可解燃眉之急，但畢竟只是補救支援性質，非其本職，如此嚴重影響教學品質。

3.不受重視

整體而言，教育學程在一般大學與其他學術行政單位相比多不受重視；當學程中心在教學、行政或實習輔導上，欲尋校方給予人力或資源支援時，常遭遇挫折或摩擦，或部分學校學系對於開設學生任教領域或學科所需專門科目時，配合意願不強，以致在學校內有邊緣化與弱化現象。

由於以上困難，導致各校辦學水準參差不齊，學生程度差距頗大，進而無法確保修畢教育學程者的素質。

4.行政支援系統不足

一般大學未如師範校院專設實習輔導單位，安排師資培育生教學實習與教育實習相關事務，以致各教育學程中心必須完全承擔有關工作，常有疲於奔命之感。

㈣師範校院的功能未獲重視

現有十所師範校院，傳統上在師資方面教育專業科目教師不僅人數多，且中小學九年一貫課程七大學習領域或高中職相關學科所需教師的專長較齊備，並在教學與實習輔導上，也累積了數十年的豐厚經驗，這些在國家培育師資上都應視為社會共同的資產，但是這些傳統特色與長處，卻未獲政府重視與善加利用，甚至一味刻意弱化其功能，欲將師範校院與一般大學師資培育中心一體看待。

另外，當師範校院欲尋求轉型為綜合大學，卻又未獲政府充分的支持與重視，而一直企圖鼓勵其與它校合併，以致其發展進退維谷，無法顧及各校差異。

總之，在現行制度下教育學程無法充分發揮其功能，而師範校院原有長處也處處受限，以致新制無法發揮專業、多元、競爭功能，進而確保教學品質及學生素質，亟待改弦易轍。

二、實習方面

自從八十四年《師資培育法》實施以來，教師實習的工作產生了下列

的問題，特別值得關注：

(一)教育實習的內容名不符實，未真正增進實習教師專業成長

根據《教師資格檢定及教育實習辦法》的規定，教育實習的內容應包括教學實習、導師（級務）實習、行政實習、研習活動等。目的是為了讓實習教師能夠更全面地參與學校事務，瞭解學校行政工作運作情形，並增進專業成長，立意雖佳，但是施行時，卻產生下列偏差：

1. 在某些未經完整規劃實習教師實習工作的學校中，實習教師常變為廉價勞工，處理的多為學校行政瑣事，對其日後的教師工作並無實際裨益。

2. 由於目前教師員額僧多粥少，實習教師在實習時必須戰戰兢兢，唯恐得罪學校行政人員，影響到本身前途。是以面對少數實習學校某些較不合理的要求與措施，也多只能默默接受，無法據理力爭。

3. 原先教育實習中的行政實習工作是為了讓實習教師能更瞭解學校日常運作情形而設置，因而實習教師的行政實習應不僅限於單一處室。但不少實習學校顧及行政工作的延續性，實習教師至校實習時，還是以某單一處室的實習為主，有時甚至成為行政主管的私人祕書。另外，部分實習教師的行政工作負荷過重，形成反而是以行政實習為主，影響其教學實習與導師實習甚鉅。

4. 部分的實習學校對於實習教師未能提供足夠的專業輔導機會以及正確的專業觀念，反而呈現了學校的陋習，讓實習教師提早感受到教育工作黑暗的一面。

(二)實習教師的角色及相關權利義務的定位不明

實習教師的法律地位與權利可說是處於邊緣的地位，其並非編制內人員，但卻領有實習津貼，參加學生平安保險。有時他們又必須指導學生的課程活動，甚至必須帶學生到校外參觀。在角色的定位上，實習教師既非教師、亦非學生，其在實習學校可說只是「過客」，在管教學生亦會面臨不少困難。

有關實習教師角色定位的問題，在最新修訂的《師資培育法》及《師資培育法施行細則》中已作了相當程度的釐清。根據該法的規定，實習教師的身分應該屬於在學的學生或是自學校畢業的學員（前者適用對象為在大學修習師資培育學程之學生，後者主要適用對象應為修習學士後教育學

分班之學員），因此一旦新法實施之後，實習教師將不再享有實習津貼及其他與正式教師相仿的待遇。唯這是否會影響到實習教師在學校功能的發揮以及限制其實習工作的範圍，尚待進一步的觀察。

(三)進行教育實習輔導工作的實際困難

依照現行《教師資格檢定及教育實習辦法》的規定，實習教師所接受的指導為「雙指導教師原則」：一方面在教育實習機構設有實習「輔導」教師，另外在師資培育機構則設有實習「指導」教師。其設計雖有其美意，但在現實的條件下，教育實習輔導工作卻有其執行的困難，因而常流於有名無實。

1.師資培育機構缺乏適合及有意願的實習指導教師

在現行的制度下，師資培育機構必須有實習指導教師擔負巡迴實習輔導的工作，但卻常面臨到下列的幾項困難：

首先，實習指導教師常分身乏術，無法深入進行實習指導工作。目前在師資培育大學中擔任實習指導教師者多為大學教師，而大學教師平日多忙於教學、研究，甚至還得兼辦某些行政業務，而所實習指導的學生，少則十數位、多則數十位，且可能分布在全國各地，即使依現行制度最底線每學期巡迴輔導一次，也常常分身乏術，無法深入地進行實習指導工作。

其次，實習指導工作缺乏固定經費支援，致使巡迴輔導工作無法落實。目前一般師資培育機構並未特別編列實習指導教師巡迴輔導所需的交通及差旅經費，有時實習指導教師至各地巡迴輔導時還得自掏腰包，所費不貲，因此某些師資培育機構往往並不鼓勵實習教師跨區實習，也不希望實習指導教師巡迴指導次數過多，以免影響到學校人事經費的編列。

第三，未能落實任教科目相關專門知能的教學實習指導，無法真正提供實習教師必要的幫助。一般大學教師在其專業領域的教學研究中固然有其精深的造詣，但其本人可能從未具有中小學實務教學的經驗，或根本不具中小學教師資格，在實際的指導上有其困難。再加上實習指導工作常須來往奔波、舟車勞頓，許多大學教師視兼任實習指導教師工作為畏途。加以實習指導教師所指導的實習教師其所任教科目可能並非其專長（例如實習教師所任教的是某些職業類科，但實習指導教師卻未具此專長），致使實習指導教師在觀察實習教師試教時，往往無法提供具體的協助與建議。

　　此種情形，在一般大學的教育學程尤為嚴重。由於在一般大學中，專門科目系所的支援教師往往不願擔任實習指導工作，以致此多由教育學程的教育專業科目教師擔任。而在一般大學畢業之實習教師又是來自於各系所，其在實習學校所任教之專門科目更可說是種類繁多的情形下，即便部分教育學程的師資具有中小學教師資格，但因其指導的實習教師數目較多，往往並不是根據自己的專長來進行實習指導，因而所能提供實習教師的幫助也頗為有限。

2. 師資培育機構未能針對「教育實習」之輔導課程和方式進行系統規劃並落實實施，其中包括通訊輔導、每月返校研討、指導教授定期巡迴輔導、平時諮詢或網路聯絡系統、專題研究、職前研習等。

3. 教育實習機構在遴聘中小學實習輔導教師所面臨的困境

　　依現行規定，教育實習機構在遴聘實習輔導教師時，必須合乎下列形式上的要件：(1)有能力指導實習教師者；(2)有意願指導實習教師者；(3)具有在中等學校、國民小學、幼稚園、特殊教育學校（班）或其他教育機構一年以上之教學經驗者。除了第(3)項外，(1)、(2)項皆屬於相當抽象的條件。在實際執行時，常會面臨下述困境：

　　首先，實習輔導教師專長不符，未能善盡輔導職責。由於實習學校人力不足，對於實習教師的到來多抱持來者不拒的態度，而在接受實習教師實習申請前，未能慮及學校本身是否有相符之專業科目教師能擔任實習輔導。致使部分實習教師到校服務後，始發現實習輔導教師的專長科目與其任教科目不合，例如發生非體育科系教師指導體育科實習教師的狀況。

　　其次，部分實習輔導教師較為資淺或欠缺教學經驗，無法提供實習教師具體協助。輔導實習教師的工作並非易事，雖說實習教師部分地分擔了正式教師的工作，但其除了可能得多花額外的時間來輔導實習教師外，更必須開放自己的教學提供實習教師學習，是以對許多資深教師而言，對擔任實習輔導的工作常敬謝不敏。某些學校在安排實習輔導教師時，有時只好安排較為資淺的年輕教師來擔任，有些甚至是請代課代理老師擔任實習輔導教師的工作。在此情形下，成為新手指導新手。

　　第三，少部分的實習輔導教師未能有正確的心態，影響實習輔導工作的推展。不可否認的，仍有少數的實習輔導教師依然抱持著「實習教師幫

忙，我就輕鬆了」的想法。他／她們可能將一些原本應該自己上的課程與
負責的工作，全部交給實習教師來做，而在實習教師上課時，卻沒有到場
實際指導協助。如此既未對實習教師的實習有實質的幫助，亦可能使實習
教師的熱忱產生重大的挫折。

㈣舊制中教育實習所具有之複檢的篩檢功能不彰，而新制教師資格檢定考試的成效則尚待觀察

依照原先的法令，教師資格的檢定分為初檢、複檢。其中初檢由師資
培育機構辦理，修習教育學程學生只要修畢教育學分就可取得實習教師證
書；而複檢則由教育實習機構和師資培育機構共同辦理，依據實習教師實
習成績是否及格，以核發合格教師證。基本上，只要實習教師未犯下大
錯，應該都可以順利通過複檢取得合格教師證。如此一來，複檢只是一道
形式程序，並未發揮實質的篩選作用。加上由於教職難覓，實習教師在實
習期間往往是以現實功利為考量，並未深切體會教育的專業精神，一切以
日後能通過教師甄試為目標。在此情形下，師資培育的真正精神喪失了，
實習教師在實習期間所表現出來的孜孜不倦，並不能保證其日後真的能成
為一位好的老師。

而根據新制《師資培育法》及最新於九十二年八月一日公布的《高級
中等以下學校及幼稚園教師資格檢定辦法》的規定，教師資格的檢定不再
以初檢、複檢兩階段分開進行，教育實習被列入職前師資培育的課程中，
而實習教師能否取得合格教師證書，則以必須通過筆試形式的教師資格檢
定考試為依據。大抵來說，教師資格檢定考試的科目包括國語文能力測
驗、教育原理與制度、各階段學生的發展輔導、各類型學校的課程與教學
等四科（教育部，2003c）。雖然教育部在訂定這些考科之前，均經過專
家的討論及諮詢，唯以筆試形式為主的考試，能否真正甄別出適合從事教
職的人員，則有待進一步的觀察與斟酌。至於實習過程，完全由各師培機
構安排，政府未作監督，成效好壞值得憂慮。

㈤教學實習課程未能真正落實及分科教材教法合適師資嚴重欠缺

實習的問題不只包括教育實習，也包括現行職前教育過程中教學實習
及分科教材教法等課程的問題。前所述及，在師資培育機構中，最難尋覓

的便是教學實習及分科教材教法的合適師資。特別在一般大學中，教師雖已具有專門科目的素養，但卻不一定具有中小學教師經驗或是教育專業素養，也可能沒有任教此兩科的意願；若都交由教育學程教師負責，則在專門科目的教學上亦無法提供學生實質的幫助。另外衍生出來的問題是，在一般綜合大學中，由於學生是來自各系所，日後要任教的科目亦頗為紛雜，致使得師資培育機構在開設分科教材教法的課程時，人數分散，開班人數不敷成本，形成教育資源的浪費。而且由於任教科目眾多，在安排教學參觀時亦有實際的困難，學生並不一定能夠觀摩到自己日後任教科目的教學。

㈥教育實習的培育時程縮減所造成的困擾

在現行的制度中，實習教師應實習一年後，始能取得合格教師證書。但是根據最新修訂的《師資培育法》第八條規定，修習師資職前教育課程者，含其本學系之修業，以四年為原則，並另加教育實習課程半年。也就是說，實習時間由一年縮短為半年，甚至於學生可以自由選擇是上半年還是下半年。在這種情形下，可能造成下列的困擾：

首先，限制了實習功能的發揮。新法之所以更改實習時程的理由，大致上是認為一年的實習功效其實在半年內就可以完成，而且考量在新制下，實習教師不再支領實習津貼，所以縮減實習的時程。但這種想法似乎忽略了師資的培育應該是一個培育人師的過程，其本來就是緩慢、漸近、長遠的歷程；而且原有的實習時程可以配合教育實習機構整學年的行事曆，不僅教育實習機構可以對於實習教師的實習進行一個全面漸進的安排，也可以讓實習教師完整地參與學校整學年的行政與教學工作。過度採取急功近利的態度，將來可能會滋生種種不良的狀況，同時也增加師資培育機構及教育實習機構在安排實習工作時的實質困難。

其次，實習時間的縮短，並不必然對實習教師有實質的利益。如前所述，我國學制為學年制，學校聘任教師通常也是以學年為單位。在現制下，學生實習一年後，擔任正式教師工作，在時程上較能銜接。因為，實習改為半年後，為求配合一年一次的教師檢定，因此可能集中於第一學期，結果人數可能過多。至於選第二學期，則無法趕上檢定。

三、甄選方面

　　茲就目前觀察的社會現象並根據報章雜誌及網路所載情形加以整理分析，發現中小學的教師甄試制度，至少產生了下列問題：

(一)師資培育嚴重供需失調，可能造成重大社會問題

　　由於修習教育學分之門大開，各大學校院幾乎都可以開設教育學分，因而具備合格教師資格者要遠多於教師實際的缺額，隨著每年畢業或修畢教育學分後，步出校門者日益增加，可以推想教師甄選的激烈，在以後幾年內只會愈來愈嚴重。雖然在目前，教師缺額的稀少與教師的新陳代謝速度過慢有部分的關係，而政府為了解決許多合於退休資格的教師無法依其申請意願退休的問題，也已允諾撥款新台幣三百億元解決教師退休潮的問題，但是不可否認的，過幾年後，今年的問題依然會再度發生。

　　目前師資供需失衡問題嚴重的程度，根據相關資料顯示，各大學校院每年修完教育學分的人數約有八、九千人，但每年國中小學教師的缺額只有不到兩千人，且許多前一年未能考上教師甄試者，第二年仍會捲土重來，累計下來，至今約有三萬五千多準教師在競爭一千多個教師缺額，情況十分慘烈。另外《教改萬言書・重建教育宣言》也指出，自民國八十四年到目前為止，全國修習教育學程的人數約有三萬五千人，而師範學院畢業生約有九萬人，合計共有十二萬五千人，但由八十四年到目前為止，教師缺額卻只有三萬多人，加上老師退休困難，阻礙師資流動，估計這八年來，全國約有近十萬名教師無法如願進入校園（〈重建教育〉，2003）。在這樣激烈競爭的情形下，勢必會有一些具備合格教師資格的準教師永遠無法進入教師這個行業中。但是當初這些合格教師也是經過嚴格的篩選並修習教育學分，這些學生在修習教育學程時滿懷著日後能當老師的願望，其願望一旦落空後，通常感到重大的挫折，甚至產生受到欺騙及憤世嫉俗的心理。

(二)教育資源的浪費

　　如前所述，目前已有七十一所學校開辦了八十八個教育學程，其中，有些學校是為了推動師資培育的理想而設立教育學程，但也有些學校以設立教育學程作為其招生賣點，將教育學程的設置目標成為工具上的運用，

但由於教師實際缺額與修習教育學程者人數落差太大，一些培育師資較不嚴謹的學校畢業生根本很難謀得教職，最後仍必須轉業，如此形成了教育資源的浪費。另外目前教育部每年均齊頭式的專款補助各大學教育學程改善教學措施，但這可能會造成兩個問題，一是資源的分散，使得各學程無法真正地進行教學設備及措施的改善，僅能就一般設備作部分的增添，教育資源也稀釋了；另一方面是資源分配不合宜，由於教育部的補助方式通常係依照學程學生人數多寡進行補助，而在私立學校為了擴大招生賣點及爭取補助的情形下，私立學校所設學程的數目及學生人數也都比一般公立學校人數為多，因而其所爭取到的補助經費也較一般公立學校為多，但事實上，前者的學生日後真正能通過教師甄試者有限，因而形成了教育資源的浪費。

(三)甄選制度的公平性問題

當前教師甄選最為人所詬病的就是甄選方式的公平性問題。在一個價值日趨多元的現代社會中，「社會公平」可說是我們所要堅持之價值標準的底線及主流價值，但是在教師名額粥少僧多的情形下，教師甄選制度是否公平卻一再受到質疑。據參加甄選教師的反應與報載消息，對於甄選現象有尖銳的質疑，這些懷疑，雖無法律上的形式或實質證據，但也顯示此一甄選弊病非空穴來風，不容忽視。據報載，自從師資培育多元化之後，每到每年七月中旬至下旬時，便有許多準教師們南北奔波、不畏暑熱，到處「趕場」，參加各處的教師甄試。為了增加教師甄試的勝算，他們不惜成本，購置各項教學設備，如筆記型電腦、單槍投影機等，並且準備了許多的教具、教學材料等，往往一個暑假考下來，交通住宿費不計，光報名費就得花上萬元以上。這樣辛苦地參加甄試，若是甄試還讓其感受到不公平的待遇，甚至因而落選，其心中的怨氣當可想而知（陳洛薇，2003；韓國棟，2003）。

當新法改由各校自行辦理教師甄選後，選拔適合本校需求的教師，此一理想與實際落實之間仍存有不少的差距，因而目前又出現許多縣市辦理聯合甄試的趨勢。不容否認的，近年來，許多學校的教師甄選已盡量朝公平、公開的方向努力，但不公之鳴時有所聞。但根據《中國時報》與《聯合報》之報導每到教師甄選的時節，一些內定、關說，甚至紅包的謠言就

滿天飛，有些教師甄選委員甚至一到試場，便有議員上前關說；至於學校主事者包庇保送其子女、親戚進入學校擔任教職的情形也時有傳聞。如果這些只是傳聞，但若確有其事，主管教育行政當局便不可等閒視之，而要積極處理。不過由於在經濟不景氣的情況下，教師還是人人嚮往的行業，所以還是有許多人前仆後繼地想要擠進教育學程，至於考上教師甄試，那就待各人日後參加甄選時各自運用人脈來展現神通了（張錦弘，2003；〈教師甄選〉，2003；韓國棟，2003）。

　　觀察目前的狀況，在教師甄試中，已經有了一種「社會再製」的傾向，也就是說父母親等上一代從事教育工作或中產階級以上者，其子女有著更佳的機會進入教育界服務的文化資本。當然，這種社會再製一方面可能是來自於文化資本的傳承，但另方面則可能是來自於教師甄試時的人情袒護。以往在師資的任用一方面來自公費生的分發，師範校院的學生經過大學聯考的篩選，分發服務時是以在學成績的 T 分數作為依據；另一面是辦理公開甄選，高中部分由各校自行甄選，國中小由縣市政府邀請各校校長、教師組成甄選委員會通常採取筆試、試教、口試等方式公開甄選，在國中小公開甄選等部分其公平性一般受到相當的肯定。反觀在現行的制度之下，不具教育界人脈及相當社經地位背景的準教師，可能需要比其他人更多的努力，才能順利考上教師甄試（〈教師甄選〉，2003）。

㈣流浪教師現象

　　有人說七月成了教師甄試的流浪月，三、四萬名合格教師，為了擠進學校窄門，從台灣頭奔波到台灣尾，但是錄取率很低，據九十二年七月十六日《中國時報》所載，新竹市國小教師錄取率是最低的，僅 0.99%，共有三千八百四十九人報考，僅錄取三十八人。其次，錄取率不到 2% 的台南市有三千六百一十四人報考，僅錄取四十三人，錄取率 1.9%。新竹市國中教師甄試，有三千三百九十五人報考，錄取五十一人，錄取率 1.5%。此外，桃園縣國小教師甄試錄取率 2.33%，新竹縣國小教師甄試錄取率 4.2%、彰化縣國小教師甄試錄取率 4.41%，都不到 5%，大部分學校的錄取率集中在 5% 至 20% 之間（韓國棟，2003）。據報載有個別教師花費上萬的金錢與時間，到處參加教師甄試，但是卻都一無所獲（張錦弘，2003；陳洛薇，2003；黃德祥，2003）。

　　希望上述報載，只是少數個案，若是普遍現象，教育當局就必須嚴肅面對問題所在。

(五)校教評會的功能遭受質疑

　　民國八十四年，在教育改革的聲浪中，為明定教師權利義務，保障教師工作與生活，提升教師專業地位，公布了《教師法》，教育部更依據《教師法》第十一條之規定，訂定《高級中等以下學校教師評審委員會設置辦法》，並於民國八十六年三月十九日公布實施，此辦法之實施，使我國高級中等以下學校（含幼稚園）教師的遴選聘用制度，產生了重大的變化。以往教師的任用，由主管教育行政機關採派任方式，目前則改由各校籌組教師評審委員會遴聘教師。當時認為這是尊重學校的自主權，落實校園自治的具體措施，各級學校可衡量學校發展需要，透過甄選程序，選擇學校發展特色所需之師資，開創以學校本位管理的人事任用，甚至於激勵教師，不再只是扮演傳統的教學者角色，更進一步成為學校的共同經營者，然實際的運作並未達到前述目標。

1. 就落實教師的主權來說，一般教師並不認為教評會等同教師全體，或認同教評會能代表教師公正行使人事任用權，甚至於部分教師反對教評會的設置，這主要的原因，在於教評會服務的標的是教師，如果服務的結果是怨言多於贊同，教評會自然成為質疑的對象，所以教評會也只是形式上代表教師自主，不能有實質上擴大民主參與的作用。

2. 部分學校教師控訴校長操控教評會：事實上現階段的法令包括校長的任用須經篩選，並由教師參與決定，校長在教評會中只是主席或其中一員，教評會成員的職責是一人一票，獨立行使職責，身為民主時代的一位教師，如果還自己放棄職權，任憑一人操控（可能是校長、可能是意見領袖、也可能只是積極參與權益者）那表示教師們在民主素養運作上仍需多加努力。

3. 教評會是依據教育部公布《高級中等以下學校教師評審委員會設置辦法》而設的組織，其任務、職權成員、權利義務及運作方式均有明確的法令規範，可是運作至今已達七年之久，外界仍然持正反二面的看法，一個依法行事的組織，遭遇如此多的批評，不禁質疑組織的設計有否問題。

　　總之，教評會是一種由受雇者來雇用受僱者的組織，成員的教學表現，如果不能為人表率，容易讓人質疑其對不適任教師之審議是否具正當性，這是一種「球員兼裁判」的不合理現象；另外教評會有權聘教師，卻不負學校教學成敗之責，換言之，教評委員個人的利益與整個學校的利益不盡然相關，才造成功能不彰的現象。

參、因應對策

　　針對三方面的問題，分別提出三項因應對策。

一、養成制度方面

　　未來師資養成制度的主要目標，以多元化的方式，培育出卓越且專業的師資。為達上述目標，必須作以下改進：

(一)訂定嚴格的設立與評鑑標準，建立完整的進退場機制

　　未來對於新師資培育學程的申請，需明訂統一的審核標準，建立客觀公正的審查機制，避免寬嚴不一，因人而異。

　　對於申請中學教育學程者，除審查學程一般條件外，應一併考慮該校開設領域或專門科目的師資、課程與圖書設備；對於申請小學教育學程者，除審查學程條件外，應一併考慮該校開設領域的師資、課程與圖書設備。核准時，則限定其培育師資的領域。

　　對於已開辦各類學程，訂定嚴格標準，定期進行績效評鑑，評鑑項目除教育專業科目的開設與實習輔導外，也應針對各校所開設的領域或專門科目加以評鑑，以確保兩類培育機構的辦學品質。對於辦理成效績優者，增加其班次與及培育人數；成效不彰者，則積極採取核減人數、減班甚至停招的處置，建立退場機制，以確保教育品質。

(二)建立以師範校院及大學教育院系為主軸的多元師資培育制度，以養成專業教師

　　因應目前高等教育制度的變革，未來師資培育機構，仍應維持多元精神，唯考慮各校師資培育的產能，建立雙主軸的師資培育制度，一軸是以

師範校院及設有教育相關院系所之普通大學為主[2]，一軸是以單設師資培育中心之一般大學校院為輔。

因前者無論在師資人力、圖書及設備上相對較充裕，學校支援較充分，教育專業的研究成果較豐富，所以應負擔更多與師資培育有關的教學、進修、地方輔導與研究的責任；至於單設師資培育中心之一般大學校院，由於現有員額編制與人力物力均較有限，師資培育能量亦受限制，因此功能以教學為主。若未來師範校院有欲轉型為綜合大學者，政府應給予積極的支持，並在轉型過渡期間，仍應借重其長期師資培育的經驗，賦予負擔師資培育的任務。

至於開設的形式，除教育學程一途外，仍維持學士後教育學分班的辦理，以提供有志任教者修習之機會。惟對於各校的申請案，應訂定嚴格標準，考核其辦理學程的績效與產能後，核定班次與人數。

對於現任教師的在職進修，凡辦學績效優之師資培育機構，都負有提供教師進修機會之責，以滿足教師終身學習之需求。至於一般大學師資培育中心的地位，應定位為教學單位比照學系或研究所層級辦理，以強化其功能。各校應強化行政支援系統，建立師培生實習輔導的專責單位。如此不僅有利於教師專心教學與發揮輔導功能，減少不必要的行政負擔與干擾，對於教師升等也可比照學系研究所層級辦理。

(三)設計多元教育專業課程，鼓勵各校競爭

目前教育部對於各校開設教育學程的教育專業科目與學分數，有較一致性的規定，此法雖可減小各校差異，維持水準，但卻可能使師資養成趨於僵化，有違多元精神。由於未來修畢教師職前教育課程而欲取得合格教師資格者，必須通過教師檢定考試，其考試科目與範圍均已明訂，因此透過考試應能確保合格教師的素質。如此，在此前提下，應賦予各師資培育機構更多課程設計之權，鼓勵各校創新與競爭。政府再透過檢定機制，選

---

2 目前設有教育學院的大學有政治大學、中正大學、嘉義大學、台東大學、淡江大學、文化大學、慈濟大學等校，單設有教育相關院系的有交通大學、暨南大學、成功大學、中山大學、東華大學、輔仁大學、中原大學、東海大學、銘傳大學、南華管理學院、致遠管理學院、台灣科技大學、台北科技大學、雲林科技大學等校。

拔出優秀師資。

　　唯為確保未來教師對任教科目的專門素養，政府則應規定最低共同核心科目與學分。

四保留公費機制，適度增加名額，吸引清寒優秀學子任教

　　本年度全國僅存公費生一百六十五名，然偏遠及離島地區仍有需求，加上目前社會經濟條件不佳，許多清寒子弟無力升學，因此師資培育中的公費機制，仍有保留的必要，定期調查地方需求後適度調增名額。惟對於公費生名額的分配與金額，均應有所變革。在名額分配上，主要對象應限以師資培育為其學校主要教育目標之一者，並依其師資培育產能與績效分配名額。至於金額應確保在學期間基本生活與學習無虞。經費來源則可從將停發的二十餘億實習教師津貼預算中轉撥。

五編列充足獎助學金，獎助清寒且成績優異的師資生

　　現行實習教師津貼將停發，而原有二十餘億的預算，仍應投注在師資培育上，不宜移作他用，其中一部分可編列清寒績優師資生的獎助學金，金額應確保在學期間基本生活與學習無虞，而各校名額則依其師資培育產能與績效加以合理分配。

二、實習制度方面

　　針對前述教師實習所產生的問題及可能衍生的困難，謹提出下列幾項因應策略：

(一)教育實習應融入整體師資培育課程之中

　　在最新修訂的《師資培育法》中，教育實習課程是放入師資職前教育課程之中，也就是說教育實習課程已被視為整體師資培育課程的一部分。但是這種「放入」，不應只是為了削減實習津貼之故，而應該是真正地「融入」，使得教育實習成為整個師資培育過程中最為關鍵的一個環節。以下建議：

1. 教育實習的時程仍應維持一學年，以提供實習教師更完整的學習機會，同時也不致造成師資培育機構及教育實習機構行政作業上的困擾。

2. 教育實習應與各科教材教法緊密結合。在教學實習的課程中，應該更加強學生的實地試教與實作部分，而分科教材教法則應強調教材的內容分

析與教案的撰寫與完成，使得學生在從事教育實習之前就已作好該科的教學準備。

3.明訂教育實習的各類內容與所應占比重，其成績的考評則據此百分比來評定。

(二)慎選並培育合適的中小學實習輔導教師及實習指導教師

　　過去各師資培育機構及教育實習機構在遴聘師資時所作的種種努力必須肯定，但期待透過下列的策略或措施，提升實習輔導教師及指導教師的專業知能，以提供實習教師更多的協助：

1.辦理實習指導教師、實習輔導教師之研習與進修，以加強其專業素養。

2.給予實習輔導教師適當的誘因與獎勵，包括提供研究所進修的機會、實習輔導成效卓著者則應予以記功或嘉獎，以提升資深教師參與實習輔導工作的誘因。

3.增聘適當人才，加入實習輔導工作。例如可考慮延聘各科退休教師、或是正於研究所進修且具有優良教學能力的研究生，經過培訓之後，共同協助實習指導教師從事實習輔導工作，並給予前者鐘點費及交通費。由於這些人才的加入，在組成實習輔導工作團隊後，實習指導教師並不一定要去訪視每一位實習教師，而是可以定時召集整個團隊進行討論研商。在此情形下，實習指導教師可以不需減授鐘點，在經費需求上亦不致增加太多。或是可考慮由縣市教師中心與當地師資培育機構合作辦理教育實習工作，一則解決實習指導教師全省巡迴輔導的困擾，二則節省實習教師往返兩地的勞累與交通費用，三則將實習教師的導入階段納入教師生涯發展歷程。

(三)教育實習仍應以專業精神及態度的養成為其主軸

　　理想的教師除了是經師外，更應該是人師。教師工作固然安定令人欽羨，但考上教師甄試卻不應該是教育實習的唯一目標。以下建議：

1.教育實習仍應以教學實習及導師實習為主，至於行政實習的工作，則應由師資培育機構與教育實習機構協商後而定，以不影響前兩者的實習為原則。

2.教育實習應著重教師之反思態度及精神的養成，讓實習教師不只是教學機器而已。作法可有：加強實習教師實習心得及教學日誌的撰寫、鼓勵

實習教師從事教學的行動研究等。

3.教育實習應適時融入教育的理想與專業精神培育。

㈣建立專業發展學校制度

　　為了激勵實習學校提供更多的實習機會，建立實習教師的輔導制度，應該進一步建立專業發展學校的制度，以提升實習學校的層次。專業發展學校（professional development schools）的概念是出自美國霍姆斯小組（Holmes Group）一九八八年的倡議。專業發展學校係指那些與師資培育機構共同合作，以培育中小學專業師資，促進中小學教師專業成長以及進行教學專業研究之公立學校。其具有下列五項特徵：

1.專業發展學校提供師資培育機構的準教師臨床實習機會，以增加教學經驗。

2.專業發展學校融合教育學者、學科專家及中小學教師的力量，為改進教學效果而努力。

3.專業發展學校是師資培育機構與中小學共同研究的場所，透過雙方的合作，可以發現教育新知並激發中小學教師的研究風氣。

4.專業發展學校不斷進行創新的教學實驗。

5.專業發展學校是教師專業發展的地方，不論實習教師、合格教師、教育行政人員或大學教授，都在專業發展學校的良性互動環境中，不斷地成長（吳清山、林天祐，1998）。

　　而在我國，將專業發展學校的理念應用在教師實習的改進上，其具體作法可有：

1.建立實習學校評鑑制度

　　經評定為實習績優學校者，予以經費與精神上的鼓勵。

2.規劃專業發展學校

　　如同「教學醫院」代表該醫院的水準較高、聲譽較為崇隆一樣，教育行政單位或可考慮規劃建立專業發展學校的制度，對於基層國中、高中及小學進行評鑑，若其可以整合教學、研究及實習輔導功能，並提供相當貢獻者，可將其列入專業發展學校，以提升該校的辦學聲譽。而專業發展學校制度的建立，亦可與未來新實習制度併行。

(五)加強師資培育機構的實習評鑑

目前七十一所師資培育機構，每年培養出數以萬計的教師人力，造成國內中小學師資過剩情形嚴重。教育行政單位允宜加強對師資培育機構的實習評鑑，協助國內師資在追求「量」的擴充同時，亦能加強「質」的培養。而對評鑑成績欠佳的學校則予以減招甚至停招的處份。

1.在人員素質的要求方面

例如要求師資培育的教師應盡量具備中小學教師資格及實際的教學經驗、強化實習指導教師的臨床知能等、加強教學實習及分科教材教法方面的師資等。

2.在行政編制的要求方面

目前國內一般大學的教育學程（或師資培育學程）普遍有人力不足的現象，教師除了必須擔任教學、研究工作外，有些還必須兼辦行政業務，致使許多教師常有分身乏術之歎。為了強化實習輔導工作，各校應有專人負責實習輔導相關工作。

(六)整合師範院校實習輔導處人力，提供適當補助，進而能協助其他學校從事實習輔導工作的推展

一般來說，師範校院的人力較為充沛，而且以往也多有實習輔導工作的經驗與傳統。教育部宜多加善用這些人力與資源，並給予經費補助以協助實習輔導資源較欠缺的一般大學。例如前述教學人力較欠缺的教學實習或分科教材教法等，或可聯合鄰近的師資培育機構及師範校院一起開課，商請在該方面學有專精及具有豐富實務經驗者來開課，如此一方面既可減少教育資源的浪費，另方面又可提供學生更實惠的幫助。

(七)重視教育實習制度，加強補助教育實習工作之推展，進而提升國內中小學師資素質

按最新有關教育實習的法令及辦法來看，教育實習之過程改列為職前師資培育課程，而教育實習的結果則由教師資格檢定考試來決定。對教育部來說，除了省下初、複檢所耗費的時間人力外，更重要的是節省了每年約二十多億元的實習教師實習津貼。唯整筆省下的經費仍應運用於中小學師資素質的提升方面，而不應挪用於它用。例如可提高對於實習學校及實習輔導教師的補助，使得更多的中小學校及教師樂於成為教育實習機構；

而對於成為專業發展學校者更應予以積極鼓勵，落實實習工作，以提升中小學師資培育的水準。

三、甄選制度方面

面對著前述教師甄選所引發的問題，為求能順利解決，可以從甄選方式的改革、教評會組織的檢討、相關資源整合等層面提出具體的改革策略。

(一)甄選方式的改革

1.以聯合甄選取代各校自行甄選

台灣地區的教師甄試自六〇年代起，國中即採取縣市政府統一甄選，二十年來建立了相當的公正性（反之，高中係由校長直接聘用，所以這段期間也傳出一些弊端）。民國八十六年以後，各校依法設置教評會，開始改由各校自行招考教師，事實發現各校自行招考教師的部分，開始出現關說、送紅包、考試不公正的傳聞；但各校聯合甄選的部分，二十年來建立的國中教師甄試制度，也因部分學校自行招考的考試方式不當，公信力幾毀於一旦，所以，目前許多人提及教師甄試不只可以採取聯合各校甄選，也可全縣統一甄選，甚至跨縣甄選，觀其理由，均在打破一校獨自辦理之弊病。因此，高中、國中部分可以採取全縣統一甄選，將會更公開公正，並達到此目的，必須修訂《教師法》，設立全縣聯合甄選委員會；至於國小部分因校數較多，可因應地區之特性，組成學區聯合甄選委員會。

2.聯合甄選應兼顧各校之需求

甄選重在形式上、程序上的公開公正，甄選師資的內涵不可統一規定，甚至考試的科目也應該因應學校需求而多元化，例如：甄選時由各校呈報名額以及所需師資的專長，甚至由各校建議應考科目，聯合甄選只重在程序上的監督、試務上的服務，如此才會吸引各校參加。

3.明定甄選的方式，力求程序公平，實質公平。

(二)教師甄選應訂有一定的規範，力求程序的透明、實質上的公平，一般而言，宜有下列明確的甄選方式、包括：

1.在甄選程序方面

(1)甄選職缺公開上網填報，以昭公信。

(2)公告日期至辦理甄選日期及受理報名之期間，不可過於短促，以利應試者申請。

(3)甄選簡章不可要求非必要之特定資格，以免有量身訂做「綁標」的嫌疑。

(4)教師甄選整個過程進行及評分實況，必須採取錄音錄影，以求公開證驗。

2.在甄選規範方面

(1)試務工作宜訂職掌分配，分層負責，避免一人獨攬，滋生流弊。

(2)命題、製（印）卷人員宜採隔離作業或採入闈作業，以免誤會有洩題嫌疑。

(3)筆試試卷應彌封，以求客觀公平。

(4)試教教材應公布，避免大而無旁的範圍，決定試教科目與範圍的過程須嚴謹。

3.在甄選計分與標準方面

(1)建立明確評分標準與評分紀錄，特別是主觀性強的科目，如試教、口試等，更應明定客觀計分之程序及內涵。

(2)未錄取者成績亦應明確計算，加以通知，不可閉門作業。

4.在利益迴避方面

(1)口試與試教委員之背景與產生均應依法行事，作業過程守密，不可洩漏委員名單，並且宜落實利益迴避原則。

(2)錄取教師與校長、教評會委員或甄選委員不可有三等親以內關係，符合利益迴避原則。

5.其他可能影響甄選作業情形，均須一一考慮。

㈢建立監督機制

　　各校教師甄選應設有監督機制，教育部於九十二年七月十六日邀請全國教師會、全國家長團體聯盟共組「中小學教師甄選作業督察小組」，將會同主管教育行政機關實地督察，經督察結果辦理甄選作業績效優異之主管教育行政機關或學校，由權責機關予以表揚獎勵；查證結果如有不法或不當情事，對失職人員進行懲處，並對甄選結果作適法之處理，情節重大者，並移請檢調單位查辦。但是只有教育部設監督機制，恐怕無法解決眾

多的甄選問題，應該由教育部規定，各縣市政府設實際運作的監督機制，監督機制的成員可由教師、行政人員、學者專家、學生家長共同組成，甚至於各校自我要求，成立自我監控機制。

1. 修法明定校教評會組織，新聘教師可採取聯合甄選，但保留續聘、解聘之功能國中、小教評會的設置係模仿大學組成的，只是國中、小教師會並未顯示出大學教評會的優點、弊病層出不窮，其關鍵在於大學與國中、小雖同是學校組織、但本質上有很大的差異。一般大學在校、人員編制，都稱得上「大」，但國中、小的規模則很小，根據教育部（2002）統計，台灣地區有公立小學二千五百四十八所，其中學校規模在十二班以下的有一千二百四十三所，佔半數左右，而四十九班以上的僅三百八十所，僅占 1.8%左右。國民中學有六百九十二所，四十九班以上的僅一百五十九所，占 23%。國中小學的人數少，小型學校幾乎人人是教評委員，但由於科目繁多，甄選教師常無法作專業的審核，特別是音樂、體育、美術、童軍、家政，聘用人員時教評會成員常是外行來選用內行。此外中小學聘用人員採用一級一審制也不若大學三級三審制來的嚴格，加上教評委員與所聘人員之良莠並無直接關係，故未必會認真評選。

2. 準此，為改進上述之弊，中、小學的教評會應該修法只保留處理教師續聘與解聘部分即可，在新進教師的任用上宜立法規範，明訂可採取全縣式跨校的聯合甄選，以利與上述的主張「採公開聯合甄選」相配合。

㈣相關人力資源的整合

1. 加速教師新陳代謝的速度，使更多教育新血有機會能加入教師的工作

由於政府財政日趨困難，許多資深教師明明已經屆退，但卻苦無機會退休，而新進教師則由於資深教師未能如期退休，也只能苦苦等候，整個教育界呈現著想退退不了，想進又進不來的局面。今年由於某位國小教師至總統府前下跪，使得政府開始重視教師退休的問題，並且答應撥款三百億來解決今年教師退休的問題。惟此僅治標，未能治本，所以政府應對整個社會的退休制度（不只是獨厚軍公教人員）進行通盤檢討，對於教師的儲金制，退休的年齡計算，退休金的領取方法，應有合理的規劃。

2.嚴格淘汰不適任教師，以提升教師素質

由於教師工作的保障與安定，也使得許多不適任教師不盡心教學，卻能坐享優渥待遇。加上台灣社會向來重視人情，對於不適任教師的淘汰，大家向來多抱著與人為善的態度，而不願意嚴格執行不適任教師的淘汰工作。惟長此以往，很容易衍生「劣幣驅逐良幣」情形，即是不適任教師繼續安於其工作，而那些負責任的優良教師卻因為工作負擔太重，常生「不如歸去」之感。因此有必要真正建立不適任教師的淘汰制度，以便讓更多有熱情、有能力的新血投入教育工作。

3.增加教育經費，減少班級人數，降低教師授課時數

近年來政府財政緊縮，但有不少的經費，卻是花在各種爭議的支出上。在教育經費所占國家預算比例失去其憲法法源依據時，國家的教育經費不增反減。前幾年，政府一直致力推行的減低班級人數，現今由於財政困難，也已經不再是政策重點。至於九年一貫所強調的降低教師授課時數，則並未帶來大幅度的改變，許多中小學教師每人每週上課時數仍多達二十節以上，教師負擔仍然太重，無法有餘力從事教學研究工作。因此若能有效減少班級人數、降低教師授課時數，當可增加教師的員額，提供新進教師更多參加甄選的機會。

4.縮減代理代課教師名額

地方政府或為節省教育經費，或為未來學校減班預作準備，常保留正式教師名額，聘用代理代課教師，而代理代課教師只須發十個月薪水，本俸比正式老師低，可節省相當的人事經費；亦有部分縣市甚至作為縣市長的人情償還。此項代理代課教師名額比例最高可達10%左右，如能縮減名額，改聘用正式教師，一則可提升國中小教師素質，一則可以增加教師錄取名額，疏緩教師甄選的壓力。

肆、結語

學生是教育活動的主體，但是教學成效的好壞，關鍵卻是在教師。過去十年教改在這一方面的變革顯然是失敗的。師資多元化，並未帶來師資素質的提高與教師的專業化；師資由「計畫制」改為「儲備制」，更造成

師資供過於求。實習制度的一變再變，時間的縮短，將影響教師的完整養成。教師甄選權下放至學校，結果造成應甄者疲於奔命，更造成種種人情關說與後門的弊端或傳聞，嚴重影響制度的公正性。

有鑑於上述缺失，在多元化的精神下，追求師資培育的卓越與專業化，本校具體建議在養成制度上，一是，嚴訂師資培育學程設立與評鑑的標準，建立進退場機制。二是，建立多元機構與形式，制度上建立雙主軸的師資培育制度，以傳統師範院校及設有教育相關院系所之普通大學為主，以單設師資培育中心之普通大學為輔。三是，設計多元教育專業課程，鼓勵競爭。四是，保留公費機制，吸引清寒優秀學子。五是，增設獎助學金。在實習制度上，延長時間為一年，加強輔導，確立必須先完成實習後始得畢業，並將原有實習教師津貼預算改為改進實習新制之用。在教師甄選上，採取縣市教師聯合甄試方式，過程力求客觀公正。

❧參考文獻❧

吳清山、林天祐（1998）。少年矯正學校、專業發展學校。**教育資料與研究，23**，
　　69-70。

重建教育宣言（2003，7月21日）。**中國時報**，A2版。

師資培育法（2003）。

張錦弘（2003，7月12日）。教師金飯碗，他花六十萬上榜。**聯合報**，A4版。

教育部（2002）。**中華民國教育統計**。台北：作者。

教育部（2003a）。**九十一學年度學士後教育學分班核定班別及核定人數表**。2003
　　年5月6日，取自 http://www.edu.tw/high-school/main/teacher/teacher.htm。

教育部（2003b）。**九十一學年度學士後教育學分班核定班別及核定人數表**。2003
　　年8月4日，取自 http://www.edu.tw/high-school/main/teacher/teacher.htm。

教育部（2003c）。**高級中等以下學校及幼稚園教師資格檢定辦法**。2003年9月20
　　日，取自 http://www.edu.tw/highschool/ii/303/rules/news/d820-5.doc。

教師甄選怪現象（2003，7月12日）。**聯合報**，B8版。

陳洛薇（2003，7月11日）。擠破頭，教師甄試亂現充斥。**中國時報**，A2版。

陳曼玲（2002，8月18日）。大學教育學程，修課人數新低。**中央日報**，9版。

黃德祥（2003）。中小學教師甄試叢林法則何時了。2003 年 8 月 7 日，取自 http:/
/mychannel.pchome.com.tw/channel/class/show_preview.php3/? d=2001-05-14&
enname=edu2top&t=.htm&fn=main&view=1。

葉碧琦（2003，7 月 5 日）。謀教職大不易？紅包高達百萬。**中央日報**。

韓國棟（2003，7 月 16 日）。中小學教師缺額，一位難求。**中國時報**，A5 版。

第九章

高等教育：

宏觀、規劃、自主、責任、卓越

召集人：高強華

共同召集人：王麗雲

研究成員：楊瑩、鄭志富

∽摘　要∾

　　我國高等教育的發展近幾年來變化快速，在數量上的成長可謂驚人，但是高等教育的諸多問題卻也引起社會大眾的質疑與批評，本文歸納出：一、大學質量失衡；二、大學治理；三、教育機會不均等；四、分工定位不明四項高等教育發展危機作為討論的焦點。我們提出宏觀、規劃、自主、責任、卓越作為對我國高等教育發展的期望。解決質量失衡危機，我們建議：一、暫停核准新設大學院校，全面檢討供需情況，訂定短中長期高等教育數量發展政策；二、整合多元資訊，作為公私立大學院校系所調整與補助的依據；三、建立完善高等教育評鑑機制，確保與提升高教品質；四、重視高等教育機構之教學與學習，避免文憑粗製濫造；五、檢討解決高等教育數量問題政策，避免飲鴆止渴。

　　解決大學治理危機，我們建議：一、本尊重高等教育學術自主的精神，釐清政府與高等教育機構的關係；二、重新檢討大學內部治理的問題，釐清大學自治範圍與模式、促使權責相稱，以利大學內部行政運作；三、釐清高等教育政策決策單位與決策流程，使高等教育政策決策合法、合專業、合權責相稱原則，並廣採利害關係人意見。解決高等教育教育機會不均等的危機，我們建議：一、進行調查研究，瞭解我國高等教育階段教育機會不均等的現況與成因，作為改進的依據；二、加強高等教育與就業市場供需調查，研擬學費補助政策，提供學子必要就業輔導措施；三、正視高等教育機構間資源差異日益惡化的現象，協助並督促各校提供高等教育基本之資源，縮小各校差距。解決高等教育分工定位問題，我們建議：一、教學為本，注重學生學習權益；二、協助大學院校評估自身定位分工，使組織發展目標明確；三、建立能鼓勵組織發展的高等教育分類系統；四、發揮評鑑功能，瞭解高等教育機構目標與表現情況。

壹、前言

「戲劇性」可以說是我國高等教育發展的主要寫照，就高等教育的數量而言，大開大合似乎成為高等教育機構成長的宿命，一九六〇年代專科學校的快速成長，以及之後因十三年私校禁設的停滯期，是第一次的大開大合，造成的負面影響，花費了數十年的光景尚未完全弭平。一九八〇年代末期後，因應教改需求及社會壓力，大學院校數量第二度急速擴張，造成供過於求；教育部不得不亡羊補牢，忙著鼓吹整併，研擬退場機制。這次快速擴張造成的問題，恐怕也不是短時間內可以解決。歷史經驗似乎並沒有讓我們變得更聰明。大開大合所造成的質量失衡，形成我國高等教育發展的循環性危機。一窩蜂的搶著設校、改制、追求「卓越」、策略聯盟，更使得我國高等教育，像是時尚流行的展示舞台，沒有妥慎的規劃，更難期盼宏觀的發展。

另外一項「戲劇性」的發展，是擺盪式的治理模式，過去我國高等教育機構常被譏為「教育部大學」；中央集權的管制方式，配合經濟規劃與發展的需求，使得各大學的自主與彈性受到擠壓。教改之風行，《大學法》修正，使得各大學獲得部分自主權，但擺盪過度，部分「教育部大學」反而成了「政治」大學，一方面因為大學院校內部治理的矛盾，或過度理想化的設計，使得學術殿堂成為政治角力場所。另一方面部分大學的設立受到地方政治的壓力，教育成為政治支票。教育部在兩極擺盪中的角色更為尷尬，先綁，後鬆綁，又希望鬆鬆地綁，或是選擇性的綁與不綁，政府與高等教育機構之間關係愈加曖昧不明，高等教育的發展契機也就在這矛盾曖昧的關係中點點滴滴耗蝕。疊床架屋，是高等教育治理的另一項問題，政府機關設立的高等教育相關委員會究竟屬諮詢、決策或研究性質，有時定位不明，少數甚至在無法源依據情況下即擬逕行運作，更不知置公共事務運作與法制於何地。所制定的政策，如何能指望周全？如何而能受到高等教育機構的肯定與支持，凡此種種，都是我國高等教育治理的問題。

我國高等教育發展第三個戲劇性的吊詭現象，是增加入學機會似乎並

未帶來教育機會均等情況的改善。高等教育由選擇式的菁英教育轉變為普及教育，大大的增加了入學機會。但教育機會均等的問題，卻日益成為大眾關注的焦點，不斷調漲的學費，加上經濟成長的萎縮，以及逐漸下滑的高等教育投資報酬率，使得高等教育教育機會均等問題成為社會關心的焦點；也成了社運團體攻擊的箭靶。雖然部分人士疾呼：「大學非義務教育」、「使用者付費」、「大學不是為了就業作準備」等口號，可是在大學文憑幾乎已成基本學歷的情況下，不患寡而患不均，政府如何能問心無愧地面對礙於昂貴學費而必須捨棄個人就學志願、半工半讀、舉債、甚至放棄就讀的學子？我們不期望政府完全達成教育機會均等，可是錯誤的政策卻可能使得教育機會不均等加劇，擴大社會階級的藩籬與人民的怨懟。在「不唸大學比唸大學還難」的年代，人民卻因不當的政策需「自我放棄」（self select out）或付出沉重代價才得以完成學業，可說是我國高等教育上另一造化弄人的發展。

另一個令人血脈賁張的場景，是加速發展卻迷茫渾沌的高等教育。雖然台灣現有一百五十所左右的高等教育機構，不過卻定位分工不明，造成資源的排擠與重複浪費，也無法彈性的回應學子與社會的需求；更因資源運用缺乏效率與明確著力點，而無法達成多元卓越的目標。高等教育機構的數量增加，所服務的對象已不是過去的知識菁英，或因為機構同質化因素的影響，導致高等教育機構之間區隔不大，雖有資源與學生素質上的差異，卻未見經營特色上的不同。教育部雖以追求卓越作為提供少數特定「重點」大學發展經費之口實，但是因經費分配過程及所謂「研究型」大學之選擇標準不明，以致「數大即是美」（綜合性大學）、「研究掛帥」（研究型大學）成為許多高等教育機構共同的追求目標。長此以往，在經費與資源日益緊縮的情況下，平庸式的、缺乏特色的高等教育恐將繼續存在。

我們不是觀戲人，但是身處此一「高潮迭起」，時而令人「瞠目結舌」的高等教育發展過程中，我們確有切身之痛，也有真誠的關心，謹利用此一機會提出諍言，作為決策者的參考。我們主張高等教育發展需要真正的宏觀規劃，這項規劃是由教育部與各個高等教育機構因應社會變遷趨勢、高等教育精神與各校願景及條件共同完成，不是教育部獨自進行的規

劃，更非即興式的、流行式的演出。我們也主張不論時代如何變遷，學術自主仍應是大學不變的特色，也是大學之所以能有利人類發展最重要的立基點。雖然大學因科系性質之不同，與國計民生或社會運作的關係有遠有近，但是我們主張大學不能只享學術自由，不負應有的責任。近如對服務機構與學生的責任與關懷，遠如對大小社會的貢獻，大學院校必須要能勇於承擔，並受到適當的檢核。最後，我們要強調，台灣需要的不是平庸式的大學教育，追求多元面向的卓越應該成為所有大學共同努力的願景。

貳、問題分析

一、質量失衡的危機

高等教育質量發展失衡，已成為國內現今高等教育發展諸多問題的重要現象之一。廣設高中大學是教育改革的共識，不過缺乏明確的發展目標與詳細的擴充規劃，卻使得高等教育機構數目膨脹過快，供需失調；高等教育資源分配困難，間接使得高等教育素質有下降之虞；加上經濟不景氣所導致的高失業率，使得文憑貶值，這些都為我國高等教育發展投下不穩定的變數。高等教育機構所生產的大量人力投入市場後，中高級人力過剩，基層人力缺乏，也將衝擊到經濟發展與社會的穩定。規劃不當的膨脹造成了個人與國家投資上的浪費，以及高等教育體系發展的危機，過度擴張之後的處理方式也有瑕疵，使得我國高等教育發展堪憂。

(一)高等教育擴張缺乏專業規劃與管理

教育決策缺乏清楚的願景與詳細的規劃，在我國高等教育發展史上屢見不鮮，教育決策從歷史上所學到的經驗並不多。大開大合放任自由，似乎是我國高等教育發展的宿命。

以往高等教育的數量管制嚴格，影響人民的受教權益，之後大量擴張，使得我國高等教育由菁英型轉為普及型。這種轉變的速度過快，以雨後春筍形容並不為過（Wang, 1998）。民國七十一年國內大學院校共有二十八所，專科七十七所，民國八十一年大學院校則為五〇所，專科為七十四所；到了民國九十年大學院校已暴增到一百三十五所，專科則縮少為十

九所（教育部，2002）。如果以教育部（2003）在九十二年所提供的最新資料來看，九十一學年度公私立大學院校已有一百四十八所（含軍警空大），專科則為十五所。由八十一年到九十一年間，大學院校的數目增為三倍，可以說成長相當驚人。如果以十八歲至二十一歲年齡組的淨在學率來看，民國八十年為 10.90%，二十年後已上升至 45.21%（教育部，2002），不且超越了 Martin Trow 所稱的「大眾化」教育階段（Trow, 1973），且已邁向普及型。民間戲稱考不上大學比考上大學還難，正是高等教育大量供給的寫照。

　　高等教育的擴張原本是民意所趨，不過產生爭議的是審核的尺度與決策的過程，高等教育機構的設立常常淪為政治支票，強大的地方政治壓力常迫使專業的考量屈服，使得高等教育的擴張整體規劃不足，造成今日教育部在忙著核準新設大學以學院改制後，又忙著鼓吹大學整併，研擬大學退場機制，這種大開大合的高等教育政策，勢必影響到高等教育的素質，衝擊學子與高等教育教職員工的福祉。一九六〇年代專科快速擴張所造成的後遺症殷鑑不遠，可惜不論是決策者或政治人物都沒有由這段經驗中學習更聰明的決策；也令人為台灣高等教育的競爭力憂心。教育部在高等教育的數量管理上，顯然缺乏長期性的、一致的規劃，也不尊重教育專業的聲音或建議。雖然自由市場派的學者或社會人士主張教育部不必為任何事負責，應該交由市場機制運作，汰劣留強，不過市場機制從來就不是台灣高等教育運作的允當法則。再者，教育事業攸關人民的權益及個人與國家投資，俟市場機制運作完成，數代學子的受教權益也將蒙受不可逆轉的損失，個人與國家的投資也將受損，政府在高等教育發展規劃上，實在應該發揮更專業的角色與堅持。

(二)高等教育擴張過速，影響高等教育品質

　　高等教育擴張過速，影響高等教育品質，主要是因為以下幾項原因：1.高等教育機構設立審核把關不嚴，政治考量過重；2.專科及學院改制倉促；3.高等技術職業教育與高等教育規劃難有術接；4.設立校數驟然膨脹，導致資源分散，不利高等教育機構發展。

　　高等教育機構數目在短時間內以倍數成長，新的機構名稱不斷出現，地方政治力量的介入，要求設立大學院校，對教育部形成壓力，無法完全

顧及專業的考量，影響高等教育機構的品質，為政治考量辦教育，而非為
教育考量辦教育，影響高等教育品質。優良師資的供給、學生的來源與素
質、教學與研究的軟硬體設備、基本的經營成本，將是部分新設學校必須
面臨的問題。

　　大學院校新增數目中有一部分是透過改制而成的，原有的專科學校在
地位競爭的壓力下，以改制（升格）為努力的目標，放棄原先的定位與經
營目標，倉促投入大學的供給市場。雖然教育部訂有改制辦法，可是短時
間內的改制，不但在機構內部造成目標的衝突，也因短時間內機構體質改
善的不易，造成改制學校汲汲於撰擬呈遞「形式完美」之改制計畫書，在
通過後卻因現實因素限制造成「高不成、低不就」的窘境。在改制風潮之
下，「升格或轉型」成為機構不得不走的不歸路，機構目標訂定欠缺周詳
考量與說服，配套措施不足，使得改制學校在發展上備受考驗。

　　高等教育機構林立，競逐高等教育資源，使得個別高等教育機構所能
獲得的資源減少。再加上人口出生率下降，學生來源減少，使得在學費高
限管制情形下，學校原先擬仰賴學生學費收入的增加不易，自然影響高等
教育機構營運。大學為籌募經費，必須透過開源節流的方式，維持營運，
此本為機構經營的基本原則。然而過度開源節流，卻可能對高等教育發展
造成不利的影響，例如高等教育機構為了開源，多致力於開設各種班次及
推廣教育，此舉驟然增加教師的教學負荷，對教師的研究與教學工作造成
影響。而為了節流，透過總量管制等措施限制經費開銷，使得高等教育機
構在新設系所、人事、課程安排上缺乏彈性，創新與革新受限，這些都影
響了高等教育的競爭力。

(三)解決高等教育過度膨脹的策略缺乏彈性

　　受到高等教育機構數目快速增加，人口出生率下降，加入 WTO 後國
際高等教育機構有可能逐步分食國內高等教育市場的影響，勢必使得高等
教育供給過剩的問題雪上加霜。這項問題的存在朝野已有共識，目前教育
部的解決策略是要求公立學校合併，不過迄今被點名的學校展示的成份居
多，未必是最需要合併的學校；另外教育部對於解決此問題的其他政策變
通方案考慮也有所不足，諸如公私立大學院校內部科系的轉型或整併，私
立大學之間的合作或整併，透過評鑑機制與供需調查所進行的汰弱留強等

作法等，可能都是解決高等教育數量過多的策略。教育部在解決高等教育供給過多的問題上，將焦點鎖定在公立大學（特別是師範院校），又以整併為主要的策略，引起學校內部不一致的聲音與反彈。推行幾年後，公立學校的整併動作仍是聲聲慢，主要是因為策略缺乏彈性與過於急進，不但沒有辦法解決或減輕現有的問題，且徒增高等教育機構的不安與緊張衝突。

創立新的大學院校機構容易，消滅或縮編現有的大學院校卻牽動了教職員工與學子的權益，因此不易做到。因此創立新的教育機構前，必須審慎規劃，避免類似五專過速擴張所衍生的問題重演。而今事已至此，推動機構的變革或重組更需要足夠的誘因與仔細的規劃，目前推動整併的機構內部與外部誘因不足，再加上配套不夠，使得整併的工作推行困難，有必要重新檢討解決策略，激盪提出質量失衡問題的各種解決方案，以適合機構間不同的需求，機構的整併或策略聯盟不必然是唯一的出路，公立院校或師範院校也不必然是唯一的焦點。

二、大學治理的危機

台灣地區大學治理的議題，可分從教育部與大學之間的關係、大學內部治理，以及教育部內部治理三方面來探討。大學治理所面臨的矛盾與困境，使得大學發展遲滯不前，難有競爭力。

㈠教育部與大學之間關係曖昧不明

受到教育鬆綁及校園民主思潮的影響，教育部與高等教育之間的關係由以往集權式、標準化的管理轉而尊重各校自主，「教育部大學」一詞即在描述過去高等教育機構如何在招生、學籍、課程、師資、乃至學校的組織、運作制度上受到教育部的限制，以致存在著制度過於僵化和保守之弊。在社會快速變遷的今日，高等教育的發展在層層限制下往往無法配合社會脈動。教育部近年來為因應社會開放後所呈現多元化的特性，以及「教育鬆綁」呼籲，漸有授能（empowerment）的作法。一九九四年修正公布的《大學法》，即要求各大學校院逐漸建立本身發展之特色與定位；課程安排、教師資格審查、學籍審查、乃至大學校長的任用亦逐步授權，似乎教育部與大學院校的關係已由集權治理移轉為開放自主。但是，由於

教育部仍掌管國立大學校院的預算分配事項、員額編制之核定，加上許多政策之發布未經充分之考慮與協商（例如要求大學不調漲學費之建議、研究型大學之補助等），導致教育部與高等教育機構之間的定位仍然曖昧不明，究竟是綁？是鬆？是鬆鬆的綁？或是選擇性的綁？每每造成教育部與各大學間的緊張關係。

二〇〇三年六月十一日行政院通過的《大學法修正草案》中，除增列教育部之下設立高等教育審議委員會外，更增訂「行政法人國立大學」專章，計畫採雙軌漸進式將國立大學法人化；並明定行政法人國立大學應自行或聯合數校成立董事會。這項法案如果通過，勢必又改變教育部與高等教育機構之間的關係，但是對於法人化的必要性、定位與影響，至今仍語焉不詳，什麼是真正的趨勢？什麼是政策所操弄出來的趨勢？什麼是我們該模仿的國外治理模式？又為什麼高等教育財務急速惡化的現實情況，真的能藉由公立大學法人化的問題解決嗎？還是只解決了教育部的問題？這些都是在推行藉由公法人化更改大學體質前，必須認真思考的議題，以免製造更多問題。我們相信不同作法必然各有其優劣得失，只有經過徹底周詳的公共討論，才能集思廣益，取其大利，避免躁進與無謂的實驗。

另外值得一提的是私立大學院校與教育部之間的關係。長久以來部分私立學校常是政府整頓的重點，提倡大學自治後，非屬公立機構的私立大學院校自由度增加，但是因為設校過多，形成壓力的關係，政府補助私立大學的金額不斷增加，因而有必要提升對私立大學院校的管制。最近的變化是《私立學校法》的修正，草案中涉及大學治理的條文包括了：1.將私立學校諮詢委員會修正為私立學校審議委員會；2.新訂監察人專節，明定其資格、條件、職責、遴選程序等，以建構設校法人及其學校內部控管體系；3.訂定私校相關人員利益衝突迴避原則；4.增訂不接受政府補助學校，其學雜費之收取不受本法及相關規定限制等。這項草案中的私校審議委員會及監察人制度將有可能影響私立大學與教育部之間的關係。這項法案的爭議仍多，我們期望此法修正時能考量釐清私立大學院校與政府之間的關係，作為部、校之間行政運作與經費分配的依據。

㈡大學內部治理紛擾頻仍

教改另一重要成就，是根據《大學法》賦予大學自治權，或許是因為

初嘗自治滋味，分際拿捏不定，諸如「大學共同必修科目」、「學生退學」、「大學內部組織」、「教師升等辦法」等自治權限，仍然引起諸多爭議，往往需賴大法官會議解釋以弭平爭議。也使得大學法必須不斷修正，大學的自治權限應該有多大？由誰來決定？如何訂定一個能符合大學自主，又能維持大學基本水準，顧及學生學習權益的大學治理模式，仍均有待細部的磨合與釐清。

其次，原先賦予大學內部的自治權設計，理念上有其矛盾之處，例如校長遴選及學術主管遴選制度，使得學術殿堂不時上演政治角力的戲碼。管理者由被管理者選出，也造成部分校長或學術行政主管領導上的困難。過度理想化的校務會議設計，也使得大學的治理陷入權責不相稱的泥淖，同時在行政效率與民主性上也受到質疑。

最後，前面所提《私立學校法》的修正，也會影響私立大學院校內部的治理，在進行修正時也應一併考慮對大學內部治理所造成的可能變化及影響，以使私立大學院校教師享有同等的學術自由保障，教職員工有瞭解與參與校務的機會。

㈢高教治理疊床架屋，合法性亦受爭議

行政院或教育部內部對於高教治理相關事項，需要諮詢相關高等教育機構代表的意見，或成立委員會諮詢，以求統觀周延，本是明智之舉；不過教育部與這些委員會之間的定位，仍然有部分待釐清之處，這些委員會是屬諮詢、研究或決策性質？如果是屬決策性質，教育部內部的組織似乎即應先作調整？《教育部組織法》之修正即應在設立委員會之前而非之後。具有決策功能的委員會是否亦應獨立受到監督，不必統由高教司或教育部買單？委員會委員的組成是否具代表性？並能周延的反映及考慮時勢與輿情？並願意開放公共對話，接受大眾的檢核批評，並提出具體詳細的說明。二○○三年六月十一日行政院通過的《大學法修正草案》，將設置高等教育學術審議委員會亦列入修正重點之一，責成該委員會負責審議高等教育政策、高等教育資源等事項，此委員會的設置影響高等教育發展重大，是否有必要設置？定位為何？如何設置？都有必要討論溝通。而今此項大學法修正案仍未三讀定案，高等教育審議委員會卻已成立，是意圖強度關山，讓木已成舟？抑或確有此急迫性，必須逕行設立？令人不解。如

果要設立新的單位取代高教司的主要業務，我們認為教育部應先調整內部的組織運作，以免疊床架屋，避免他人點菜，自家被迫買單的窘境？我們建議高等教育審議委員會的設立與否與運作內容，尚有需要說明與討論的空間，高等教育審議委員會之成立與正式運作，及教育部內部組織之因應調整，宜等待《行政院組織法》及《大學法修正案》通過定案後才可展開，否則將名不正言不順。

三、教育機會均等的危機

教育機會均等的議題，最近在大學校院公布調整學雜費後，因凸顯了清寒家庭子女就學之困難，教育部長要求各校勿調整學雜費遭拒，而陳水扁總統的電子信也引起民眾的質疑與社會大眾討論的熱潮。扼要言之，教育機會均等的問題，可以由學費部分來談，也可以由機構資源分配來談。

國內學者論及「教育機會均等」之概念時，多半是以一九六五年國際經濟合作與發展組織（OECD）之詮釋為參考依據，加以申述或整理歸納。

根據該組織當時以「教育計畫之社會目標」為主題研討後之結論，「教育機會均等」一詞至少具有下述三種涵義：㈠能力相同的青年，不論其性別、種族、地區或社會階級如何，皆有均等的機會，接受非強迫性的教育；㈡社會各階層的成員，對於非強迫性的教育，具有均等的參與比率；㈢社會各階層的青年，具有均等的機會，以獲得學術進修的基礎學力。在上述三種涵義下，大多數學者對教育機會均等的定義，遂不約而同的以下述二觀念為基礎：

第一，每一個體應享受相同年限的基本義務教育，這種教育是共同性、強迫性的，不因個人家庭背景、性別或地區之差異而有不同。

第二，每一個體應享有符合其能力發展的教育，這種教育雖非強迫性，但含有適性發展的意義，亦可稱為分化教育或人才教育。

㈠節節上漲的學費阻撓清寒家庭學子求學之路

第一個相同年限的基本義務教育要求，已因義務教育的普及而達成（雖然在資源投入上、過程上、結果上仍有可待改進的空間），第二個適才適性教育的要求在多元入學的推動下，表面上至少是朝這個方向努力。

不過近年教育機會不均等的陰霾卻逐漸籠罩非屬義務教育，更屬分化教育的高等教育階段。主要的原因是高等教育的普及化，大學已非窄門，而是自動門，高中職畢業學生的大學入學機會比以往多出許多，合理的推論應是入學機會增加，更朝向均等境界邁進，實際的結果是年年調漲、日愈高昂的學費已經讓高等教育成為學子及其家庭沉重的負擔。今年七月間反高學費行動聯盟、快樂學習教改連線、中學生權益促進會、與新世代青年團等團體，聯合批評教育商品化、要求政府對高學費政策作出回應等訴求，即可說是學雜費調漲後，學子面臨沉重經濟負擔壓力的最具體反應。學費壓力使得經濟力薄弱的學子必須以金錢而非志願為就學考量，或舉債打工以籌措學費，甚或提早自我排除於大學之外，如何能令經濟情況不佳或手足較多家庭的學子不怨不懟？大學文憑滿街，幾成基本學歷，高等教育幾成不得不然的投資（或消費），而其報酬率卻日益下降，且可能面對「畢業即欠債」、「大學畢業等於失業或低度就業」的窘境，對貧窮學子來說，情何以堪？怨歎誰識？

　　台灣高等教育學費究屬「高學費」或「低學費」，是一個見仁見智的問題，可以由成本與效益的角度來看，也可以由學校營運成本與「利潤」角度來看，但是另一個不能忽略的角度是付費者的角度，教育不比名牌商品，買不起不影響個人的生計，教育影響個人學習權益與流動機會，近年來台灣社會貧富差距拉大、經濟普遍不景氣、失業率高，對於中產及以下的家庭來說，付費（實質與機會）成本（affordability）與投資報酬率不能不精打細算，而就學機會的均等，就往往成為精打細算之後的犧牲品，造成清寒子弟無法一圓的幻夢。

(二)私立學校學生受到三度懲罰

　　另一反均等之道而行的政策，是廣設私立大學院校。興學固為人民的權利，不過過去的研究一再指出，台灣公立大學校院的學生多為社經地位較佳的學子，而就讀公立大學校院不但繳較少的學費，又較私立校院享有更多的資源，此對進入私立大學院校的中低收入學生而言，可說是二度懲罰。政府如果關心教育機會均等議題，應針對此一問題進行改善，可是目前的政策卻是讓這個情況更加惡化，私立大學院校數量激增，學子進入私立學校的機會增加，要承擔二次懲罰的人口也增加，再加上教育投資後所

能得到的回收差距已因大學文憑貶值而惡化，對於就讀私立學校的學生來說，更可謂三度懲罰。據報載，教育部正在評估考慮將家庭年收入在一百萬元以下的大專院校學生給予學雜費減半優惠。此項政策是否真可嘉惠清寒子弟？是否經過審慎評估？計算的理性基礎為何？我們認為良好的教育政策是需要有前瞻詳細之規劃，以往教改之所以亂象頻生，即因部分政策未經過審慎考慮及評估即推出，配套措施不足，不是不能解決問題，就是使問題惡化，或是製造更多新的問題。

(三)大學院校資源分配不均問題益熾

學校資源分配不均，也是衍生教育機會不均等的另一因素。大學資源不均的近因有二，都與政府的政策有關，一是，公立大學之間的資源差距可能擴大；二是，私立大學經費情況惡化。

1. 公立大學之間資源差距可能擴大

校務基金制度（教育部，1995：81-82）的實施，使得各國立大學需自籌部分校務基金，可是國立大學校院間現有條件及成立基礎不一，實施校務基金後，教育部經費上之壓力雖然趨緩，卻造成各校富者愈富、貧者愈貧的後遺症，學校之間的差異可能逐漸拉大，部分公立學校的資源日趨窘迫指日可期。教育機會均等理想的落實，是靠提供公平的競爭機會，而不是根據立足點的不平等限制了各校的資源獲得。對於因實施校務基金制度導致經費短缺的公立學校，應另思途徑補救，尤其這些學校當初都是政府規劃設立以達成政府的政策使命及教育目標，部分並非以經營熱門科系或營利為主流，也未必都有顯赫的校友或產學關係，教育部目前希望其自立更生，自謀財源，對這些學校來說並不公平。

2. 眾多私立大學院校分食教育經費

食指浩繁可能是目前令教育部最頭痛的事之一。政府鼓勵私人興學，原本是希望私人的財力能挹注到教育事業之上，以減輕政府的負擔，所以私人興學者，一方面要有辦學的熱忱，同時也要有辦學的財力。可是私立學校設立後，由於其強調同時肩負高等教育為國作育人才之功能，無不向政府申請補助，而且政府補助私立大學校院比例一再調高，特別是在學生人數減少、學費收入減少的時刻，這種需求更為急迫。私立學校增多，政府經費所需照顧的私立大學院校也增多，在僧多粥少的情況下，使得私立

大學院校的資源除非靠學費的調漲或私人捐資的增加方能解決，唯前者將使教育機會不均等的問題更形惡化，後者在目前私立大學山頭林立，國內捐贈風氣並不普遍，捐贈者少的情況下，私校想要要大幅增加捐贈以充實私立學校資源，乃是不可寄予厚望的目標。學生人數減少、競爭者眾，捐贈或國家補助又不可能大幅增加，私立學校的資源恐怕較往日更堪憂。

四、高等教育定位與分工的危機

　　高等教育的定位與分工不明，是我國高等教育發展另一項危機。快速發展卻失去方向，造成機構齊一化的現象，不但造成經費的排擠，也使得大學對日趨多元的學生與變遷快速的社會需求回應不足，造成個人與社會資源投資的浪費。

(一)在高速公路上迷失跑道的高等教育

　　前已述及，台灣高等教育近幾年成長快速，機構數量增加驚人，可是加速成長的高等教育卻面臨發展方向失焦的問題，造成高等教育的危機，而高等教育機構定位不明則是發展方向失焦的癥結之一。如果高等教育的定位問題不獲得解決，各個高等教育機構之間的功能可能會嚴重重疊，造成傾軋與浪費，並影響資源有效分配，多元卓越的高等教育發展目標勢必難以達成，快速發展的高等教育，正如同在高速公路上疾駛卻迷失目標的車輛，欲速卻不達。

　　早先國內大學的分工可以分成公立大學與私立大學，教育部的默契是希望公立大學辦好需投資較多的研究所教育，私立大學則因有學費收入的壓力，需多招學生，所以教育部期望其以辦理大學教育為主。至於技術學院則因為有技職教育為終結教育的看法，多年以來都只有台灣工業技術學院負責提供極少數的技職體系大學文憑教育。這些分工的方式雖不盡合理（因為一方面限制了研究取向私立大學的成型，另一方面也使得技職體系的升學管道成避雷針型，技職體系學生必須靠轉學考或參加聯考，方能獲得戴方帽的機會，嚴重剝奪技職體系學生的升學機會），不過當時因為分工定位清楚，在資源分配上較不易重疊。可是八○年代中期禁設私校之令解除，再加上專科改制之風蔚然，以及廣設高中與大學成為政策，私立大學院校大量成立，技術學院與科技大學數目也直線上升，目前國內大學院

校的發展，似乎都是以研究型或綜合大學為發展目標，所以學校規模莫不力求其大，希望校內學院設立愈齊全愈好，教師聘任與升等也因為教育部現有大專院校教師資格審查辦法的限制，多以研究型大學的水準來辦理，導致高等教育機構間分工定位不明，而具體的負面影響包括了資源分配的排擠與重複浪費、大學多元化的面貌喪失、學生及社會需求脫節等問題，同時因為大學院校定位不明，研究、教學、推廣服務樣樣均沾，也很難在特定方面有突出卓越的表現。

(二)機構齊一化的問題

　　高等教育定位不明問題的浮現，與外在環境的變化及政策規劃不當有關。高等教育機構數量激增，原本就不可能讓每一間都成為培養學術菁英的研究型大學或是科系齊全的綜合型大學，各大學如何在眾多的競爭機構中尋找自己的利基，乃為重要挑戰。或為機構同質化動力使然，許多大學對於機構本身的定位有相當傳統的看法，彼此模仿，再加上政府特定的獎勵或補助措施，研究型或綜合型大學似乎成為眾多高等教育機構熱衷追求的目標。教育部近年來雖訂有高等教育機構類型分類的企圖，有意將高等教育機構區分為研究型、教學型、專業型、及社區型等四類，但因前述各類機構區分標準迄未明定，且台灣目前所占比例最高的綜合型大學目前似乎未被歸為一類，因此台灣高等教育機構的發展方向，迄今仍有齊一化的趨勢，使得高等教育失卻其多元與彈性，更容易造成彼此的傾軋與牽制。

(三)高教資源的排擠與重複浪費

　　資源的分配與運用需有明確的目標，才能達成使用的效果，特別是在資源有限的情況下，經費運用更需要有明確的目標作為指引，才不致於浪費經費。現今高等教育機構龐多又定位不明，迫於各大學的壓力，教育部在補助上往往須作妥協，平等式、缺乏重點目標與規劃的投資，使得投入的高等教育經費看不到相對應的效果，形成資源的浪費，讓日趨減少的高教經費在運用上更缺乏效率。沒有明確目標的散彈打鳥，或統統有獎的齊一分配方式，使得台灣高等教育的發展在資源緊縮的情況下更令人堪憂。

(四)缺乏回應性的高等教育內容

　　高等教育機構齊一化的發展結果，使得高等教育機構無法提供其日趨多元的服務對象所需要的教育，也無法符合變遷社會的需求，造成個人與

機構教育投資的雙重浪費。自從高等教育邁入大眾化後，高等教育的服務人口已不再是過去知識的菁英，因為機構競爭之壓力，許多學校對於自身的定位就無法跳脫向來較為受寵、接受較多經費補助的研究型綜合大學迷思。對於因就學人口增加所跟隨而來的服務對象性質轉變，部分機構也並未作出積極的因應，此由大學院校在大學博覽會招徠學生所用的利多策略便可見一斑。只有成績優良的學生是大學重賞的顧客，顯示出知識菁英的教育仍然是許多大學醉心的任務，對於日趨異質的學生背景與多元學習需求，以及快速變遷社會環境的回應顯然不足，對於所服務的對象而言，這些情況之產生追根究底，似乎與學校單向機構定位思考有關。

參、因應對策

針對上述問題，我們主張高等教育的發展應以宏觀、規劃、自主、責任、卓越為發展原則，以下先說明這些原則的意涵，再針對前述四項問題提出改革的策略。

一、宏觀、規劃、自主、責任、卓越為原則

宏觀原則所期望的是全面性的政策考量，不要有互相矛盾的政策，不要有自打嘴巴的政策，也不要有頭痛醫頭，腳痛醫腳的政策；同時，具前瞻性與建設性的政策應比收拾爛攤子的政策多。宏觀也指能由全球化與在地化的角度，來觀照高等教育的發展，所以擠近亞洲十大或提倡英語授課固然可以列為目標，但是在投下大把銀子的同時，也別忘了將建立高等教育本土化的特色列為重要目標，更不要為了求政策速效而使得高等教育經費分配與發展失衡，我們要問政策的成果（如果真的能達成的話），受益的是政治人物及極少數的高等教育單位？還是整體高等教育的發展呢？宏觀也是指能由本身歷史經驗與國外經驗中記取教訓，好好的傾聽教育專業的聲音，政策制定與實施前應仔細的規劃評估，不要隨政治壓力、流行風潮、少數強者意志而起舞，事後又黯然「補破網」。宏觀指得是擴大參與，鼓勵公共論述，凝聚大多數人對高等教育發展的共識，而不只是由少數人士及其親信在自身專業領域之外，即興式的為國家高等教育發展獻

第。

　　規劃原則是種反即興式演出，高等教育的發展需要有短中長程的規劃，而這些規劃是需要教育部與高等教育機構共同互動討論形成的，絕不是單方面的施與受。資料與願景是規劃的依據，對於國內及國際各種高等教育資料、人口資料、國家財政資料、經濟發展資料，就業資料、學科發展資料等等，都應認真蒐集分析討論，同時擇其要項定期對各大學院校進行評鑑，以供各大學院校與教育部共同修訂短中長程計畫的依據。有較周全的規劃，就可避免暴飲暴食的問題，或是資源排擠與重複浪費的問題。

　　學術自主是高等教育的核心精神。缺乏自主，高等教育就無法繼續站在人類知識領域與社會發展的前端，過去對高等教育機構的限制較多，目前漸漸解除，不過仍有待努力的空間，最近的併校或學費調漲爭議，以及《私立學校法》的修訂，又再暴露政府與高等教育機構之間曖昧不明的關係，在檢討此關係時，我們主張保護大學的學術自由（含學自由、教自由），以維持大學的根本精神。而自主與自由的維持，除了消極的不干涉外，還要積極的營造學術自由，使之能夠成長發展的環境，身處研究經費、行政運作經費與教學資源匱乏的壓力下，我們不能不懷疑大學院校教師與學生有何教自由與學自由可言？政府除消極性的保障高等教育機構自主外，也應積極提供其教自由與學自由的環境，因為對於餓莩，自主是一件無多大意義的事。

　　責任原則適用於大學與政府身上。雖然大學享有學術自由，不過也應盡其教育與社會責任，各科系因性質不同，對國計民生的貢獻原本就不能一概而論，短視的利潤計較，也昧於長遠的影響。不過大學院校基本的研究與教學責任必須固守，並應盡力思考、反省與實踐個人的社會責任。對於大學的責任監督，我們建議可由各專業次團體進行，以學門為主，其他政府代表與社會公正人士為輔的評鑑機制來達成，確保大學在享受社會資源之外，也能善盡其責任，這點大學院校是不能以學術自由而推託抗拒的。另一方面，政府不能以學術自主與授能推託其對高等教育發展的責任，畢竟高等教育是昂貴的投資，在高等教育普及化的時代，接受高等教育的機會多寡也涉及人民的受教權益，特別是在因政策規劃失當加上資源緊縮，使得高等教育競爭激烈的時候，要求各校經費自主，指望市場機制

達成供需平衡，等於是把教育商品化，無視學子的教育權益以及政府對學術發展的責任，解決了政府的財務困窘的問題，卻沒有盡到政府的責任。

最後，卓越應該是所有高等教育機構共同追求的願景，我們所強調的卓越，並不是以躋身國際排行，或學術研究卓越為唯一的考量，在高等教育普及化的時代，多元的卓越觀應是較為正確的看法。小而美的高等教育機構、教學卓越的高等教育機構、專業教育成果豐碩的高等教育機構、推廣教育與社區服務績效良好的高等教育機構、遠距教育辦理良好的高等教育機構，都應該成為政府鼓勵的對象。這種鼓勵應該是劍及履及，配合實質的資源挹注，而非口惠，如此高等教育機構才會擺脫綜合型、研究取向、菁英教育的迷思，專心發展機構的特色。

說明了五項高等教育發展的原則後，接著針對前面所討論的問題提供解決的策略供參。

二、解決質量失衡的危機

(一)暫停核准新設大學院校，全面檢討供需情況，訂定短中長期高等教育數量發展政策

私人興學乃是憲法賦予人民的權利，不過在幾近氾濫的大學增設情況下，必須有一段整理期。一方面瞭解現有市場供需的情況，以及學校辦學品質情況，將這些資訊整理後回饋給學校及社會大眾，作為學校辦學及學子求學的依據，另一方面應蒐集國際及國內高等教育市場發展狀況，擬定國家高等教育發展政策，協助大學院校發展因應策略。整個資料蒐集及回饋的過程必須制度化，以便長期穩定地提供大學發展所需的資訊。

暫停核准新設大學院校的時間不宜過長，以免影響人民興學權益，反而保護辦學情況不良學校免受淘汰，妨礙大學競爭。短期整頓期間的工作重點，在蒐集國內外高等教育現況資料，配合其他與高等教育發展相關的資料，例如人口資料、經濟發展資料、就業狀況資料等等，指出高等教育發展的問題與可能的出路。同時也應配合大學定位，分別制定教學與研究的不同評鑑制度與標準，定期將評鑑資料與結果公布以供社會大眾參考，作為汰弱留強的依據。對於新設校院系所的審查，教育部也應明訂具體的規範與標準，以使所有的高等教育機構，能為服務的對象提供一定水準的

教育品質，並保障工作其中的教職員工福利。

中期的目標在整頓並引導高等教育機構的發展，大學院校在瞭解上述資料後，可以根據學校的經營目標與優缺點，訂定各個高等教育機構的發展重點，教育部的工作就在監督與協助這些學校達成發展的目標，並制定適合的政策，引導高等教育機構朝有利的方向發展，不論是轉型、策略聯盟、合併、出售、退場、國際化、跨學科合作、新學程的出現、更改學校定位等，都是可行的方向。整個資訊蒐集與公布的過程必須持續，以使回饋的機制不致中斷。目前的危機可能是個轉機，關鍵是各個高等教育機構能不能夠在大環境的變化中，找到自身的利基，而這點有賴資訊的提供與分析，以改進大學盲目的以綜合性、研究型大學為標竿的一窩蜂現象。

長期的目標是協助各校落實發展願景，使我國的高等教育能夠健全的發展，這項願景應該是多元的，以因應社會及受教學生不同的需求，我國在彼時應有能傲視全球，領導學術發展的高等教育機構，也會有一流的教學機構及專業培育機構，提升高等教育的競爭力。

回顧歷史，我國高等教育的數量發展的確可說是「不按牌理出牌」，也因此常不能達成預計的目標，紊亂的急速擴張或關門政策，使得高等教育的發展受到傷害。未來應該要從歷史中記取教訓，前師不忘，後車之師，為我國高等教育發展訂出明確計畫，減少政治干預，重視專業考量，維持大學精神，訂立明確願景，還給我國高等教育發展一片具競爭力的天空。

(二)整合多元資訊，作為公私立大學院校系所調整與補助的依據

目前教育權力下放，大學基於學術自由與自主運作已蔚為共識，教育部不宜過度干涉，不過這並不代表教育部可以免其教育主管機關之責，根據《教育基本法》之規定，教育部應監督國立學校及其他教育機構，並應負責教育統計、評鑑與政策研究。準此，蒐集資訊以提供國內國內高等教育發展，至少是教育部應該做的工作，教育部有必要建立完整的資訊系統，透過長期資料庫的建立或是特定主題資料的蒐集，提供資料作為高等教育發展的依據。這些資料的來源必須是多元的，除了國內及國際高等教育系統內部的資料（如學生表現、教職員工狀況、學術水準、財務情況等）外，也應當蒐集人口資料、就業市場資料、國家財政資料、經濟發展

資料等與高等教育發展息息相關的資料，作為各個高等教育機構擬訂或修正發展方向的參考，並鼓勵有關高等教育相關的研究。

　　評鑑資料也應該是教育部蒐集的資料，這項資料的讀者除了高等教育機構外，還包括消費高等教育的一般大眾，是項資料除了作為學校檢討的參考外，也可提供一般大眾作為選校的參考。有了資料庫，雖然不一定能保證會有理性的決策，但若沒有可靠必要的資料作為依據，高等教育決策是連理性的基礎都談不上。對於資料蒐集的範圍、內容、幅度以及頻率，教育部應組成小組進行研議，作為資料蒐集的依據。

(三)建立完善高等教育評鑑機制，確保與提升高教品質

　　高等教育評鑑在學界討論已久，教育部也開始推動一些學門評鑑，不過可待努力的空間仍然不少，當務之急除了完成各學門評鑑的規劃與執行外，也可考慮將各學門教學與研究的評鑑分開思考，建立獨立的評鑑的執行單位，並將評鑑結果的運用等，作清楚的討論與定位。評鑑初期，因為作業系統尚未完善，又為了減少評鑑的阻力，可以以改良為目的的評鑑作為主流。但是在資源稀少，人民受教權益亟待保護的情況下，績效評鑑亦應適時引進，以作為資源分配，甚至汰弱留強的依據，並透過專業認證機制，確保學子的受教權益。教育部雖不必成為高等教育評鑑的執行者，可是必須成為高等教育評鑑的催化者與監督者，並協助公布評鑑的結果，以改善高等教育的品質。面對高等教育數量暴增，影響資源分配與高等教育品質的情況，完善的評鑑機制是迫切要走的路。

(四)對重視高等教育機構之教學與學習，避免文憑粗製濫造

　　學術研究水準自有學科社群規範，不難掌握，教學則不然。大學的擴張使得想念大學不再困難，在供過於求的情況下，能夠考得進大學的人並不代表就具有由大學畢業的實力或學習成果，部分大學為了學費收入的考量，對於無心或無能力向學的學生，不能嚴格淘汰或輔導，導致大學生的整體素質有下降之虞，如果以自由市場觀之，有人願意砸錢消費買劣品，旁人原本就無從置喙，可是大學文憑為重要證照，教育事業也不在作為文憑的加工所，豈可只由自由市場的觀點將其商品化。建議政府應結合學科社群的力量，進行大學教學與學習的把關工作，訂定一定的標準，進行教學與學習的評鑑，同時對於大學教師的教學與評鑑能力進行輔導，畢竟部

分教師長於研究，卻未必懂得教學。能夠改進大學院校的教學與學習，就能避免文憑粗製濫造的現象。

(五)檢討解決高等教育數量問題政策，避免飲鴆止渴

教育部對於目前高等教育數量暴增所帶來的問題瞭然於胸，亦有危機意識，積極處理。不過對於處理的策略，卻有瑕疵，可能無助解決現有的問題，反而製造更多的問題。

教育部在處理大學數量過多問題上，處理的焦點似乎仍集中在公立大學（特別是師範院校），在處理的手段上以整併為主，雖然也鼓勵各校組成跨校聯盟，不過多集中在少數的幾所大學，至於其他大學聯盟，則多有聯盟之名，而無聯盟之實。整併的問題經緯萬端，中間需要考量的變數很多，涉及的範圍亦廣，成效亦不甚確定，強行「鼓勵」整併，而且只集中在公立學校（特別是師範院校）上，對於解決高等教育供過失調的成效有多少，頗值得懷疑，除了只是達成表面數字的減少外，可能製造更多問題，減低了大學的競爭力。比較可行的作法，除了提供資訊，敦促各個大學根據自身條件擬定發展方向外，也可鼓勵各大學採取下列作法：1.因應社會變遷及自身條件調整內部系所或協助其轉型；2.鼓勵跨科系或跨校合作或策略聯盟；3.鼓勵跨國際之合作關係。

在整頓的焦點上，也不應該只限於公立學校。近幾年來這波教育擴張主要是因私立大學院校設立過多而起的，擠壓歷史悠久且辦學成效不錯的公立學校，以成全私立學校的招生與經費補助需求並不合理，未周全考慮政府在高等教育上所應負的責任，是以我們認為教育部鼓勵整併的關愛眼神，亦應廣及於占全國大學院校數近三分之二強的私立學校。

錯誤的決策可能比不解決問題還可怕，目前解決高等教育數量過多問題的策略需要再度檢討，以免賠了夫人又折兵。

二、解決大學治理的危機

(一)本於尊重高等教育學術自主的精神，釐清政府與高等教育機構的關係

尊重高等教育自主精神，乃指對於教自由與學自由等學術領域部分不應作過度之干涉，且應積極的保護。當然資源有限，教育機構對服務對象

與所在社會也有一定的責任，教自由、學自由以及研究自由不能無限的上綱。消極來說，屬於學術專業判斷的部分，應多交由專業社群決定，政府不宜打壓、干涉或越俎代庖，同時對於應負的監督責任亦應勇於承擔，以對納稅人與學子有所交代。積極來說，政府應營造學術自主與自由能夠生存的土壤，使得大學不會因資源不足而使學術自主與自由成為空談，自主不等於自生自滅，自主的具體實現需要實質的支持。為了學校的營運或保住個人工作忙超鐘點或兼差的大學教師，有多少學術自主或自由可言？

㈡重新檢討大學內部治理的問題，釐清大學自治範圍與模式、促使權責相稱，以利大學內部行政運作

過去的經驗告訴我們對於大學內部治理模式的設計過度浪漫，規劃與思慮不周，由行政學的角度來看，這些都是明顯的錯誤，未來的大學內部治理模式設計，除了參考國外經驗外，在體現大學治理精神時，亦應將教育行政學者的意見納入考慮，高等教育學術行政原本就不同於一般行政，可是行政工作仍為大宗，不論是公法人的設計或董事會的設計等，都應該有更完善的規劃與考量，以免所設計的制度讓學術殿堂中充斥著政治角力，或是讓大學行政運作的效率性、專業性、民主性不彰，妨礙了大學的發展，過去大學校長及學術主管選舉，所凸顯出的問題殷鑑不遠，宜能記取經驗和教訓。

㈢釐清高等教育政策決策單位與決策流程，使高等教育政策決策合法、合專業、合權責相稱原則，並廣採利害關係人意見

不論是行政院或教育部所設立的各種高等教育相關委員會，功能與定位及其與高教司的關係，應有清楚的定位，並使權責相稱，依法規範。高等教育決策及審議單位的設立，應有合法性基礎，重大的決策更應顧及專業考量，並擴大參與與對話空間，廣採利害關係人的意見作為決策的參考。唯有如此，決策的品質才會有一定的保障，決策也才容易受到接納，增加政策落實的可行性。

四、解決教育機會不均等的危機

㈠進行調查研究，瞭解我國高等教育階段教育機會不均等的現況與成因，作為改進的依據

研究所蒐集的內容，包括高中職生升學意願及學費負擔顧慮情況、人民財富資料、學齡子女數及高等教育消費狀況、學校收費情況、大學生貸款或打工情況、大學生畢業後就業情況及收入水準等等，利用資料的排比交叉分析考驗等方式，確實的掌握我國高等教育機會分配的狀況，並透過研究及規劃，擷取相關辦理經驗，以擬訂合宜的政策，不要讓節節上漲的學費阻斷了清寒家庭子弟求學之路，更不要讓子女求學成為家庭經濟上沉重的負擔。

另外，大學多元入學方案也成為各界質疑教育機會不均的箭靶，我們主張因材施教，適性教育也應是教育機會均等的重要指標。多元入學方案有其價值，不過外界對多元入學方案的質疑不宜忽視，應評估多元入學方案對高等教育階段教育機會均等的影響，以免多元的入學管道，成為再製不均的捷徑。

㈡加強高等教育與就業市場供需調查，研擬學費補助政策，提供學子必要就業輔導措施

我們贊成良性競爭，但是反對極端的市場機制主導高等教育發展。市場機制的運作將教育商品化，不把教育當教育辦，也把人民吃虧買到「劣品」、買貴「貨品」、或是買不到「貨品」當作市場機制運作下的偶發情況，無視與學子生涯機會密切相關的求學權益損失，認為供需必然會決定最適價格。誠然，我們同意自由主義經濟學上的供需調節，可能會令市場決定最適價格，可是市場原則可以完全運用在教育場域中嗎？舉例來說，如果市場區隔與階級區隔而非個人能力與努力有高相關，高等教育與社會正義能無危機嗎？在這所謂開放買賣的高等教育市場中，究竟誰是贏家，誰是輸家呢？

期望政府能強化資訊蒐集與提供的能力，作為學校辦學與學子求學的參考，教育系統與就業市場的資料都是重要的的參考依據，如果這些資訊曾經存在並發揮效用，趕流行、屈服壓力等情況怎麼會一再發生呢？

　　國外對於學生求學的補助政策很多，其成效如何，應進行系統性的研究，同時考慮該政策在國內的適用性（例如借貸在國外是常事，在國內可能接受率不若國外高，受薪水準國內外也有所不同）。研擬可行的辦法給予清寒學生適當的支援，以完成大學學業。政策研擬時應注意不要讓補助變成依賴，也不要讓中產或中下階級成為新貧。不論是研究的進行與資訊的取得，都需要跨學科、跨部門的合作，透過審慎的研究分析，共同研擬對策，而不是隨便端出個頭痛醫頭，腳痛醫腳，見招拆招的決策。

　　在大學文憑充斥的今日，高等教育日益昂貴的投資，已成部分家庭沉重的負荷，無法只把大學教育只當作消費，不計其回收投資（借錢念書只是為了念書，不管念出來有什麼用）對部分人而言是不切實際的，政府宜負起蒐集資料與分析的責任，讓學子瞭解高等教育與就業市場供需的現況，作為學校辦學與學子求學的依據，並鼓勵學校或社會機構針對有需要者提供就業輔導，以免「大學畢業等於失業或低度就業」，成為擊垮處於不利地位學子的最後一根稻草。

(三)正視高等教育機構間資源差異日益惡化的現象，協助並督促各校提供高等教育基本之資源，縮小各校差距

　　學校因辦學重點（分類定位）不同，應有的資源配備也有所不同，但都應符合最基本的高等教育辦學資源要求，對於大學經營應有的基礎人力物力投資，應定出明確的標準，以保障學子及教職員工的權益。

　　我們不贊成齊一式的資源分配，因為過度的保障會造成競爭力的喪失，但是我們反對卡司特式的資源分配，不顧慮因各校傳統及背景所造成的差異所造成立足點的不平等，繼續傷害或限制學校的發展。政府在對大學院校的資源補助上，可以採用適當的「積極性差別待遇」、配合公正的評鑑機制與評鑑資料分析，以及合理的法源依據作為準則，建立符合正義，也能活化競爭的資源補助機制。對於「扶不起」的學校，政府也不必繼續浪費已經稀有的資源繼續補助，傷害學生的學習權益。學校之間會有資源上的差距，不過因為有著對學校基本資源的要求，會是較好學校和好學校之間的差距，而不是過得去和過不去間的差距。

五、解決大學分工定位不明的危機

(一)教學為本，注重學生學習權益

　　每一個進入高等教育機構學習的學生，不論其背景為何，都應該享有其受教權益。高等教育機構也應該提供給學生最基本的教育品質，教育部必須負責為學生學習的基本面把關，確定高等教育機構不會為了追求社區服務、推廣教育或學術卓越，而犧牲了學生的受教權，各個大學功能容或有所不同，可是如果涉及招生與教學事務，就必須要負起提供優質教學的責任，保障學生學習的權益。不論是在教學方法、教學內容、教學輔導上都要考量學生的觀點與需求，提供能適應學生多元背景與多元需求的教育，善盡教育機構的基本責任。

(二)協助大學院校評估自身定位分工，使組織發展目標明確

　　齊一式的高等教育發展，會造成資源的分散與重複浪費，高等教育機構如果能針對組織的現況與未來的願景，作明確的分工與定位，就可避免上述問題，同時也能發展各組織的特色，滿足高等教育受教人口多方面的需求。例如研究型大學就較適合學術研究有相當傳統、表現優異的高等教育機構列為組織目標，而不是讓每一間學校，不論其歷史傳統、學術背景或成員意願，都以一般型研究大學為組織發展標竿，以一般型研究大學的方式作資源的分配與人力的聘用，採用相同的評鑑規準。不過在要求各校自行評估機構類型與定位前，教育部應先明確公布區分的標準與類別，及對不同類型學校經費分配與挹注的原則；換言之，在敦促、要求大學院校評估自身定位分工之前，教育部應先在高等教育機構區分的類型與標準上，在經費補助的原則上先作明確的說明，以便各校評估自身的定位與功能。

(三)建立能鼓勵組織發展的高等教育分類系統

　　高等教育的分類系統有多種方式，不同方式所能達成的效果也不同，目前政府已進行專案研擬高等教育的分類系統（楊國賜、王如哲，2002），這是很好的開始，希望在決策的過程中能廣採各方面的意見。不過分類定位的規準必須慎選，因為如果分類定位的規準不能刺激或促進高等教育的發展，反而限制高等教育機構的發展，或使機構發展失去競爭動

力，則此分類定位系統只能淪為保護既得利益者的工具，無法作為促進高等教育機構發展的策略。

㈣發揮評鑑功能，瞭解高等教育機構目標與表現情況

健全的評鑑機制可以促進組織作定期的改進，也可成為政府與大眾監督組織發展的機制，高等教育分類定位功能的充分發揮，還有賴定期健全的評鑑，檢核高等教育在達成其所欲達成目標上的努力情況，以及其所定目標的合宜程度。清楚的定位分類規準配合定期健全評鑑，就較能幫助高等教育機構修正其目標，有效地運用經費與資源，發揮最大的功效。

肆、結語

我們期望台灣高等教育的發展，能走著穩健的步伐，朝多元卓越的目標邁進，不要再有戲劇性的、重蹈覆轍的、自相矛盾的發展。要達成這個目標，需要宏觀的視野、願景，以及務實的規劃，雖然大學的風貌隨時代的變遷不斷轉變，但是我們堅持學術自主與自由應是大學不變的精神，這個精神的維持需要政府積極性的予以支持。我們也強調大學應負起其應有的責任，接受專業公正的評鑑檢核，以繼續享有社會大眾對大學殿堂的尊重與支持。這五個原則的達成，不是靠成立委員會或喊喊口號就能達成的，而必須有詳實的資料與縝密一貫的規劃，配合確切的執行與檢討方能達成。

高等教育待發展的課題眾多，諸如通識教育，產學合作，私立大學經營等等，都是可討論的議題。本文僅就大學的質量失衡，治理不當，教育機會不均，以及分工定位不明四個問題進行討論，並提出幾點解決方案供參。知識向來不能解決社會問題，政策才能；知識的解答當然也不等於政策的解答，可是有專業知識為基礎的決策，才可能有較長遠的成效。這兩者的結合不易，需要努力，長久以來，師範教育專業被有偏見或有其他意圖的人士冠上閉塞、保守的大帽子，否定師範教育專業長期的努力與經營成績。在這波的教育改革中，教育專業更被孤立、忽視與邊緣化，教育政策之推動也明顯的不夠尊重教育專業與教育研究，寧可聽信非教育專業的學術明星或社運人士的建議，或採納即興式的會議討論結果，政治力量之

横行更使得教育專業節節退。在這波教改中，輸的不是教育專業，輸的是學子及社會國家的福祉，以及學術的發展。作為教育界的一員，我們無法坐視不管，謹就個人平日研究與觀察的發現提出問題與建議，盡我們這方面的努力，供舞台上及舞台下關心高等教育發展的賢達參考。

～參考文獻～

教育部（1995）。中華民國教育報告書：邁向二十一世紀的教育遠景。

教育部（2002）中華民國教育統計。

教育部（2003）。我國高等教育發展規劃研究專案報告。

楊國賜、王如哲（2002，11 月）。我國高等教育的分類：一項實證調查之分析。論文發表於中華民國比較教育學會舉辦之「推動高等教育整合與提昇高等教育競爭力」學術研討會，南投，國立暨南大學。

Trow, M. (1973). *Problems in the transition from elite to mass higher education.* Berkeley, CA: Carnegie Commission on Higher Education.

Wang, L. Y. (1998). *What accounted for the availability of higher educational expansion in Taiwan over time?* Unpublished doctoral dissertation, Harvard University, MA.

第十章

●●●結論：

教育改革的策略與願景

召集人：潘慧玲
共同召集人：楊深坑
研究成員：周祝瑛、洪仁進

❧壹、前言❧

　　台灣師範大學長期以來投入教育研究，對於近年所呈現的教改亂象，深感有發聲之責，故廣邀其他大學校院教育學者，共同參與謀劃，除研究小組成員四十五名外，各小組於研究期間亦曾邀請四十八位專家學者進行諮詢。本報告書旨在針對國內近十年教育改革中較具爭議性之課題，提出研議，因此，並不意圖窮盡所有的教育改革項目。運作的方式共分九組，除由總論組進行整體教改脈絡的鋪陳，教改理念的分析與批判，以及未來教育發展理念的提出、策略的彙整與願景的擘劃外，其餘八組——學制、入學制度、行政與組織、九年一貫課程、幼兒教育、技職教育、師資培育與甄選、高等教育，分就該領域中引發社會大眾關注且有疑義之議題，加以研究。在內容的安排上，先進行問題分析，瞭解問題形成之脈絡、原因與現象，繼而針對問題，提出因應對策。在本報告書中，我們期望自己所做的不僅是指陳問題，只做「破」的功夫，更能本乎專業之責，進行「立」的建樹，以長期研究心得，提出未來教育發展可供依循的策略與願景。

❧貳、教育改革的策略：專業、平等、責任❧　　與關懷的教改

　　近十年推動的教改，在教育鬆綁的大纛下，走向多元化、民主化、市場化與大眾化，這些理念看似合理，亦吻合後現代社會趨勢，希望照顧非主流、弱勢、邊緣的聲音，然而，所呈現的卻是問題叢生，原本的意圖未能達成。在多元化、市場化的聲浪中，弱勢者無法擁有合理的機會發展自我，更遑論能彰顯自身的主體性；在民主參與的氛圍下，非具專業素養之士亦能掌握決策之權，或行專業之責，不但戕害了教育專業，亦破壞了教育權力生態的均衡。而在大眾化的訴求下，教育資源被過度稀釋，菁英培育系統未受到充分重視，使得教育發展愈來愈遠離卓越，卻與平庸化漸行漸近（潘慧玲，2002）。因此，教育推動的理念需要重新反思；多元化、市場化、民主化與大眾化並非不好，但須探掘其中理念的掌握是否有所偏

執、執行是否有所偏失，更要緊的是，在追求鬆綁的過程中，是否已把應有的專業、平等、責任與關懷的堅持也「鬆綁」犧牲掉了！回顧過往，我們提出未來的教改應當把握專業、平等、責任與關懷的理念，以引領新世紀，邁向新教育，培育新公民。

以下採一整體性觀點，將前面各組研討所得，彙整成四大面向：一、教育改革的規劃與推動；二、入學機制與學校制度；三、課程、教學與師資；四、資源、行政與組織，在專業、平等、責任與關懷的理念下，分別針對以上四大面向為教育改革開處方。有關以下所提之策略與願景整理如

圖 10.1　教育改革的策略與願景

圖 10.1。

一、教育改革的規劃與推動

　　十年樹木或能成蔭，而在教育方面則要百年才能樹人，一則說明了教育工作的困難，另則說明了展現教育成效所需時間之久遠，此由世界各知名學校的發展可證明之。教育的對象是活脫脫的人，不是生活在虛空中的人。所以教育改革方案在規劃之初，要以人為核心、為主體，規劃者的視野不僅要寬廣，更要注意受教者過去的教育經驗與生存的社會環境，而不宜作躍進式的思考。此外，徒有理念並不足以完成教改大業，還要有可行的策略和執行力。教改的工作是由理念的創生、目標的轉化、策略的規劃、至有效的執行，個個環節相扣才能奏其功。下面分成四點敘述規劃與推動教改所需採擇的作法。

㈠回歸以人為主體的宏觀教育規劃，避免即興式的政策拼盤

　　教育的主體是學校的師生，但是近十年來的教改，卻將學校教師視為被改革的對象，學生則為教育實驗的對象，實施之後亂象頻生，諸如下學期要用的教科書於上學期末仍未見蹤影，此乃政府遷台以來從未有的事情，無怪乎引發教師與家長的不安。是以教改方案規劃之初，應該廣泛收集教師、家長與學生的觀點，聽聽他們的心聲，如此作法可以多角度的探索教改方案、瞭解方案的可行性、以及凝聚共識，進而消除推行教改方案時面臨的阻礙。

　　教育的規劃則要宏觀，應進行系統的整體思考。各項政策的研訂除了要考慮可行性與經費的排擠效應外，更重要的是需思考各項政策間的一致性與相互配合性，否則即興式的提出各項教改方案，僅為解決眼前問題，而未作通盤的討論，可能會造成方案間產生理念衝突的問題。

㈡兼顧歷史傳承與批判創新，推行點滴漸進的教育工程

　　教育是文化的一部分，而文化是不能脫離過去的發展，教育發展亦復如是，它應該針對過去發展的缺失而有所興革，相對地勢必要保留部分的過去，以為未來發展的依據或基礎。教育的發展不是革命式的躍進，應該像巴柏所言社會改革的工程，是點滴漸進的。對於過去教育發展的態度，要如傅偉勳對待文化的態度，即要批判的繼承與創造的發展，才能去蕪存

菁，發展出切合我國所希望的與需要的教育。

(三)穩健踏實推動教育改革，完善應有的配套措施

　　教育的對象是人，任何教育措施或改革對相關的個體所造成的影響，都是無法彌補復原的，因此在構思與推動教育改革時，應該抱持戒慎恐懼謙遜之心，穩健踏實的推動，切不可有一朝權在手，且把令來行的想法，也應有抗拒不當的政治與社會壓力之智慧與勇氣。將改革所應有的配套措施，前後思量妥當，再配上推動之策略與執行的能力，依計畫逐步實施，如此才較能確保教改的成效。

(四)健全研究與評鑑機制，謀求教育的永續發展

　　教育改革的理念固然可以言人人殊，但是作為教育政策制訂之主管機關則不能粗率行事。教改不僅需要細膩的策略思考，更需要系統的研究，來累積教育的專業知識。我們可說欠缺專責機構所進行之良好、長期的教育研究，是歷年來大大小小有關之教育改革難於發揮預期成效的重要因素；因之健全教育研究專責機構，任用專業的研究人員，針對教育的重要政策進行系統的探究，平實地分析各項教育政策或改革措施的妥適性與可行性，如此才能提供改革所需的紮實知識基礎，而導正教育的政策走向。

　　另在教育實施的過程中，一定要注意教育評鑑的運用，一方面在確認績效責任，一方面則在謀求自我改進，而其功能，可用於瞭解教育政策推動與各級學校教育施為之成效。邇來，各級學校校務評鑑頻仍，然教育政策卻鮮見系統性之評鑑，所以無法提供政策回饋的功能，以供評估政策績效或調整之用。教育政策評鑑機制的建立，是刻不容緩的工作。

二、入學機制與學校制度

(一)落實考招分離的入學制度，帶動多元學習的適性教育

　　歷年來入學制度多有更迭，然因國人受到傳統士大夫觀念之影響，升學主義一直是國內一個難解的教育問題。多元入學方案之推出，目的在使學生智能的多元化得以適性發展，入學方式不致影響學校教育，唯實施後未能達成預期目的。為落實多元入學方案中所揭示的考、招分離，建立「多元資料、多元標準」之入學方案，俾使多元學習的適性教育得以落實，我們提出以下之建議：

1. 健全升高中、大學之考試研發與評估單位，首先釐清「國中基本學力測驗」與高中「學科能力測驗」、「指定科目考試」之目標定位與功能。其次，針對考科、測驗內容、測驗結果之應用與多元評量方法進行長期性研究。

2. 成立高中職、大學校院之招生政策研究單位，或強化聯合招生委員會組織與功能，負責研究招生方案、考試成績與評量結果在入學時之應用；從事招生委員會之聯繫、溝通及試務的彙整、協調工作。

3. 成立大學術科評量中心專責辦理術科考試，使術科考試發揮應有之評量功能。

㈡釐清國民教育概念，避免含混的口號造成誤解

　　教育部近日不斷釋放國民教育向下與向上延伸的政策大利多，將國民教育界定為「國民基本教育」，共分三段：五歲幼兒階段、目前的國民教育階段（國中、小學）及後期中等教育階段。我們均知國民教育的實施通常伴隨著免費、義務、強迫教育的性質，目前國民中、小學實施之國民教育便是如此，然而教育部卻宣稱即將向上與向下延伸的高中職與五歲幼兒階段，所實施的是非免費、非義務、非強迫教育！頓時令人目眩，難怪快樂學習教改連線會站出來質疑國民教育焉能非免費、非義務！事實上，在目前財政困窘情形下，政府根本無力實施免費教育，然如偏好使用「國民教育」一詞，終將無法避免許多疑義之產生。

　　就法理言，目前相關法令中出現與「國民教育」相關的計有「基本教育」、「國民教育」與「國民基本教育」等三詞。《憲法》第二十一條首先揭示：「人民有受國民教育之權利與義務。」，此條文明白規範接受國民教育是人民的權利，也是義務。繼之，第一百六十條規定：「六歲至十二歲之學齡兒童，一律受基本教育，免納學費。其貧苦者，由政府提供書籍。」此處出現了不同於「國民教育」的「基本教育」一詞，而其受教年齡範圍是六歲至十二歲。後來的《國民教育法》第二條規定：「凡六歲至十五歲之國民，應受國民教育」，此法奠定了九年國民教育之法源基礎，其中清楚說明「國民教育」是六歲至十五歲國民應當接受之教育。綜言之，上述三處法源所出現的「基本教育」與「國民教育」二詞，如純由受教者年齡分析，可知「基本教育」所規範的是六歲至十二歲之學齡兒童；

「國民教育」則擴充為六歲至十五歲之受教對象。故而，「國民教育」實則包括了「基本教育」之範圍。不過，在一九九九年所公布的《基本教育法》中，卻出現了另一新詞——「國民基本教育」，使得解釋的疑義，從此處而生。《基本教育法》第十一條第一項規定：「國民基本教育應視社會發展需要延長其年限；其實施另以法律定之。」首先，對於此處的「國民基本教育」，將其釋為具義務教育性質的「國民教育」，較無疑義，唯當論及國民基本教育之延長是否就是國民教育之延伸，便出現不同詮釋。依目前教育部之版本，「國民基本教育」指的僅是延長基本教育年限之教育，因而國民教育向上與向下之延伸部分——五歲幼兒與高、中職階段，可以不必有義務教育之性質。教育部的想法是：以《教育基本法》作為延長國教之法源，而衍生出來之向上與向下延伸階段僅需另行立法規範，不需將其視為具有免費、強迫、義務性質之教育。然而，如果國民教育之延伸，僅將其解釋成年限之延伸，而不將國民教育應有的義務教育、免費教育的性質加以延伸，我們又何必大費周章地套用「國民教育」之名呢？因為，如此作法與現況是無差異的，兩者都是非免費、非義務、非強迫！因此，如果教育部未來所要推動的五歲幼兒教育是朝向免學費、非強迫教育，而高中職所要推動的是就近入學、補貼學費或逐步做到免學費、免試，只要明白宣示上述政策即可，大可不必套上「國民教育」的華麗口號，徒讓人覺得口惠而實不至！

(三)提供五歲幼兒免費、普及但非強迫的教育，落實教育機會均等、專業幼教的理念

目前的幼教生態，私立幼稚園的數量遠超過公立幼稚園，而在政府未能主動積極發揮國家職能下，幼兒教育逐漸形成惡性競爭之商圈，品質良莠不齊。然觀諸世界主要國家，無不重視幼兒階段教育，美國將五歲幼兒教育納入公立學校系統，英國則將之納入義務教育範圍。權衡學校並不一定是提供幼兒學習的唯一最佳處所，故不必然需要將五歲幼教納入義務教育，唯為落實教育機會均等、回歸幼兒教育本質，讓社經地位較為不利之家庭，得以透過政府的介入，保障其孩童之受教權利與品質，故主張未來應朝向免費、普及、非強迫、且符合專業幼教理念之教育努力。具體作法如下：

1. 在尚未能做到免費教育之前，繼續以發放幼教券的方式，在漸進免費化中逐步提升幼教品質。

2. 增加公立幼稚園數量，並鼓勵公立、私營與非政府／非營利組織（第三部門）之幼教機構三者並存，以改善幼教機構之生態。

3. 規劃合宜的五歲幼兒教育內涵，以維護幼兒階段獨特之發展與學習需要。五歲幼兒教育即使納入國民教育體系，仍應維持幼兒教育；另為解決幼小銜接與學習適應問題，未來可以採擷「幼兒學校」之精神，在國民教育系統中規劃五歲至七歲的早期學習階段。

㈣建立多元的後期中等教育學制，朝向就近入學、零拒絕、免學費的教育

　　後期中等教育目前包括高中、高職、綜合高中等不同學制，近年綜合高中在政府經費補助的鼓勵下，發展迅速，至九十一學年度，已有一百四十三所，其中以私立為多，產生品質不一之問題。另為高職是否廢除，曾喧騰一時，對於高職教師之工作士氣影響不小。衡諸教育理想的考量與產業界的人力需求，後期中等教育階段仍宜保留多元學制，提供國民不同學校類型，以便作學習上的選擇。唯為減輕學子的升學壓力，避免貧富差距所造成的教育機會不均等，宜逐步實施就近入學、免試零拒絕、免學費教育。

1. 發展多元的後期中等教育學制，包括高中、高職與綜合高中之不同學校型態。

2. 改善高中職社區化措施，並以其為基礎，逐步讓學生得以免試、就近入學。

3. 配合國家財政，從補貼學費開始，進而逐步做到免學費。

㈤建立彈性的技職教育體系，體現終身學習理想

　　為落實終身學習之理念，技職教育區塊的範圍需重新界定，納入非正規職業教育部分，建立一個可以彈性進出的學習系統，以滿足不同性向與能力者之需求。在技職校院部分，宜保持其技職教育特色，而非強調增聘研究能力之教師，及添購學術研究所需之圖書設備。

1. 調整技職教育體系的範圍，除正規學制外，技職教育需含職業繼續教育、職業訓練等非正規教育。

2.建立隨進隨出的彈性學習機制，整合職業繼續教育與職業訓練，授予專科學分。

3.明確定位高等技職校院，視其與普通大學的專業院系同屬高等教育中「專業教育」範疇，唯須釐清其係為培育技職產業實用技術人力，不可模糊其與研究型大學之區別。

㈥調整大學校院擴充政策，善用資源提升高教品質

一九八〇年代末期因應社會壓力，大學快速擴張，形成現今有近一百五十所大學校院之奇觀。高等教育機構在缺乏詳細規劃之下膨脹過速，肇使高等教育資源分配困難，高等教育素質亦愈形下降。大量投入高教機構的學生畢業後進入市場，結果中高級人力過多，基層人力卻不足，經濟發展受到衝擊，也為社會穩定投下隱性變數。因之，規劃不當的數量擴張，必須改弦更張，將資源作有效運用，以提升高教品質。具體建議如下：

1.對於新設學校暫停核准，並全面檢討供需情況，訂定短中長期高等教育發展計畫。

2.建立高等教育評鑑機制，確保其公信力，以適切之評鑑指標，促使各校尋求改進，並作為衡量各校進退場之依據。

3.解決高等教育數量所採之整併策略，適用對象應含公立與私立院校。

三、課程、教學與師資

㈠研訂合宜的幼兒語文教育政策，回歸幼兒學習的本質

英語列入國小正式課程，家長觀念的偏差，加上商業廣告的煽動，使得幼兒學習美語形成一股風潮。美語教育取代了正常的幼兒教育，嚴重戕害幼兒正常發展的歷程，故亟待回歸幼兒學習的本質，制訂幼兒語文教育政策，並導正目前外籍教師、補習班大量進入幼教領域等教學亂象。茲提出以下作法：

1.配合幼兒階段成長特性，制訂兼顧本國語文與外語發展目標之幼兒語文教育政策。

2.撤銷「核准短期補習班聘僱外籍人士得至幼稚園任教」之行政命令，導正不合格外籍師資取代合格幼教教師之不合理現象。

3.修訂《補習與進修教育法》，將招收六歲以下幼兒之辦學主體納入規

範，其師資、課程、空間、設備均應比照托兒所、幼稚園之標準。

4.核撥經費製作文宣，宣導正確的幼兒語文學習與幼教理念，並針對幼兒語文教材媒體、師資標準建立評鑑機制，公布評鑑結果，以提供可靠的決策或選擇所需資訊。

(二)重整九年一貫課程，力求優質化並依發展階段區別國中小課程

九年一貫課程自試辦、正式實施至今，從課程的理論基礎與架構、配套與宣導，到教學與評量，都產生了想法與實際推動的落差，也忽視了國小與國中學生心智發展上的階段性差異。當時研訂此套課程時，決策的基礎與需求的分析不夠周延，產生課程領域劃分、六大議題安排、學習節數分配等之合理性備受爭議；而在還無適當配套措施的情況下過早推動政策，使得教育現場在實際操作時，呈現諸多問題，例如未能適切掌握學校本位課程、課程統整與協同教學之精神、學校願景與目標的銜接欠缺邏輯、能力指標轉換為教材與評量產生困難等。對於這項影響深遠的重大政策，實應深切檢討，以下提出幾點較為重要之改進策略：

1.檢討七大學習領域架構的合宜性及理論基礎，建立功能性統整的基調，而非形式的「合科」。

2.檢討十大基本能力的理念，使符合「基本」、「有用」的原則，且符合邏輯，而非抽象難以落實的「高調」。

3.彈性調整國民中小學教育階段的課程架構，不必強求一致之作法，小學繼續採取學習領域之結構，即「領域式統整」，但作適切的改良；國中則可允許分科教學，採「分科式統整」模式，即參考領域的概念，編輯一些統整的學習單元或主題，作自然而有意義的統整。

4.國中的分科課程，應優先考量與高中的課程銜接，力求中學六年的一貫。

5.「綜合活動」應改弦更張，不再是輔導活動、家政與童軍的「混合」，而是提供各科統整教學或對話的平台。

6.結合學術人力，大幅調動課程綱要中不合宜之內容。

7.落實校長與教師之專業研習，幫助學校確實掌握課程發展之精義與要領。

8.關於一綱多本的問題，應：

⑴適度調整教材編輯與行銷的規範，採取同一學習階段「全部」教材「同時」送審以求「一貫」，及避免教科書業者將非必要之成本轉嫁給學消費習者。

⑵建立健全的教科書審查與評鑑機制。

⑶教科書考慮「統編」與「民編」並行，但宜適當分工，如基本學科或基測科目採統編，其餘科目開放民編，以減低學生的焦慮和家長的負擔，並提升教科書的品質。

9.進行課程學習成效之追蹤評量，並實施課程與教學評鑑，提供改進回饋機制。

㈢加強技職體系學生通識與專業能力培養，滿足升學與就業需求

技職教育的核心目標乃在培育企業界所需要之各類各級技術人力，在此一目標未見更改之時，技職教育宜掌握此一需求，培養學生良好的技術能力與態度，以便其順利的就業，並能於職場上發揮己才，營造滿意的工作生活，進而可透過職業生涯達成自我的實現。其次，由於科技快速的發展，造成行職業結構跟著產生變化，工作內涵也與時並進，與過去有明顯的差異，技職學校的教育無需再如過去般給予學生較為長期而密集的技術學習，以掌握精密工作的技能；而高層技職學校對學生能力的需求，除了技術能力之外，也要求通識教育的能力；另則，企業界因應未來產業不斷變遷的事實，對員工通識能力的需求高過以往。因此技職教育也要掌握此一趨勢，注意學生通識能力的培養，才能適應升學與未來工作世界不斷改變工作內涵之需求。

㈣確立以師範校院與大學教育院系為主軸的多元師資培育制度，應用原有充裕資源養成專業教師

我國的師資培育制度自一九九四年《師資培育法》通過後，由一元化改為多元化，至今所開學程數達八十八個。然在引進多元競爭機制下，各校辦理教育學程成效不一，加上教師檢定制度形同虛設，初檢、複檢未能嚴格把關，以致師資培育雖號稱多元化，專業化卻明顯不足。有鑑於師範院校與大學教育院系在師資人力、圖書設備、教育專業研究成果與學校支

援上，均較一般大學之師資培育中心充足，故可負擔更多與師資培育相關之教學、進修、地方輔導與研究之任務。若有師範院校未來欲轉型為綜合大學者，政府應當給予所需支持，唯在轉型過渡期間，仍應借重其長，賦予師資培育之責。

至於幼兒教育階段的師資，除了專業培育之外，更應考慮目前私立幼教機構為主的特殊幼教生態，積極改善合格師資的工作環境，以維護專業師資的培育成果，並保障幼兒受教品質。

㈤健全師資養成過程，提升教師專業素質

在追求多元化的過程中，絕不可輕忽專業化，然而觀諸師資培育制度之改變，似僅求形式之多樣，專業品質卻在簡便行事與財政困窘的情況下被犧牲，舉目可見的是欠缺嚴格的教師品質確保機制，諸如教育學程開設把關不嚴，品質參差；教育學程的教育專業科目與學分數，有過於一致之規範，限制了多元課程的發展；實習時間由一年縮短為半年，罔顧實習是教師養成過程中十分關鍵之一環；大量縮減公費生，忽略了國家有提供偏遠、離島地區專業師資之職責，也輕忽了公費制度對於清寒子弟無力升學之助益。因此，我們建議：

1.訂定嚴格的師資培育學程設立標準與評鑑機制。
2.允許各校相互競爭，設計多元的教育專業課程。
3.教育實習維持一學年的時間，並融入整體師資培育課程中。
4.建立專業發展學校制度，提升實習學校層次。
5.保留公費制度，適度增加名額，吸引清寒優秀子弟任教。

㈥採用教師聯合甄選方式，維護制度公正性

在開放各大學均可申請開設教育學程後，所培育師資之人數大增，教師市場產生嚴重的供過於求，加上《教師法》通過後，賦予各校自行甄選教師之權，使得教師必須南北趕場，一個暑假下來，不但耗費體力、時間，也耗費財力，有些甚且質疑甄選的公平性。對於教師甄選引發之問題，實有必要改進。

1.採用聯合甄選取代各校自行甄選，國、高中可採全縣或全市統一甄選，國小部分因校數較多，可因應地區特性，組成學區聯合甄選委員會。
2.清楚訂出教師甄選的相關規範，包括程序、計分與標準、利益迴避等，

　　力求程序與實質公平。

3.各縣市政府建立監督機制，由教師、行政人員、專家學者、學生家長組
　　成，瞭解教師甄選執行情形。

四、資源、行政與組織

㈠寬籌政府教育經費，保障學生的受教品質

　　人才培育的成功之鑰在教育，正當各國加速擴大教育投資時，台灣卻
不增反減。最要不得的是一九八七年修憲取消了教科文預算保障，而近十
年的教育經費亦呈現下滑現象，政府教育經費占國民生產毛額的比例自一
九九二年的 5.6 ％，降至二○○二年的 4.4 ％（教育部，2003）。這樣的
數據與先進國家的 6 ％比起來尚有甚大差距。此外，我們還要問教育部公
布之教育統計指標中的比例是如何計算出來的，是否上級政府對地方教育
補助費和地方教育預算重複計算？是否包含了「文化」支出？是否還包括
了縣市國、中小退休教育人員的退休經費（王顯達、劉源俊，2000），如
果扣掉這些，我們的教育投資經費實在不足。我們不希望國家一方面高喊
教育是精神國防、教育是投資，一方面卻以廉價方式辦教育。教育經費不
該受到其他支出的不當排擠，故寬籌教育經費，保障國民受教品質，是政
府責無旁貸之事。

㈡釐清中央、地方與學校層級職能，重建權責相稱的教育行政
###　　體制

　　近十年來教育行政之運作由中央集權走向分權，相關法規如《教育基
本法》、《地方制度法》、《教師法》等，雖對中央、地方與學校之權
責，作了一些規定，然其精神有相衝突或規範不明確之處，故有地方抗衡
中央教育政策之情事，而學校在實施學校本位管理後，其與教育局間之關
係，亦需釐清。其次，地方分權化後，產生地方教育行政人員專業自主性
不足，而地方教育行政亦深受地方政治不當影響；地方教育審議會更有疊
床架屋、成為「教育局太上皇」之虞。故而，我們建議：

1.制訂《教育行政組織與營運法》，明確地規範中央、地方與學校的職
　　權。

2.在制訂的《教育行政組織與營運法》中，讓教育行政獨立於一般行政之

外，維持教育行政之專業自主性。

3.將教育行政人員納入《教育人員任用條例》的規範，建立教育行政人員專業任用體系。

4.在制訂的《教育行政組織與營運法》中，針對目前實施困境，明確定位地方教育審議委員會之性質與功能，俾使符合「權責相稱」原則。

(三)調整中小學學校組織權責，建構健康的校園生態

國內在講求民主參與的風潮下，教評會與教師會獲得設立的法源，校長遴選機制被啟動，校園權力結構重組，然此當頭，大多數的校長與教師卻尚未調整心態與角色，使得學校權力運作機制產生失衡，校園倫理受到戕害。校長遴選制度使得校長有權無責，且受不當選舉文化影響；學校教師會與學校行政體系衝突時有所聞；教評會的專業性與公正性受人質疑；教評會握有選擇教師的決策權，對於決策所影響之學校辦學績效卻無需負責，此等皆顯示這一波權力下放學校所引發的問題。教學是一種高度的智性專業，也是一種高度的關懷專業，現今的教改如僅談智性，而忽略最本質的關懷，則教改的意義將喪失殆盡。因此，展望我們的教改，必須戮力構築一個健康的學校生態環境。

1.制訂《國民中小學校長遴選辦法》，明訂校長遴選相關規範，並研擬相關配套措施。

2.修改教師法，維持全國與地方教師會，唯廢除學校教師會或調整其屬性為教師專業成長組織。

3.強化學校教評會之專業代表性，並明訂其權責。

(四)改善大學管理制度，營造追求卓越的校園

在一九九四年修正公布的《大學法》中，已經豎立大學自治、學術自主之精神，唯在細節運作上，教育部與大學間的權責份際存在曖昧不明之關係，大學內部的治理則仍紛擾頻生，這顯然必須重新思考整套的大學管理制度，以讓師生能安心在校園中，提升自我，追求卓越。故具體作法可有：

1.本乎大學自主之精神，釐清政府與大學間的關係。

2.檢討大學內部治理問題，釐清大學自治範圍與模式，把握權責相稱之管理原則，俾利大學行政之運作。

3.清楚定位高等教育之決策單位，避免疊床架屋、有權無責之相關高教委
　員會之設立。

～參、教育改革的願景：新世紀、新教育～
與新公民

　　教育改革是一個永續不斷的歷程，時代會變，社會會變，教育體制也
需隨之進行調整，與時俱進，才能培育立足新世紀，進而發揮獨特的才智
與資質，主動參與未來社會發展與建構之人格與公民氣質。基此，正如本
報告書前言所述，任何改革建議書不能無限上綱成為神聖不可侵犯的權
威，對於改革建議的批判也不宜視之為保守、反改革者的復辟行動。改革
的需求固然一般大眾體會最深，改革總體目標的釐定與可行策略之提出卻
需本諸專業的研究與理性的判斷。本校一向具有優越的教育研究傳統，更
應責無旁貸，透過理性的專業研討，對於過去的教育改革進行檢討，以提
出跳脫意識型態糾結，強調專業、平等、責任與關懷的教育改革策略。深
信這些策略的落實足以促進教育體質的全面革新，培育足以迎接新世紀社
會發展的新公民。以下就新世紀的展望，新教育的發展與新公民資質之培
育加以說明。

一、新世紀的展望

　　正如本報告書前已述及，教育改革須兼顧歷史傳統與未來革新前瞻性
的展望。回顧歐美各國教育改革之歷史經驗，可以發現十九世紀末科技蓬
勃發展的結果，促進工業化的加速進行，也因而帶來了生產的規格化與文
化的粗俗化。對於整體人類創造力萎縮產生負面影響，因而激起了一股藝
術教育運動的教育改革運動，其影響所及促進了歐美各國二十世紀教育體
制的全面革新（楊深坑，2000：3）。

　　面向二十一世紀，新科技發展將迥異於十九、二十世紀。具體而言，
資訊科技、基因科技與認知科學的發展對於教育過程的設計將引發另一波
的教育革命。先就資訊科技的發展而言，遠距視訊、虛擬實境廣泛滲入日
常生活與教育過程，使得人類認知過程、新知的接受與知識的生產方式發

生革命性的變化。這些變化加上認知過程的徹底瞭解，以及影響人類思考、記憶與學習基因的解讀，均將對未來的教育設計造成重大的衝擊，有待教育審慎的因應。

新科技的發展也帶來社會過程與社會組織的劇烈變化。資訊科技的發展使得傳統職業組型隨之變化，傳統管理型態也將過時。尤為嚴重者，資訊所帶來的訊息氾濫與認知方式的改變，使得人與人直接接觸愈來愈少，人際關係疏離，殆所難免。尤有進者，網際網路發達所開展虛擬空間，更易造成虛假的認同，其所開展的網路文化更顛覆了傳統價值（楊深坑，2000）。

資訊科技的快速發展，全球網路的形成，助長了 Dan Schiller（2000）所稱的數位資本主義（digital capitalism）席捲全球，連教育過程也臣服於數位資本主義的市場邏輯（market logic），在市場邏輯的主導下，全球經貿障礙儘可能解除，民族國家角色逐漸消弱，全球政、經、文化整合為一種以西方消費文化為主軸的全球社會，世界在時空的壓縮下，地方文化互相滲透，全球休戚與共的地球村理念逐漸形成（楊深坑，2002a：291）。

全球性的數位資本主義帶來了兩項極為重大的社會文化衝擊。首先，全球化基本上是以西方價值為主軸的同質化、齊一化，如此一來便有泯除地方文化特色之虞，一股反全球化的浪潮於焉產生，全球性與地方性、同質性與異質性的緊張對立便成為未來教育規劃亟待面臨的棘手課題。再者，數位化社會也產生了資訊擁有者和資訊匱乏地區的數位落差問題，使得教育機會均等理念之落實，面臨更為艱鉅的挑戰。

綜言之，新科技的發展開啟了新世紀社會文化發展的新契機，但也對區域性文化、甚至整體人類文化的健全發展帶來了新威脅。掌握新契機，迎接新挑戰是未來教育規劃所亟承擔的艱鉅任務。本報告書所揭二十項策略建議已為這種新教育的發展奠定紮實的根基，以下進一步就新教育發展特色加以說明。

二、新教育的發展

如前所述，新科技的發展使得認知過程與教育過程產生革命性的變化，資訊科技的發展與多媒體資訊的氾濫更使兒童提早接受多元的文化刺

激，因此，規劃普及化的幼兒教育已成為各國教育改革的重點工作之一。本報告書也建議國民教育向下延伸，主要著眼點也在於兒童宜及早啟蒙，並從公平與社會正義的觀點，使兒童的受教權均立基於及早啟蒙，不論父母社會階層均得妥適的照顧。

國民教育向下延伸僅為智慧早啟與實質教育機會均等貫徹之初始條件，其真正的落實仍有賴於運用新科技進行教育研究，將兒童身心發展作更為深入的探討，以規劃合適的幼教課程與幼教師資培育方案，這一部分也是本報告書所建議的未來國家教育研究院責無旁貸的責任之一。

教育研究指向的當然不僅止於幼兒教育的相關研究而已。未來的教育研究更宜與時俱進，融會資訊科技、基因科技與認知科學的新研究成果，針對人類整體的身心發展、認知與教育過程發展的相關因素進行深入研究，以紮實的科學研究結果為基礎，進行專業的制度設計與課程發展。在這樣的制度設計與課程規劃下，各級各類學校不僅彈性而多元，轉銜也更為容易，課程更能符應學生身心發展與社會需求，在多元的評量與甄選制度下，各級各類學校可以找到適合其學校發展特色之學生，學生也能依性之所近，進入足以完全開展其才智之學校就學。質言之，未來各級各類學校與課程之規劃將不會流於華而不實、徒以刺激民粹迎合大眾為能事之口號，更會以紮實的研究為基礎，進行理性而專業的設計。

在這種專業設計下，技職教育體系也會依科技發展、社會變遷與職業組型的變化而作彈性調整，以培育新職業結構所需的各類人才。高等教育在未來社會發展更扮演著培育高級創意人才，創發新知的角色。高等教育未來更不宜因大眾化而流於庸俗化，妨害其創發性的機能。調整高等教育的組織結構，進行有效的管理，集中資源於卓越的教學與研究，才是未來高等教育帶動知識創新，促進科技發展之道。

前述各級各類教育改革成功的先決條件在於健全師資培育。德國在聯邦教育、科學與研究部與各邦教育廳的合作下經兩年研議提出的「教育論壇建議書」（Empfehlungen des Forum Bildung）即指出，教師是教育改革中成功之鎖鑰（Schlüssel），也因此健全師資培育也成為這個報告書的重點之一（Arbeitsstab Forum Bildung, 2001:11-12）。反觀我國過去的教育改革，徒以瓦解師範體系，滿足民粹式的大眾需求為能，未從專業理念進行

合宜的規劃（楊深坑，2002b）。未來師資培育的規劃宜妥適運用師範院校既有的教育研究人才，融會新科技研究成果，針對師資生的甄選、學程規劃、實習以及任用等深入研究與設計，以提升教師專業素質，營造優質的教與學的文化（Lehr-und Lernkultur），如此才易於培育對未來充滿信心，立足新世紀的新公民。

三、新公民的培育

經由前述及早啟蒙、多元而彈性的學校制度與升學制度、卓越的高等教育、專業的師資培育以及優質的教學文化等教育的發展與設計，深信應足以培育掌握自己未來，立足全球化社會的新公民。

這樣的新公民不僅認知、情感與意志能力得以完熟開展，也應具有一種主動積極學習再學習的能力與習慣，掌握信息萬變的新資訊。更重要的是具有獨立自主的價值判斷，能在數位資本主義籠罩，價值觀念混亂的全球化社會中找尋足以安身立命之自我定位。

圓熟的人格之培育，合宜的自我認同之建立，正是解決未來全球化社會中全球性與地方性、普遍性與特殊性之間衝突之起點。以 R. Robertson（1992）的「全球場域」（global field）觀點而言，明確睿智的自我認同是建構全球文化形式的基本參照點，其與全人類（humankind）、國家社會（national societies）和社會的世界體系（world system of societies）之間的相對性互動就形成全球化的動態過程。在這個過程中自我認同的形成，會隨著其與國家社會、國際關係及全人類不同參照點而有相對性的認同，公民資格也不侷限於某一固定的地域性的社群或國家社會，更應以全人類的凝聚與團結為考量。教育的基本任務，正如聯合國教科文組織（UNES-CO）報告書《學習：財富內蘊其中》（Learning:The Treasure Within）所述，在於使個體覺知其身的根源，以便有參照點用以瞭解其在世界的地位、自尊之外，應該尊重其他文化價值的差異，所有文化價值均為建構相互依存、相互扶持之全球社會所不可或缺（Delors et al.,1996: 49-51）。

本報告書也基於這種全球休戚與共之前瞻性的觀點，本諸專業理性的研究，提出可行的教育改革策略，以培育立足未來全球社會之新公民，不僅有知識、有能力追尋在全球社會中的合宜自我定位，更有熱情與勇氣參

與和平、繁榮與幸福的全人類社會之建構。

➤參考文獻➤

王顯達、劉源俊（2000，9 月 25 日）。弄明白我們教育經費出了甚麼問題。**聯合報**。2003 年 9 月 1 日，取自 http://www.scu.edu.tw/president/question.htm。

楊深坑（2000）。迎向新世紀的教育改革：方法論的省察與國際改革趨勢的比較分析。**教育研究集刊，44** (1)，1-33。

楊深坑（2002a）。**科學理論與教育學發展**，台北：心理。

楊深坑（2002b）。從專業理念的新發展論我國師資培育法之修訂。**教育研究月刊，98**，79-90。

潘慧玲（2002）。反思與展望：我們從學校革新中學到了什麼？載於潘慧玲（主編），**學校革新：理念與實踐**，441-473。台北：學富。

教育部（2003）。**中華民國教育統計指標**。2003 年 9 月 1 日，取自 http://www.dgbas.gov.tw/dgbas03/bs8/world/edugnp.htm。

Arbeitsstab Forum Bildung (2001). *Empfehlungen des forum bildung*. Berlin: The Author.

Delors, J. et al. (1996). *Learning: The treasure within*. Paris: UNESCO Publishing.

Robertson, R. (1992). *Globalization: Social theory and global culture*. London: Sage.

Schiller, D. (2000). *Digital capitalism*. Cambridge, MA: MIT Press.

附錄一

●●●教育發展的新方向：

為教改開處方

記者會新聞稿

主辦單位：國立臺灣師範大學教育政策研究小組
執行單位：國立臺灣師範大學教育研究中心
中華民國九十二年九月六日

　　教育為百年樹人的事業，相關政策之制訂或變革之推行都必須透過深層的論辯與抉擇。國立臺灣師範大學一向具有優越的教育研究傳統，更應責無旁貸以其專業研究的成果，提供教育發展應由之道。有鑑於此，本校於民國九十年成立教育政策研究小組，本乎教育專業之責，希望透過各種可行的管道與方式，針對當前的教育改革與教改政策表達專業的立場與主張。本校教育研究中心長期進行教育理論與實務之研究，故教育政策研究小組設立時，即將工作小組設於教育研究中心，落實對教育政策的關注。如此一來，不僅能即時向社會大眾以及有關當局反應本校對相關教育政策的看法，也可適時提供對相關教育政策的建言，敦使學術研究與政策執行之間能創造良好的對話空間，持續為我國教育政策之形成與落實而努力。

　　然過去十年教育改革推動過程中，支持與反對被劃為對立的兩極，任何關於教改的批評不論其論點是否為基於專業的合理質疑，只因其「反對」的立場就貼上「反改革」的標籤加以貶斥。這使得縱然對教改方向及後果有其擔憂與不安的專業研究者，亦失去適當的管道與著力點來陳述其對教改的立場。

　　近日以來，有關教改的議題，沸沸湯湯，輿論界對各項教育改革議題多所論辯。其中，有理念的疑義，也有實踐上爭議，亟待做一完善的問題分析與提出因應對策。同時，這也是一個良好的時間點，讓對教改素有關懷的專業研究者發出他們的聲音，提出他們對過去十年教改的評析，以及對未來教改方向的想法。有鑑於此，「國立臺灣師範大學教育政策研究小組」於今年年初即開始構思「教育發展的新方向：為教改開處方」計畫，希冀由「問題分析」與「因應對策」的路徑，對當前熾熱的教育議題提出具體、專業、可行的改革報告書。

　　職是之故，以本校專家學者為主體並邀請中國教育學會、中華民國師範教育學會、中華民國比較教育學會、中華民國教育行政學會、中華民國課程與教學學會及重建教育連線等教育專業團體成員參與，共同發聲。除研究小組成員四十餘名外，各小組於研究期間亦曾邀請數十位專家學者進行諮詢。針對廣受社會大眾矚目之教育議題，如：幼兒教育的困境、九年一貫課程的盲點、十二年國教的疏漏、師資培育制度的調整、技職教育的尊嚴及高等教育的失衡等逐一探究，讓教育發展從華麗的政策包裝回歸穩

健的教育專業。

　　整個改革報告書旨在針對國內近十年教育改革中較具爭議性之課題，提出研議。運作的方式共分九組，除由總論組進行整體教改脈絡的鋪陳，教改理念的分析與批判，以及未來教育發展理念的提出、策略的彙整與願景的擘劃外，其餘八組：學制、入學制度、行政與組織、九年一貫課程、幼兒教育、技職教育、師資培育與甄選、高等教育，分就該領域中引發社會大眾關注且有疑義之議題，加以研究。在本報告書中，我們期望自己所做的不僅是指陳問題，只做「破」的功夫，更能本乎專業之責，進行「立」的建樹，以長期研究心得，提出未來教育發展可供依循的策略與願景。

　　檢視現今的教改問題，不只有執行的偏差，更有理念的偏失。近十年推動的教改，在教育鬆綁的大纛下，改革與反改革成為對立的兩極，教育人員對教改的批評得不到理性的對話空間，讓教改的永續發展成為空言。在執著於「多元化」的「一元」思維下，許多教育措施可能只有「多樣化的做法」，卻是「一元化」的思維；有著多樣化形式的入學方案並未能真正培養出學生多元發展的學識能力。另者，過於執著「多元化」的追求，也可能忽略了共同價值理念的「一元化」堅持。師資培育多元化後，雖有愈來愈多的合格教師，然而教師應具備的一些共通條件、專業素質，卻在追逐「多元化」的過程中被犧牲了。當我們質疑「多元化」是否必然意味著「去一元化」時，同樣的，「廣設大學」訴求所立基的教育「大眾化」思維是否必然代表著「去菁英化」？如果「大眾化」被從教育的手段當成目的，那麼我們也會失去對培育菁英的教育價值之堅持。而當教育資源過度被稀釋時，教育將越來越遠離卓越，趨向平庸。另外，伴隨著「去一元化」思維，國家教育部門放手讓市場進入教育場域的操作。然而，過度市場化的結果，以教科書審定為例，雖然內容多采多姿，但市場紊亂、品質不齊與書價昂貴的現象正嚴重損及家長與學生的權益。相同的，為解決國家一元掌控的績效不彰情形，「分權的」的教育建制亦被引入教改的訴求。但在分權的強勢主導下，民粹管理的權力下放隱然成形，結果產生教育行政人員的專業條件不足，以及導致內部組織權力競奪所造成的行政與教學雙輸局面。

回顧過去十年的教改過程，我們認為，教改推動的理念需要重新反思，多元化、民主化、市場化與大眾化並非不好，但要探掘其中理念的掌握是否有所偏執、執行是否有所偏差。準此，我們提出四大立場：

(一)教育改革不應是教育口號的競賽，而應是教育績效的提升。

(二)教育改革不是盲目的許願，而是承諾的實現。

(三)教育改革不只是減輕學生負擔的壓力，更要增進學生承擔的能力。

(四)教育改革不只是解決當前問題，更要指向教育的永續發展。

對於未來台灣的教育改革，我們認為，必須以下列四大理念做為推動的基石：

(一)專業的教改

教改必須回歸專業，針對現有的各項問題，由教育專業人員，做出專案研議與計畫，提出實際的解決方法，才是專業的教改。

(二)平等的教改

教改必須考量各項社會經濟與個人差異，做教育經費的適當分配與教育資源的積極支持，而不是只做齊頭式的假平等。

(三)責任的教改

教改必須維持多元價值的自由理念，也必須遵守「紀律」，並承擔「責任」，兼顧教育發展的豐富與秩序。

(四)關懷的教改

教改必須顧及弱勢族群、身心障礙人士、經濟不利和學習低成就者的權益，使教育發揮實現「社會正義」的功能。

整體來說，由九組議題討論整合而成的教改報告書可以彙整成四大面向：(一)教育改革的規劃與推動；(二)入學機制與學校制度；(三)課程、教學與師資；(四)資源、行政與組織。在專業、平等、責任與關懷的理念下，分別針對以上四大面向為教育改革開處方。

就「教育改革的規劃與推動」而言，我們認為，教育的對象為人，整個教育改革方案自應以人為主體，注意受教者的教育經驗及其所生存之社會環境。人的改變非一蹴可及，且其改變亦是無法彌補或復原的。因此，

教育工程亦須漸進而行，擘畫者應抱持戒慎之心，規劃妥當之配套措施後，方能逐步實施，而非現有跳躍式或即興式的政策拼盤。再者，配合健全研究與評鑑機制，提供改革紮實的知識基礎，教育之永續發展方有可能。

就「入學機制與學校制度」來說，在入學機制方面，我們認為考招分離的入學制度必須更加落實，才能帶動多元學習的適性教育。在幼兒教育方面，我們建議提供五歲幼兒免費普及但非強迫的教育，保障弱勢家庭幼兒的受教權利。在國民教育方面，其概念本質（免費、義務教育）必須釐清，而不是被拿來做為政策利多的符碼操作工具。在後期中等教育方面，為落實教育機會均等理念，有必要做到就近入學、零拒絕與免學費的目標。在技職教育方面，其範圍需要重新界定，納入非正規職業教育，建立一個可彈性進出的學習系統。在高等教育方面，其量的擴充方向應暫停，改以更全面的檢討與計畫制訂及評鑑機制的建立，以提升高教品質。

以「課程、教學與師資」而言，在幼兒教育方面，必須回歸幼兒學習的本質，研訂適當的幼兒語文教育政策。在國民中小學的九年一貫課程方面，除了課程架構需要彈性調整，國中階段可以分科教學，唯須顧及單元統整外，也必須加強校長與教師之專業研習，以掌握課程發展之要領，再者，相關的教科書審查與評鑑機制以及學習評量機制也都必須建立起來。在技職教育方面，學生的通識與專業能力必須加強，以滿足升學與就業需求。在師資培育方面，除了確立以師範校院及大學教育院系為主軸的多元師資培育制度外，師資養成的過程中，除多元化考量外，也必須確保專業性的品質。行政上輔以教師聯合甄選方式，以維護制度之公平性。

就「資源、行政與組織」來說，在資源上，我們堅持政府必須在實質上增加教育經費，以保障學生的受教品質，而不只是口惠而實不至的政治宣傳。在組織上，中央、地方與學校層級的職能必須透過相關法規的制訂加以區隔，以改善現有互相衝突或規範不明確的情況。中小學內的組織權責亦須明訂，包括校長遴選辦法及教評會之專業代表性。大學自治範圍與模式，包括大學與政府間的關係及大學內部的治理問題，都有必要進一步釐清。

總括來說，我們必須指出，教育改革是永續不斷的過程，必須配合社會與時代的變遷，與時俱進。也就是說，教育改革必須因應著在全球化與

新科技潮流下新世紀的展望，發展出強調專業、平等、責任與關懷的新教育，以培養能掌握自己未來、立足全球化社會的新公民。

最後，為廣徵各界意見，國立臺灣師範大學教育政策研究小組特於九十二年九月七日（星期日）上午八時三十分至下午六時假本校教育學院大樓二樓國際會議廳（和平東路一段 129 號）舉辦「教育發展的新方向：為教改開處方」教改報告書研討會。席間邀請黃榮村部長、郭為藩前部長、吳京前部長、民意代表、各大專校院校長、教育專家學者及中小學實務工作者，分由各議題深入研析，敬邀大家共襄盛舉，一起為我國教育發展齊心戮力。

 索引

十二劃

國家圖書館出版品預行編目資料

教育發展的新方向：為教改開處方／國立台灣師範大學主編.
-- 初版. -- 臺北市：心理, 2003（民 92）
面 ； 公分. -- （教育願景；21）

ISBN 978-957-702-642-2（平裝）

1. 教育改革—論文, 講詞等

520.7   92021421

教育願景21　　**教育發展的新方向：為教改開處方**

策　　劃：國立台灣師範大學教育政策研究小組、
　　　　　國立台灣師範大學教育研究中心
主　　編：國立台灣師範大學
執行編輯：何采芹
總 編 輯：林敬堯
發 行 人：洪有義
出 版 者：心理出版社股份有限公司
社　　址：台北市和平東路一段 180 號 7 樓
總　　機：(02) 23671490　　傳　　真：(02) 23671457
郵　　撥：19293172　心理出版社股份有限公司
電子信箱：psychoco@ms15.hinet.net
網　　址：www.psy.com.tw
駐美代表：Lisa Wu　tel: 973 546-5845　fax: 973 546-7651
登 記 證：局版北市業字第 1372 號
電腦排版：辰皓國際出版製作有限公司
印 刷 者：玖進印刷有限公司
初版一刷：2003 年 12 月
初版二刷：2007 年 4 月

讀者意見回函卡

No. _____   填寫日期：　年　月　日

感謝您購買本公司出版品。為提升我們的服務品質，請惠填以下資料寄回本社【或傳真(02)2367-1457】提供我們出書、修訂及辦活動之參考。您將不定期收到本公司最新出版及活動訊息。謝謝您！

姓名：_____　　性別：1□男　2□女

職業：1□教師 2□學生 3□上班族 4□家庭主婦 5□自由業 6□其他____

學歷：1□博士 2□碩士 3□大學 4□專科 5□高中 6□國中 7□國中以下

服務單位：_____　部門：_____　職稱：_____

服務地址：_____　電話：_____　傳真：_____

住家地址：_____　電話：_____　傳真：_____

電子郵件地址：_____

書名：_____

一、您認為本書的優點：（可複選）

　❶□內容 ❷□文筆 ❸□校對 ❹□編排 ❺□封面 ❻□其他____

二、您認為本書需再加強的地方：（可複選）

　❶□內容 ❷□文筆 ❸□校對 ❹□編排 ❺□封面 ❻□其他____

三、您購買本書的消息來源：（請單選）

　❶□本公司 ❷□逛書局⇨_____書局 ❸□老師或親友介紹

　❹□書展⇨____書展 ❺□心理心雜誌 ❻□書評 ❼其他_____

四、您希望我們舉辦何種活動：（可複選）

　❶□作者演講 ❷□研習會 ❸□研討會 ❹□書展 ❺□其他____

五、您購買本書的原因：（可複選）

　❶□對主題感興趣 ❷□上課教材⇨課程名稱_____

　❸□舉辦活動　❹□其他_____　　（請翻頁繼續）

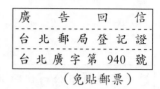

```
廣  告  回  信
台 北 郵 局 登 記 證
台 北 廣 字 第 940 號
```
（免貼郵票）

 心理出版社 股份有限公司

台北市 106 和平東路一段 180 號 7 樓

TEL: (02) 2367-1490
FAX: (02) 2367-1457
EMAIL:psychoco@ms15.hinet.net

沿線對折訂好後寄回

六、您希望我們多出版何種類型的書籍

❶□心理 ❷□輔導 ❸□教育 ❹□社工 ❺□測驗 ❻□其他

七、如果您是老師，是否有撰寫教科書的計劃：□有□無

書名／課程：＿＿＿＿＿＿＿＿＿＿＿＿＿＿＿＿＿＿＿＿＿＿

八、您教授／修習的課程：

上學期：＿＿＿＿＿＿＿＿＿＿＿＿＿＿＿＿＿＿＿＿＿＿

下學期：＿＿＿＿＿＿＿＿＿＿＿＿＿＿＿＿＿＿＿＿＿＿

進修班：＿＿＿＿＿＿＿＿＿＿＿＿＿＿＿＿＿＿＿＿＿＿

暑　假：＿＿＿＿＿＿＿＿＿＿＿＿＿＿＿＿＿＿＿＿＿＿

寒　假：＿＿＿＿＿＿＿＿＿＿＿＿＿＿＿＿＿＿＿＿＿＿

學分班：＿＿＿＿＿＿＿＿＿＿＿＿＿＿＿＿＿＿＿＿＿＿

九、您的其他意見

謝謝您的指教！　　　　　　　　　　　　　　46021